Leopold Hüffer

Kalte Fische

Warum wir Top-Jobs mit Top-Flops besetzen

D1730528

Frankfurter Allgemeine Buch

Bibliografische Information der Deutschen Nationalbibliothek
Die Deutsche Nationalbibliothek verzeichnet diese Publikation
in der Deutschen Nationalbibliografie; detaillierte bibliografische
Daten sind im Internet über http://dnb.d-nb.de abrufbar.

Leopold Hüffer
Kalte Fische
Warum wir Top-Jobs mit Top-Flops besetzen

Frankfurter Societäts-Medien GmbH
Frankenallee 71 – 81
60327 Frankfurt am Main
Geschäftsführung: Hans Homrighausen

Erste Auflage
Frankfurt am Main 2013

ISBN 978-3-95601-029-3

Frankfurter Allgemeine Buch

Copyright   Frankfurter Societäts-Medien GmbH
            Frankenallee 71 – 81
            60327 Frankfurt am Main
Umschlag   Anja Desch, F.A.Z.-Institut für Management-, Markt- und
            Medieninformationen GmbH, 60326 Frankfurt am Main
Satz   Wolfgang Barus, Frankfurt am Main
Titelbild   © thinkstock
Druck   CPI Moravia Books s.r.o., Brněnská 1024, CZ-691 23 Pohořelice

Printed in EU

Leopold Hüffer

Kalte Fische

Inhalt

Prolog: Kalte Fische

„Ach, der wird schon in seine Aufgabe reinwachsen. Ich kenne ihn seit Jahren, das ist wirklich ein guter Mann. Wir versuchen es mit ihm."

Ungläubig schaue ich den Telefonhörer an. Gerade habe ich erklärt, warum ich den Kandidaten für die Vertriebsleitung nicht empfehle: Im Assessment zeigte sich eindeutig, dass er es mit der Wahrheit nicht so genau nimmt. Warum will mein Auftraggeber den Mann dann trotzdem einstellen?

Vielleicht eben, weil er ihn schon seit Jahren kennt. Der Kandidat stammt offenbar aus seinem persönlichen Netzwerk und würde daher seine Hausmacht in der Firmenhierarchie stärken. Aus unseren Gesprächen weiß ich, dass sich mein Auftraggeber als Bayer in Flensburg und als Leiter eines Medizintechnik-Unternehmens in einer Unternehmensgruppe, die ganz überwiegend der Lebensmittelbranche angehört, isoliert fühlt. Da braucht er wohl Rückendeckung.

Ein halbes Jahr später höre ich betrübliche Neuigkeiten: Der Neue, so hat sich vor Kurzem herausgestellt, hat fiktive Vertriebstouren vorgelegt. Die Kunden auf seiner Liste hat er nie besucht. Nicht einmal angerufen.

Für den CEO der Unternehmensgruppe ist dieser Vorgang der berühmte Tropfen, der das Fass zum Überlaufen bringt. Der letzte Beweis, dass die Medizintechnik-Sparte hinsichtlich der Unternehmenskultur nicht zur Gesamtgruppe passt. Er verkauft diesen Unternehmensteil an einen Wettbewerber.

Warum erzähle ich Ihnen von dieser Fehlbesetzung? Weil ich überzeugt bin: Sie ist kein Einzelfall. In Unternehmen, in politischen Ämtern, in der Zivilverwaltung sitzen zu viele unfähige oder bestenfalls mittelmäßige Persönlichkeiten auf entscheidenden Positionen.

Im Bereich der Wirtschaft bekomme ich das hautnah mit. Ich bin Unternehmensberater für Führungskräfteassessments — kein Headhunter, der Führungskräfte sucht und vermittelt, sondern lediglich Gutachter für die Fähigkeit und Eignung von Kandidaten für oberste Führungspositionen. Aus meiner täglichen Berufspraxis weiß ich, wie oft die Position eines CFO, Vorstandsvorsitzenden oder Gesamtvertriebsleiters neu besetzt werden muss, weil der vorherige Inhaber grandios gescheitert ist oder vom Alltagsgeschäft schleichend überfordert war.

Ein Wort zu den Beispielen in diesem Buch: Sie gehen auf reale Fälle zurück, die ich entweder selbst miterlebt habe oder von nahen Bekannten kenne. Aber sie sind nicht ganz genauso geschehen, wie ich es hier darstelle. Ich habe Namen, Branchen und Ortsangaben verfremdet, um die beteiligten Personen zu schützen. Manchmal habe ich auch mehrere Vorfälle, die sich so oder ganz ähnlich abgespielt haben, in einer Geschichte zusammengefasst. Denn es geht mir nicht darum, einzelne Personen bloßzustellen, sondern typische Prozesse aufzuzeigen, die dazu führen, dass in Wirtschaft und Gesellschaft immer wieder Führungspositionen mit Personen besetzt werden, die dafür nicht geeignet sind.

Wenn ich die Nachrichten verfolge, gewinne ich den deutlichen Eindruck, dass das Problem der Fehlbesetzung in allen Bereichen unserer Gesellschaft wächst. All die missglückten Projekte, die Skandale, die sinnlos aufflammenden Konflikte, die Konkurse oder Beinahe-Konkurse vormals mächtiger Unternehmen oder die exorbitant verschuldeten Staaten zeigen: Hier trägt jemand eine Verantwortung, der er nicht gewachsen ist. Wir sind Zeitzeugen von Überforderung, aber auch von übermäßig hochgesteckten Erwartungen. Ja, es gibt fähige Leute auf wichtigen Posten, es gibt Fälle von erfolgreichem Krisenmanagement und geschickt in die Wege geleitetem Aufschwung. Aber nicht genug. Unsere Gesellschaft trägt schwer an den Fehlbesetzungen auf Spitzenpositionen.

Das finde ich inakzeptabel. Wie kann man nur so blöd sein, gewisse Leute zu nehmen? Das sieht doch ein Blinder mit Krückstock, dass diese Person nicht passt!

Das Problem sind nicht die unglücklichen Gestalten, die mit ihrer Aufgabe überbeansprucht sind. In einer anderen Position hätten sie vielleicht Positives bewirkt. Da hätten sie es gar nicht nötig gehabt, ihre Überforderung mit Lügen und Hau-Ruck-Entscheidungen zu übertuschen.

Das eigentliche Problem sind die Stellenbesetzer. Diejenigen, die solche ungeeigneten Kandidaten in die höchsten Ämter heben. Und zwar oft kaltblütig und sehenden Auges: um ihren eigenen Einfluss zu festigen. Um ihre Macht zu erhalten. Das Wohlergehen der Gemeinschaft ist für sie nicht vorrangig, solange es ihnen selbst gut genug geht. In der eigentlichen Gewissensfrage versagen sie: Im Zweifelsfall entscheiden sie sich kaltblütig für das Eigeninteresse. Das sind kalte Fische.

Also ein Grund, um die Zeitung abzubestellen, den Fernseher immer vor den Nachrichten auszuschalten und sich im eigenen Haus einzuschließen? Ein Grund, hinsichtlich der Zukunftschancen unserer Gesellschaft zu resignieren? Nein. Ich hätte dieses Buch nicht geschrieben, wenn ich nicht der Überzeugung wäre: Die kalten Fische haben nicht das letzte Wort. Es ist möglich, für die meisten Spitzenpositionen in Wirtschaft und Gesellschaft fähige, charakterstarke, engagierte und gewinnende Persönlichkeiten zu berufen. Wenn wir es richtig angehen.

Wie das gelingen kann, will ich in diesem Buch aufzeigen.

Im Totenreich

Reformstau, Ideenschredder und Eliteparanoia

Chaos. In langen Schlangen stehen die Menschen vor den Check-in-Schaltern. Trolleys hochbeladen mit Gepäck verhaken sich ineinander. Man könnte fast meinen, es wäre Anfang der „Großen Ferien" an einem ganz normalen Flughafen. Doch es ist nicht Sommer, sondern bitterkalt in dem ungeheizten Terminal. Die vermeintlichen Fluggäste tragen grüne Helme und Sicherheitswesten, um sie herum wird noch gebaut, gebohrt und gehämmert. Dieser Tag ist einer von vielen Testläufen, bevor in ein paar Monaten der neue Flughafen in Betrieb genommen werden soll.

Insgesamt 10.000 Berliner und Brandenburger haben sich als Komparsen freiwillig gemeldet. Sie helfen den Planern dabei, die Abläufe im neu gebauten Berliner Flughafen möglichst realitätsnah zu überprüfen und Schwachstellen aufzudecken. Heute suchen sich etwa dreihundert Testpersonen ihren Weg durch den siebenhundert Meter langen Hauptflügel des Flughafengebäudes. Am Ende des Tages werden sie berichten, wie lange sie am Check-in warten mussten, ob sie genügend Platz hatten, um sich nach der Sicherheitskontrolle ihre Schuhe, Gürtel und Jacken auch wieder anzuziehen, und ob sie ihr Gate problemlos finden konnten. Viele Probleme, die an diesem Tag sichtbar werden, werden sich mit überschaubarem Aufwand lösen lassen. Einige jedoch nicht.

Das niederschmetterndste der Ergebnisse: Die Anzahl der Check-in-Schalter wird nicht ausreichen. Statt der berechneten 60 Passagiere waren im Testlauf bloß 30 Fluggäste pro Schalter und Stunde abgefertigt worden. Das heißt: In Spitzenzeiten werden die Fluggäste nicht rechtzeitig zu ihren Gates gelangen und ihren Flug verpassen. Für einen Flughafen ist das der Gau. Doch der Eröffnungstermin am 3. Juni 2012 soll gehalten werden. Eine erneute Verschiebung — schon der ursprünglich geplante Termin am 30. Oktober 2011 war geplatzt — würde die Kosten nur noch weiter in schwindelerregende Höhen treiben. Hastig wird im Frühjahr 2012 eine Leichtbauhalle als Sicherheitsreserve gebaut. Bei großem Andrang soll hier das Bodenpersonal an zwanzig weiteren Check-in-Schaltern seine Arbeit aufnehmen. 2,5 Millionen Euro kostet die Halle. Dumm nur, dass sie wie ein Fremdkörper mitten im Zuliefererbereich steht — nur eines der vielen Beispiele dafür, wie frühere Planungsfehler ausgebügelt werden und was alles in Kauf genommen wird, um den Termin zu halten; koste es, was es wolle.

Doch die Blase platzt trotzdem. Irgendjemand zieht die Notbremse. Wir dürfen diesen Menschen dankbar sein. Sie haben mehr Mut bewiesen als ihre Dienstherren. Auslöser ist der beklagenswerte Zustand der komplexen Brandschutzanlagen. Das kilometerlange Rauchgasabpumpsystem ist mangelhaft und das Zusammenspiel der 16.000 Rauchmelder funktioniert nicht. Auch in diesem Fall wird zunächst wieder an einer Notlösung gebastelt: Eilig geschultes Personal soll mit Handys ausgestattet und an den Feuerschutztüren platziert werden, wo sie im Notfall die Fluggäste und die Angestellten aus dem Gebäude leiten sollen. Die Behörden lehnen dies rundheraus ab. Ihr „Njet" lässt das gesamte Konstrukt hochgehen. Nur dreieinhalb Wochen vor dem angekündigten Termin wird die Eröffnung des Berliner Flughafens abgeblasen. Die Folge: Nicht nur der weltweite Flugverkehr muss binnen kürzester Frist umplanen, auch die Anwärter der 40.000 Arbeitsplätze, die den Berlinern versprochen worden waren, stehen in den Startlöchern und schauen in die Röhre. Von den sich auftürmenden zusätzlichen Kosten gar nicht zu reden.

Es gibt jedoch einen positiven Effekt: Endlich ist ein Sündenbock gefunden. „Der Flughafen kann wegen der Rauchmelder nicht eröffnet werden", heißt es. Das wirkt wie ein Dammbruch. Nun erst trauen sich die Verantwortlichen vieler Gewerke aus der Deckung heraus und melden Nachbesserungsbedarf an. Die Folgen ihrer unter schwierigen Umständen erfolgten Arbeit und der verzweifelten Bemühungen, den Termin zu halten, werden offenbar. Nun hat man immerhin wieder etwas Zeit gewonnen, verbliebene Mängel auszubügeln. Vom wahren Stand auf der Berliner Großbaustelle haben viele der Beteiligten gewusst. An allen Ecken und Enden hat es gekokelt. In Gesprächen wurden schon oft Tatsachen genannt, die in den offiziellen Unterlagen und der Korrespondenz ausgespart wurden. Ich habe den Eindruck, dass nur niemand der Spielbeender sein wollte, der den Finger hebt. Breites Lächeln, Daumen hochgereckt, immer ein „alles bestens" auf den Lippen — so bleibt man im Amt. Macht man aber auch Karriere? Wahrscheinlich hat sich der eine oder andere bei seinem direkten Vorgesetzten unbeliebt gemacht, indem er versuchte, ihn zu einem Blick auf den Dreck unter dem Teppich zu bewegen. Aber die Information ist offenkundig versickert, bevor sie handlungswirksam oder gar öffentlich werden konnte. Das lieb gewordene Erklärungsprinzip — also mehr Energie auf das Erklären und Entschuldigen von Missständen als auf deren Beseitigung zu verwenden — wird von den Verantwortlichen so lange beschworen, bis sich seine Unhaltbarkeit ganz deutlich gezeigt hat. Erst dann wird unter nicht endenden sprachlichen Verrenkungen der halbwegs geordnete Rückzug angetreten. Alle zuvor betriebene Faktenkonstruktion schlägt mit einem Mal in peinlich offenkundige Realität um.

Zum Beispiel die Kabelschächte. Aus Zeitnot wurden teilweise die Starkstrom-, Schwachstrom- und Kommunikationsleitungen zusammen in einem Schacht verlegt. Jeder Elektromeister schlägt da die Hände über dem Kopf zusammen. Kein privater Häuslebauer würde sich so eine wilde Verstrippung bieten lassen. Dazu kommt, dass durch den geballten Kabelsalat die Traglast der Kabelkanäle zum Teil weit überschritten wurde. Es war also abzusehen, dass die Kabelkanäle früher oder später herunterkrachen würden. Trotzdem wurden sie so verlegt. Nun müssen die Kabelstränge wieder aufwendig getrennt werden.

Auch die eilig errichtete Check-in-Halle wird wieder abgerissen. Ohne dass sie ein einziges Mal benutzt worden wäre. Genauso wie der Aufbau wird der Abbau ein beachtliches Vermögen verschlingen.

Scheitern in Serie

Das Versagen des Projektmanagements auf höchster Ebene beim Prestigeprojekt Berliner Flughafen ist hinlänglich bekannt und hat der Presse ausreichend Stoff für kritisch-hämische Beiträge gegeben. Warum erzähle ich Ihnen das also? Desaster wie der Berliner Flughafen passieren doch immer wieder. Die Hamburger Elbphilharmonie — ein Fass ohne Boden. Der Stuttgarter Tiefbahnhof: ein kommunikatives Trauerspiel. Der Traum einer Transrapidstrecke in Deutschland — Ende 2011 still und heimlich begraben, nachdem über 40 Jahre lang insgesamt 1,5 Milliarden Euro in dieses Projekt gesteckt wurden. Die Liste ließe sich beliebig verlängern. Im Osten nichts Neues. Aber auch im Norden, im Süden und im Westen: Nichts Neues unter der Sonne. Und das gilt nicht nur für Großprojekte, Bauprojekte oder Technologieprojekte. Auch politische Projekte auf unterschiedlichsten Ebenen — von der Europäischen Union über die Reform der Bundesländer bis zur Reform der Sozialsysteme oder des Schulsystems — werden von den Verantwortlichen spürbar öfter in den einstweiligen Stillstand als zum Durchbruch geführt.

Aus meiner Perspektive lerne ich auch im Feld der Unternehmen im obersten Stockwerk regelmäßig eklatante Führungsdesaster, wahrhaftige Abgründe an dürftiger Kompetenz und Professionalität kennen, eine Führungsschwäche, die tatsächlich in keinem Verhältnis zur Verantwortung oder gar zur Dotierung dieser Positionen steht.

Und genau das ist es, was ich inakzeptabel finde. Es wird konstatiert, dass wieder mal ein Unternehmen an die Wand gefahren wurde, dass wieder mal ein Großprojekt in die Hose gegangen ist, dass man die Politik dem Bürger nach der letzten Schlappe künftig mal wieder besser vermitteln müsse — und dann geht es weiter wie zuvor. Ich frage mich: Ist das offenkundige Schwächeln der für ganze Belegschaften, Regionen, Länder oder Bevölkerungsgruppen verantwortlichen Persönlichkeiten eine Sammlung von ganz normalen Einzelfällen oder steckt dahinter ein Webfehler im Tuch von Wirtschaft und Gesellschaft? Ein Mechanismus, den es aufzudecken gilt?

Und: Leidet die Führungselite in Wirtschaft und Gesellschaft nicht selbst auch darunter? Oder ist es den Persönlichkeiten, die am Scheitern beteiligt sind, die zum Scheitern beitragen und die fürs Scheitern die Verantwortung mittragen, schlicht egal, ob sie gute Ergebnisse abliefern oder schauderhaftes Mittelmaß? Sind sie innerlich unbeteiligt? Sind das kalte Fische?

Gewiss: Kein Handwerker reißt das, was er gebaut hat, gerne wieder ein. Kein Verantwortlicher gesteht sich und anderen gerne ein, dass er großen Murks gebaut hat. Kein Aufsichtsratsvorsitzender wird gerne weggelobt oder gar medienwirksam gefeuert, weil seine Inkompetenz peinlich offenkundig wurde. Kein Politiker sieht gerne seine Felle davonschwimmen, wenn er Verschiebungen ankündigen oder katastrophale Zahlen offenlegen muss. Und kein Steuerzahler sieht sein Geld gerne in einem Fass ohne Boden auf Nimmerwiedersehen verschwinden. Gleichgültig kann es den Beteiligten nicht sein. Scheitern zehrt gewaltig am Ego, es nagt unaufhörlich am Selbstwertgefühl. Gerade wenn Politiker oder Manager zurücktreten oder zurückgetreten werden, tun sich häufig Schluchten des Grams und der Selbstzerfleischung bis hin zum Suizid auf, manchmal öffentlich, wie beispielsweise beim Politiker Jürgen Möllemann oder beim Unternehmer Adolf Merckle, in den meisten Fällen laufen die Dramen aber hinter den Kulissen ab. Wenn ich erlebe, wie Führungskräfte mit Niederlagen und schlechten Ergebnissen umzugehen versuchen, dann bin ich sicher: Kalt lässt das so gut wie niemanden und egal ist es schon gar nicht.

Der Grund, warum nach den obligatorischen Wellen der Empörung in der Öffentlichkeit, nachdem ein paar Köpfe gerollt sind und ein paar kleinlaute Eingeständnisse gemacht wurden, wieder ähnlich weitergemacht wird wie zuvor, ist jedenfalls nicht die Indifferenz der Akteure.

Woran liegt es dann?

Kann es sein, dass das Problem in Wirklichkeit gar nicht so gravierend ist? Dass das schwache Bild, das sich mir bietet, einfach durch einen Polarisationsfilter in der Medienwahrnehmung entsteht? „Das Projekt läuft wie geplant" ist in Fernsehnachrichten und Zeitungen kaum eine Meldung wert, außer wenn es sich um so eindrucksvolle Großprojekte handelt wie die NASA-Mondsonde von 2009. Die meisten öffentlichen Unternehmungen, Bauvorhaben, politischen Reformbestrebungen und Wirtschaftsunternehmen kommen nur dann in die Schlagzeilen, wenn sie spektakulär scheitern. Läuft vielleicht in Wirklichkeit das Meiste gut, aber nur die Ausnahmefälle von Fehlmanagement werden wahrgenommen?

Die Studie „Double Whammy" der Universität Oxford zusammen mit dem McKinsey-Institut aus dem Jahr 2011 kommt nach Auswertung von 1.500 IT-Projekten zum Ergebnis: Die Hälfte der Projekte läuft wie geplant. Die andere Hälfte übersteigt Budget und Zeitplan, bei einem Sechstel der Projekte sogar massiv. Davon, dass die meisten Projekt gut laufen, kann also keine Rede sein.

Die Untersuchung bezieht sich zwar auf den Spezialfall IT-Projekte. Aber sobald ich die Zeitung aufschlage, entdecke ich Nachrichten von gescheiterten Großprojekten, kollabierenden Unternehmen, im Sande verlaufenden Reformen oder politischen Initiativen, die das Gegenteil des Beabsichtigten bewirken. Diese Nachrichten kommen mit solcher Regelmäßigkeit, dass nur ein Schluss möglich ist: In Politik, Wirtschaft und Gesellschaft läuft vieles nicht so, wie es laufen sollte. Zu vieles scheitert katastrophal. Und zwar nicht durch ein zufälliges, kaum zu verhinderndes Zusammentreffen widriger Umstände, sondern schlicht durch menschliches Versagen und offenkundige Unzulänglichkeit der Verantwortlichen.

Ein Leiter eines Atomkraftwerks, der gedankenlos an seinem Protokoll festhält, ein Fluglotse, der zur falschen Zeit den Waschraum aufsucht, ein Schichtleiter, der übersieht, dass an einer kritischen Stelle des im Bau befindlichen Flugzeugs eine doppelte statt einer einfachen Reihe Nieten gesetzt werden muss — sie alle haben in der Vergangenheit entsetzliche Katastrophen mitverursacht.

Es muss nicht gleich ein Reaktorunfall oder Flugzeugabsturz sein, der aus einem einzelnen Fehlverhalten resultiert. Es reicht schon, wenn einer die Arbeit eines ganzen Teams zum Scheitern bringt, wenn Lieferengpässe auftreten oder die Produktqualität nicht stimmt und infolge das Team der Konkurrenz fröhlich winkend vorbeiziehen kann.

Und wenn das einem ganzen Land an viel zu vielen Stellen gleichzeitig passiert ..., dann fallen wir im internationalen Wettbewerb zurück. Anfangs unmerklich, später immer deutlicher.

Bremsspuren

Als sich nach dem Zweiten Weltkrieg die USA endgültig als neue Ordnungs- und Wirtschaftsmacht etabliert hatten, lagen verschiedene europäische Länder und auch Japan in Trümmern. Die US-Wirtschaft war für viele Jahre tonangebend und wurde eifrig kopiert. Der Ruf „Das kommt aus Amerika" öffnete praktisch automatisch die Türen auf dem europäischen Markt. Doch dann wurden die USA vom wieder erstarkenden Europa und vor allem von den Japanern übertroffen. In den 70er-Jahren sicherten sich die Japaner in einem generalstabsmäßig geplanten Schachzug ganze Branchen — Unterhaltungselektronik, Fotografie und Automobilbranche wurden revolutioniert, die USA hatten auf diesen Gebieten nicht mehr viel zu bestellen. Manager aus aller Welt versuchten ratlos bis panisch, das überlegene japanische System zu studieren, zu verstehen und zu kopieren.

Heute ist Japan seit mehr als zwei Jahrzehnten selbst in einer permanenten Krise, und schon vor der Atom-Katastrophe von Fukushima blickten alle Augen aufmerksam nach Brasilien, Russland, Indien und China (die BRIC-Staaten), die zur gleichen Zeit, da sie selbst riesige Märkte für unsere Produkte wurden, zu beinahe ebenso großen Konkurrenten auf dem Weltmarkt aufgestiegen sind. China hat Deutschland als Export-Weltmeister kürzlich abgelöst und dient gleichzeitig Unternehmen wie Volkswagen als außerordentlich bedeutsamer Absatzmarkt. Die USA sind nach wie vor eine überragende Wirtschaftsmacht, sie tendieren dazu, sich immer wieder zu erholen. Doch außer den größten Internetunternehmen und manchmal fragwürdigen Finanzinstitutionen haben sie heute nicht mehr ganz so viel zu bieten, was wirklich beeindrucken kann. Als Vorbild können vielleicht Google, Facebook & Co. dienen, deren wirklichen ökonomischen Erfolg es aber auch erst einmal zu beobachten und nüchtern zu bewerten gilt. Ob er nachhaltig ist, wird sich noch weisen müssen. Massive Kostenersparnis und erhoffte energiepolitische Unabhängigkeit stellen immerhin die Öl- und Gasproduktion aus Schiefergestein, das sogenannte „Fracking", in Aussicht. Aber eigentlich wird nie ganz klar, wie viel der wirtschaftlichen Stärke in den USA mit einem unvorstellbar hohen Staatsdefizit und der Verarmung ganzer Bevölkerungsschichten erkauft wurde.

Wenn wir heute Mitbewerber beobachten und analysieren wollen, dürfen wir uns schon längst nicht mehr auf die altbekannte Wirtschaftsgröße USA beschränken. Im Osten, in den asiatischen Großnationen, sitzen wohl die agilsten Mitbewerber von heute, aber das werden wir erst morgen mit allen Konsequenzen erfasst und durchlebt haben. Allen voran möglicherweise Indien, das von allen immerhin die einzige mehr oder weniger funktionierende Demokratie ist, zugleich aber auch ein hohes Maß an Korruption kennt. Allein die pure Zahl an bestens ausgebildeten Physikern, Mathematikern, Ingenieuren und Wirtschaftswissenschaftlern übertrifft das überalternde Europa schon heute deutlich, und damit ist nicht nur die schiere Masse gemeint, die ein Land mit 1,2 Milliarden Einwohnern hervorbringen kann. Jährlich treten etwa 250.000 erfolgshungrige Ingenieure in den Arbeitsmarkt ein. Dies entspricht in Deutschland der Zahl aller Absolventen aller Studiengänge an Universitäten und Fachhochschulen zusammen.

Boomende oder nach wir vor gut wachsende Emerging Markets wie die BRIC-Staaten sprinten schon seit einiger Zeit mit großen Sprüngen vorwärts. Die Wachstumsraten werden nun zwar etwas kleiner, vielleicht nimmt auch die politische Unrast zu. Dennoch sind die Raten im Vergleich zu europäischen und nordamerikanischen Zahlen beeindruckend groß. Wenige schauen zurück, kaum einer bleibt stehen. Wer zu lange auf der Stelle bleibt, verliert. In einem solchen Umfeld ist der permanente Wandel Programm.

Da stellt sich mir die Frage: Steckt hinter diesem Unterschied — dort rasche Entwicklung, hier Stagnation, Behäbigkeit, staatspolitische Sklerose und scheiternde Projekte — eine unterschiedliche Mentalität? Sind es die wirtschaftspolitischen Strukturen in den Köpfen und in der Organisation, die es den Menschen in Deutschland erschweren, derart zukunftsgerichtet und erfolgreich zu handeln?

Besonders in China wird nicht gefragt, ob die neue Landebahn denn auch ökologisch verträglich ist. Die Frage dort lautet: Wie viele Landebahnen sollen es denn sein? Wie viele Bürohochhäuser, wie viele Autobahnen, und warum nur vierspurig, wenn es auch gleich achtspurig geht? In solchen Märkten — man sollte sich aber vor Pauschalisierung hüten, denn zum Beispiel gibt es in Indien eine Demokratie mit vielfältigen Einsprachemöglichkeiten — herrscht eine gänzlich andere wirtschafts- und steuerpolitische Mentalität als in den reiferen Märkten im deutschen oder westeuropäischen Umfeld. Das Versprechen von Aufstieg und Wohlstand ist dort nach wie vor glaubhaft. Wirtschaftswunder ohne soziale Marktwirtschaft, also Turbowunder. Der chinesische Fiskus will den Bürger wohlhabend sehen, Fleiß und Produktivität werden in klingender Münze belohnt. Die Gespenster des Marxismus haben sich in wenigen Jahren aufgelöst — zumindest in wirtschaftlicher Hinsicht, wenn auch nicht unbedingt im Umgang des Staates mit den Individualrechten seiner Bürger.

Dabei haben wir noch immer große Vorteile. Deutschlands großes Plus ist seine zentraleuropäische Lage, seine über Generationen gewachsene ziel- und umsetzungsorientierte Mentalität, sein duales Ausbildungssystem und dank der Agenda 2010 von Bundeskanzler a. D. Gerhard Schröder nicht zuletzt seine niedrigen Stücklohnkosten. Trotz der Altlast der Deutschen Einheit steht die Wirtschaft in Summe so stark da, dass nur wenige andere europäische Länder Schritt halten können. Allen Unkenrufen der PISA-Promotoren zum Trotz sind auch Bildungsniveau und fachliches Know-how weiterhin ausgezeichnet. Die deutschen Hochschulen, Berufsakademien und Fachhochschulen produzieren hoch qualifiziertes Personal. Kaum ein anderes Land verfügt über eine so gut gefüllte Pipeline an Nachwuchskräften. Die Dynamik ist derart lebendig, dass die Franzosen und andere Nachbarn mit der gewohnten Skepsis, aber zugleich mit Respekt und Nachahmungswunsch über die Grenze zu uns schauen. Das Dumme ist nur, dass nach wie vor viele hoch qualifizierte junge Menschen ihre Zukunft nicht zwangsläufig in Deutschland sehen, sondern oft auch emigrieren. 2012 wanderten laut Statistischem Bundesamt ca. 712.000 Personen aus Deutschland aus, davon etwa die Hälfte mit Hochschulabschluss — ein deutlich höherer Akademikeranteil als in der Gesamtbevölkerung, wo er bei nur 29 Prozent liegt. Die beliebtesten Zielländer sind die Schweiz, die USA, Österreich und Großbritannien. Allerdings hat sich seit 2011 durch die EU-Krise auch ein umgekehrter Trend entwickelt: Aus den Krisenstaaten Italien, Griechenland und Spanien wandern vermehrt Arbeitssuchende ein, darunter viele Akademiker, und ergänzen den ungebremst starken Zustrom aus Polen, Rumänien, Bulgarien und Ungarn. Insgesamt sind 2012 1,08 Millionen Personen immigriert. Deutschland verbuchte also erstmals nach einiger Zeit wieder einen Zuwanderungsgewinn, der das Geburtendefizit ungefähr ausgleicht und hoch qualifizierte Arbeitskräfte ins Land bringt. So profitieren wir von der EU-Krise — aber wir können uns nicht darauf verlassen, dass das weiterhin so bleibt.

Denn was nützt die sehr gute Ausgangsposition, wenn sie durch die auffallende Neigung der Deutschen zur Selbstkritik, ihre tief sitzende

Angst, ins Prekariat abzurutschen, und ihren zunehmend nachlässigen Umgang mit der bewährten Arbeitsethik zunichte gemacht wird? Was erschwerend hinzukommt, ist, dass bereits viele meinen, einen beinahe schon moralisch begründeten Anspruch auf einen Arbeitsplatz zu haben. Die auffallend arbeitnehmerorientierte Sicht in vielen Massenmedien tut ihren Teil dazu, diese Haltung und dieses realitätsferne Anspruchsdenken in der Bevölkerung zu verstärken. Deswegen grenzt es an ein Wunder, dass das Land trotz dieser Nachteile immer wieder zur zugkräftigen Lokomotive für die europäische Wirtschaft werden kann — früher und hoffentlich bald wieder zusammen mit Frankreich, in der Zukunft möglicherweise auch einmal mit der Türkei. Auch wenn verlorene Jahre dazwischenliegen, kehrt dieses Wunder mit guter Regelmäßigkeit wieder, was innerhalb der Landesgrenzen aber viel zu wenig anerkannt wird.

Und genau diese Einstellung droht, Deutschlands strukturellen Vorteil aufzufressen. Welchen Unterschied die Mentalität für die wirtschaftliche Prosperität macht, sehen wir im kleinen Nachbarland Schweiz. Dort finden wir zwar eine ebenso hohe, wenn nicht höhere soziale Sicherheit wie in Deutschland. Aber die Arbeitsethik ist eine andere geblieben. Sie ist wohl im Grundzug calvinistisch geprägt — und das hat untergründig wirkende, weitreichende Konsequenzen für das Grundverständnis von Arbeit.

Jean Cauvin, bekannter unter der latinisierten Namensform Johannes Calvin, der große Genfer Theologe des 16. Jahrhunderts, teilte die Menschheit in zwei Teile: in die von Gott Auserwählten und die Nicht-Auserwählten. Ersteren ist das Himmelreich sicher, Letzteren die Hölle. An dieser Vorherbestimmung lässt sich nach Calvin zwar nicht rütteln, doch wie soll der Einzelne wissen, ob es für ihn nach dem Tode nach oben oder nach unten geht? Wen Gott liebt, dem hilft er. Wem Gott hilft, dem geht es gut. Deshalb gilt es, ein tugendhaftes Leben zu führen — und auch auf wirtschaftlichem Felde zu prosperieren. Denn wer viel Erfolg hat, hat schon auf Erden den Beweis dafür, zu den Auserwählten zu gehören. Reichtum galt nicht als sündhaft, wenn er erneut investiert wurde.

Da Calvins Lehre auch auf die englische Kirche großen Einfluss hatte, wird diese Haltung heute auch als angelsächsische Arbeitsethik bezeichnet. Sie prägt noch heute ihr Herkunftsland, die Schweiz, sowie Holland und insbesondere die USA — siehe Rockefeller & Co. Der Deutsche dagegen ist in seiner Wolle wohl vom großen Reformator Luther gefärbt, der stellvertretend für alle, die der Habgier, Korruption und Verschwendung der päpstlichen Partei überdrüssig waren, verkündete, dass Geld und Besitz nichts gar so Gutes seien. Er bekämpfte im frühen 16. Jahrhundert die damals erfolgte Kommerzialisierung des Glaubens. Noch heute ist das Misstrauen gegenüber Reichen und gegenüber erfolgreichen Unternehmen tief verwurzelt und allein der Anblick eines edlen Sportwagens kann bei manchem erstaunlicherweise regelrechte Hassgefühle wecken. Sind es ferne Echos lutherischer Predigten, die manche deutschen Leitmedien bis heute Tag für Tag durchhallen und die Stimmung der Gegenwart prägen? Der deutsche Katholizismus blies lange auf andere Art in dieses Horn der Bescheidung, und die Weltabgewandtheit in manchen für die Moderne existenziellen Fragen könnte kaum größer sein. Ich bin kein Prediger der einen oder anderen christlichen Denomination. Ich staune nur, wie mächtig religiöse Wertvorstellungen über lange Zeiträume wirken und unser Denken und Empfinden prägen können, auch wenn viele von uns keine aktiv praktizierenden Christen mehr sind oder sich als Atheisten verstehen. Deutschland steht in einem eigentümlichen und geradezu faszinierenden Spannungsverhältnis zum Phänomen des Kapitalismus. Später wurde aus deutschem Denken die größte weltgeschichtliche Gegenbewegung dazu von Karl Marx und Friedrich Engels initiiert. Auch wenn der Kommunismus nach der mausgrauen Lebenswelt der DDR ziemlich aus der Mode gekommen ist: Gewisse darin verwurzelte Grundannahmen haben sich unterschwellig in der deutschen Mentalität festgesetzt — nicht zuletzt in Form einer Eliteparanoia.

Der Neid derer, die nicht das große Rad drehen, führt vermehrt auch zur Ablehnung von der Idee der Leistungseliten und der sozialen Marktwirtschaft überhaupt. Ich kann nachvollziehen, dass sich viele nicht gut bezahlt fühlen, denn sie werden nicht gut genug bezahlt. Dennoch verhilft das heutige Wirtschafts- und Gesellschaftssystem erwiesenermaßen zu mehr Wohlstand und Freiheit als Ständestaat, Fürstbistum, Kommunismus oder Sozialismus es je vermochten. Wir haben miterlebt, wohin das gigantische „Feldexperiment" des Marxismus-Leninismus in etlichen Nationen mit ihrer totalitären Gleichmacherei, Planwirtschaft und Unterdrückung von persönlichem Ehrgeiz geführt hat. Bevor man ein solches System mit aller Kraft und Überzeugung errichtete, hätte man es vielleicht in kleineren abgegrenzten Gebieten in den Probelauf schicken sollen. Die Idee, Gleichheit um jeden Preis durchzusetzen, wurde stärker als die real anzutreffende Wirklichkeit. Man wollte und konnte während Jahrzehnten nicht eingestehen, dass vieles nicht so gewesen und geworden war, wie theoretisch verkündigt. Aber selbst ihr offenkundiges Scheitern im größten Stil, als gründlich missglücktes Experiment an den Existenzen von Hundertmillionen von Menschen (DDR, Sowjetunion, Osteuropa, Nordkorea etc.), ist manchem noch nicht Beweis genug, um sich innerlich von der Idee des Kommunismus, vom Misstrauen gegenüber Eigentum, Geld und Erfolg zu lösen. Zeitweise hatte Marx gewiss noch einen größeren Job als Luther gemacht. Der Marxismus-Leninismus ist ein universell wirksames Gedankengut geblieben. Marx' Kapitalismuskritik hallt in uns nach und erfüllt noch immer viele von uns mit ideologischen Verheißungen.

Das Problem dabei, wenn Eliten aller Art misstrauisch beäugt werden, ist: Menschen, die etwas voranbringen wollen, die die Fähigkeit dazu hätten, im Verlauf von zwei bis drei Jahrzehnten zu Führungspersönlichkeiten zu werden, gehen vermehrt ins Ausland. Der Abfluss einer ganzen Generation innovativer und begabter Nachwuchsführungskräfte aus Deutschland in die Schweiz und nach Österreich sowie nach wie vor, wenn auch gegenüber früher vermindert, in die USA und nach Kanada, spricht eine deutliche Sprache. Eine Gesellschaft, die nicht bereit ist, Persönlichkeiten, die frischen Wind bringen, zu resorbieren, nimmt schleichend Schaden. Wenn dann nach ein paar Jahrzehnten das verbliebene B- und C-Team an die Schalthebel der Macht gelangt, bringt das auch für breitere Schichten der Bevölkerung nichts mehr. So scheint sich gar noch die Elitenangst zu bestätigen.

Verantwortungslos

Peter, der langjährige Vorstandsvorsitzende eines nicht ganz unbedeutenden Autozulieferers, konnte mit einigem Sachverstand, vor allem aber mit seiner Überredungskunst und seinem Charme, die Eigentümer seines Unternehmens über viele Jahre bei Laune halten. Dieser Teil seiner Aufgabe hatte auch eine politische Dimension, denn Mehrheitseigner war ein deutsches Bundesland, dessen gewählte Vertreter immer dann, wenn es mal schlecht lief, dem Unternehmen mit einer voluminösen Finanzspritze unter die Arme griffen. Und es lief fast jedes Jahr schlecht. Doch man wollte den Laden am Laufen halten, die Arbeitsplätze sichern und die ohnehin strukturschwache Region nicht noch weiter ausdünnen. Im Lauf der Jahrzehnte waren so allen Ernstes ein paar hundert Millionen Euro versenkt worden. Irgendwann gelangte auch das geduldige Bundesland in das gnadenreiche Stadium finanzieller Vernunft und verkaufte seine Anteile — mit grässlichen Gewissensbissen — an einen englischen Investor.

Schnell war klar: Anders als die bisherigen, eher kameralistisch gesonnenen Eigner wollten die neuen Besitzer Erfolge in Geldform sehen. Sie setzten einen toughen neuen Aufsichtsratsvorsitzenden ein, einen ehemaligen General-Electric-Vorstand, der das Unternehmen auf Kurs bringen sollte. Der erfahrene Mann ging den Problemen innerhalb einiger Wochen auf den Grund und entdeckte den vermeintlichen Giftpilz im Unternehmen: Fertigungsleiter Egon. Es stellte sich heraus, dass unter seiner Führung die Maschinen niemals unter Volllast gelaufen waren. Oft mussten sich die Kunden, die weit mehr abgenommen hätten, gedulden, weil die Fertigungskapazitäten künstlich abgeregelt waren. Kein Wunder, dass das Unternehmen kaum je Gewinn hatte erwirtschaften können!

Was war da los? Es stellte sich heraus, dass Egon die Maschinen nachts leerlaufen ließ, weil die Verträge mit den Arbeitnehmern nichts anderes hergaben. Die Gewerkschaften waren mächtig, eine größere Auseinandersetzung mit ihnen wagte niemand zu führen. Also lief das Unternehmen weit unter Potential und die Arbeiterschaft und Gewerkschaften waren zufrieden. Zur Sicherung des Burgfriedens waren von Vater Staat wieder einmal die wirtschaftlichen Grundgesetze vorübergehend außer Kraft gesetzt worden. Profitabilität war zwar nicht absehbar, aber das machte scheinbar nichts, denn das Bundesland hatte ja die zwangsläufig entstehenden Verluste durch eine Defizitgarantie regelmäßig ausgeglichen. Keynes als Dauerabo, gewissermaßen, auch wenn John Maynard Keynes in seiner Wirtschaftslehre den Staat eigentlich nur als vorübergehenden Nachfrager vorgesehen hatte, um kurzfristige Konjunkturdellen auszugleichen, und postulierte, dass sich der Staat bei guter Konjunktur wieder zurückzieht. Diesen Rückzug hatte das Bundesland regelmäßig vertagt. Der neue Eigentümer zeigte keine Ambitionen, auch in diesen Dingen in die Fußstapfen des Bundeslandes zu treten — und damit hatte auch das Unternehmen ein Problem, und zwar ein größeres.

Der neue Aufsichtsrat wollte mehr von diesen eigentümlichen Wahrheiten wissen, und scheibchenweise traten sie ans Licht. Es stellte sich nach einem Verwirrspiel von mehreren Wochen heraus, dass nicht der Fertigungsleiter Egon die treibende Kraft war, sondern lediglich die klaren und eindeutigen Befehle des Vorstandsvorsitzenden Peter ausführte. Dieser war es, der die Fäden gezogen hatte. Sein vorrangiges Ziel war es gewesen, bei fürstlichem Gehalt — einer Art moderner Apanage — die verbliebenen Jahre bis zu seiner Pensionierung auf dem Vorstandsposten verweilen zu können.

Mit an ihm sonst unbekannter Energie hatte er über Jahre die Einstellung fähiger und finanziell scharfsinniger Manager zu verhindern gewusst, die ihm und seiner Stellung hätten gefährlich werden können. Dutzende Millionen Euro waren in ein Fass ohne Boden geschüttet worden, weil er alles in allem mehr an seinen eigenen materiellen Interessen orientiert gewesen war, als seinen Pflichten nachzukommen, den Stier bei den Hörnern zu packen und die inakzeptablen Zustände abzustellen. Wer hätte es ihm auch gedankt?

Doch damit nicht genug. Nun, als es galt, erneut seine Haut zu retten, brachte Peter mit Geschick seinen Fertigungsleiter in die Schusslinie, so wie er es schon früher mit manch anderen Mitstreitern getan hatte. Wohldosierte Bemerkungen zur rechten Zeit am rechten Ort sollten Egon als hauptsächlichen Verantwortlichen an der Misere darstellen. Egon hatte sich gewiss nicht immer einwandfrei verhalten, aber zum alleinigen Sündenbock gemacht zu werden, das hatte er nicht verdient. Schließlich hatte er letzten Endes Weisungen befolgt, auch wenn es diese nicht schriftlich gegeben hatte. Die Zeiten waren nicht einfach gewesen und schließlich waren an diesem unerbaulichen Spiel ja fast alle beteiligt: Vorstand, Gewerkschaft, Mitarbeiter, alle hatten sich auf Steuerzahlers Rechnung ein halbwegs schönes Leben gemacht. Auch die Regionalpolitiker, die buchstäblich um jeden Preis verhindern wollten, dass das Unternehmen abwanderte, verkleinert oder gar geschlossen wurde, hatten sich ganz unter dem Zwang von „nach der Wahl ist vor der Wahl" als treu bewahrende Kraft betätigt. Vordergründig im Interesse der Region — tatsächlich aber entgegen dem Gemeinnutzen, denn das für die ständigen Finanzspritzen aufgewendete Geld fehlte für Initiativen zur Ansiedelung zukunftsfähiger Industrien mit den entsprechenden Arbeitsplätzen. Die zuständigen Politiker zogen aber mit Blick auf die Wählergunst die kurzfristige Arbeitsplatzsicherung der langfristigen vor. Als echte kalte Fische waren sie offenbar hauptsächlich am eigenen Machterhalt interessiert.

Der neue Aufsichtsratsvorsitzende hatte das schnell durchschaut und zügig aufgeräumt. Die englischen Eigentümer waren mit ihm zufrieden. Seine Mitarbeiter sahen in ihm zwar eine Art kapitalistischen Walter Ulbricht und sein etwas ernstes und undurchdringliches Äußeres verstärkte diesen Eindruck noch, doch das störte ihn nicht. Aus einem sträflich vernachlässigten, sich durchwurstelnden Vorstand wurde ein moderner. Falsche Voraussetzungen und Annahmen konnten schließlich hinter sich gelassen werden.

In diesem Fall lag das Problem an den politischen und arbeitsrechtlichen Strukturen, die gegen jede wirtschaftliche Vernunft den behäbigen alten Trott gefördert und Eigenverantwortung und Ergebnisfähigkeit überflüssig gemacht hatten. Aber nicht nur. Die Krönung war, dass der Hauptverantwortliche im Unternehmen diese Rahmenbedingungen zu seinen persönlichen Gunsten ausgenutzt hatte.

Eine einzelne entscheidungsbefugte Person mit eher administrativer als entwicklungsorientierter Grundeinstellung, umgeben von ergebenen kleinen Geistern, kann einem Unternehmen, einem Verwaltungsbezirk, einem Land großen Schaden zufügen. Der Grund für ein solches Verhalten ist allzu oft: Eigennutz. Der Posten ist prestigeträchtig, gut im Medienfenster gelegen und einträglich; warum sich ohne Not massive Veränderungen antun? Solche unerspießlichen Entwicklungen entstehen, wenn die Kontrollorgane im Unternehmen ihren Dienst versagen, von zu schlichtem Gemüt sind oder beide Augen mehr oder weniger fest zudrücken. Jeder bedient sich selbst, anfänglich etwas schambesetzt, eigentlich ohne es zu wollen, später aber in zumindest teilweise aufgeklartem Bewusstsein über die unhaltbare, geradezu schmählich peinliche Lage.

Ja, es gibt sie, die auf ihr Wohl bedachten Alleinherrscher und die Nischenbesetzer, die sich ihr eigenes Biotop schaffen. Ihr hauptsächliches und nicht völlig unverständliches Ziel: gut leben. Gemeinnutz ist für sie oft nicht viel mehr als ein Feigenblatt. Sie versammeln dienstbeflissene Marionetten, kleine Fische und gutwillige Mitmacher aller Art um sich und verfolgen mehr oder weniger konsequent den eigenen Vorteil. Andersdenkende entmachten sie und setzen ihnen zu, bis diese das Handtuch werfen und woanders ihre Schaffenskraft einsetzen. Ihr Kalkül: Bin ich und meine Getreuen in Pension, bevor der Laden hochgeht? Oder: Bin ich schon beim nächsten Unternehmen tätig, wenn in drei bis vier Jahren die tatsächlichen Folgen meiner bis auf den nackten Knochen schneidenden Kostensenkungsinitiativen deutlich werden, mit denen ich meinen Gewinnausweis kühl berechnend aufgehübscht habe?

Die wirtschaftliche Praxis kennt hauptsächlich einen Zwang: den einer mehr oder weniger unverblümten Vorteilsnahme. Kann man seine Preise infolge der Notlage eines Abnehmers durchsetzen, unternimmt man dies ganz ungeniert — wohl wissend, dass der Geschäftspartner das seinerseits genauso handhaben wird, sobald er im Vorteil ist. Eine Firma bleibt im Zweifel ihrem Geschäftsprinzip treu. Wer diesbezüglich in der gegebenen Situation nicht mitmacht, verliert.

Übrigens nicht nur in der Wirtschaft. Auch in der Politik und in vielen Bereichen der Gesellschaft gibt es genügend Mächtige und Einflussreiche, die zumindest zeitweise davon ausgehen, ihre Position sei ein Garant für beinahe unbegrenzte persönliche Vorteilsnahme. Der langjährige italienische Ministerpräsident und Medien-Tycoon Silvio Berlusconi zum Beispiel wird uns in den Medien und vor Gericht nicht eben so dargestellt, dass er uneigennützig Maß hält. Er ist schlitzohrig und verfügt über große emotionale Führungsqualitäten, aber seine Prinzipien sind vermutlich diejenigen eines ganz klassischen Machtmenschen. Er nimmt sich anscheinend, was ihm gefällt, und scheint überzeugt davon zu sein, dass ihm alles, wonach ihm der Sinn steht, auch zusteht. In Italien konnte er es sich unter dem Schutz der Immunität seiner politischen Ämter lange Jahre erlauben, einen Skandal an den nächsten zu reihen. Obwohl sein Handeln teils moralisch fragwürdig, teils gesetzlich grenzwertig war, wurde er lange Zeit mit schöner Regelmäßigkeit wiedergewählt — und das restliche Europa konnte, mit wohligem Gewissen, nur den Kopf schütteln. Man hätte ihm in Italien vielleicht beinahe alles verziehen, wenn er mit seinen Allüren die Nation vorangebracht hätte. Die Wirtschaftsstatistik spricht aber eine eindeutige Sprache: In den rund 14 Jahren seiner Regierungstätigkeit hat Italien stagniert.

Ein derartiges Verhalten würde in Deutschland, in Holland oder Skandinavien und erst recht in manchen religiös geprägten Bundesstaaten der USA kaum toleriert werden. Im kalifornischen Palo Alto musste der Vorstandsvorsitzende von Hewlett-Packard seinen Hut nehmen, weil er eine Affäre mit einer erwachsenen Angestellten hatte und Restaurantrechnungen für seine romantischen Abendessen als Spesen absetzen wollte. Silvio Berlusconi hätte für so etwas vielleicht nur ein Achselzucken übrig und würde sich über seine Freiheiten freuen. Vielleicht würde er sagen, dass ein Treffen mit einer attraktiven Frau, und sei sie auch seine Angestellte, das Beste sei, was er für das Unternehmen in jenem Moment hätte tun können. Er wäre durch das gemeinsame Essen über manchen Kummer hinweggekommen und hätte die Auslagen kaum besser investieren können.

Wie kommt es zu solchen Verhaltensweisen, die dann auch mehr oder weniger für ganze Gemeinschaften zu Verhaltensstandards werden? Ganz einfach: indem man die Leute machen lässt. In den gut abgeschotteten Vorstandsetagen, in denen eigene Gesetze herrschen, wo Judikative, Legislative und Exekutive in der Hand weniger oder eines einzelnen Top-Managers liegen, ist der gelegentlichen Willkür eine deutlich tiefere Schwelle gesetzt. Ähnliches gilt für hochrangige, aber unauffällige Verwaltungsposten, auf denen Beamte auf Lebenszeit zu sitzen kommen. Ist er erst einmal in dieser Position angekommen, gibt es für einen Menschen ohne wenigstens rudimentäre gemeinschaftsbezogene Grundwerte kaum ein Halten mehr. Dies empfinden zumindest die Betroffenen so. Der Handelnde selbst sieht sich vielleicht als moralisch integren Menschen, der Gutes und Richtiges tut. Oft leben sie eine schillernde Mischung aus beidem, es ist ein Leben in fein austarierten Graubereichen.

Natürlich gibt es auch Spitzenleute, die ihre Position und ihren erworbenen Reichtum in letzter Konsequenz dazu nutzen, um möglichst viel Gutes zu bewirken. So spendete jüngst Bill Gates 95 Prozent seines gesamten Vermögens für die Durchführung von Impfungen zur Beendigung der Kinderlähmung. In den Medien wurde er äußerst misstrauisch befragt, was das nun wieder zu bedeuten habe, und man schob ihm bereits wieder unlautere Motive unter, gegen die er sich wie üblich zur Wehr setzte. Offenbar kann man es selbst dann nicht recht machen, wenn man der reichste Mann der Welt ist und sich beinahe von seinem ganzen Vermögen trennt. Die Öffentlichkeit revidiert ungern das von einer Person geprägte Bild.

Beim unverbesserlich machtorientierten Typus des Managers liegen die Dinge jedoch anders. Wenn ein in die Jahre gekommener Pirat oder Raubritter einmal einen bestimmten Status erreicht hat, will er nicht mehr so viel riskieren, sondern sich auf den Pfründen des Erreichten ausruhen, ohne auch nur einen kleinen Teil des Errungenen zu riskieren. Das ist das Gesetz dieser Art von alten Männern.

Die nun schon einige Jahrzehnte anhaltende Ablehnung der Eliten, die ihnen in Ländern wie Deutschland und Österreich entgegenschlägt, ist zum Teil gewiss auch selbst verschuldet. Selbstverständlich bringt der Kapitalismus Extreme mit sich, die abstoßend und hässlich sein können. Der Drang zur größten Yacht, zu 30 teuren Sportwagen in den Garagen, zur protzigen Uhrensammlung, kurzum: Die gesamte Schicki-Micki-Attitüde beeinträchtigt den Sinn vieler Menschen für Anstand, Maß und Komment. Die harsche öffentliche und private Kritik an solcherart zur Schau gestelltem Reichtum ist nachvollziehbar. Da ist dann noch das sogenannte „Alte Geld" — die in mehreren Generationen ehrlich erarbeiteten oder auch zusammengerafften Vermögen — wesentlich zurückhaltender, es wird der Öffentlichkeit nicht ostentativ vorgeführt. Es kommt nicht selten vor, dass man den Besitzer ganzer Straßenzüge einer Stadt praktisch nur in abgewetzten Cordhosen und mit dem Besen in der Hand sieht. Er ist klüger und beugt dem Neid aktiv vor.

Die aufgeregte Zurschaustellung des „Neuen Geldes", die peinlichen Entgleisungen der Emporgekommenen sollten wir mit Gleichmut, vielleicht ein wenig belustigt, aber gewiss ohne großen Zorn und ohne allzu ausgestreckten moralischen Zeigefinger hinnehmen und im Hinterkopf behalten, was die kümmerliche Alternative wäre. Die Leute geben durch derartige Prestige- und Gefallsucht ihr Geld ja tüchtig aus, es kommt rasch wieder in Umlauf. Jedenfalls ist diese Komödie, mag sie im Einzelfall auch unerfreulich und grell sein, kein hinreichender Grund, Reichtum und Einfluss an und für sich als moralisch verwerflich zu betrachten. Denn sonst werden vom Regulator nach und nach dermaßen viele Kontrollen und Hemmschuhe eingebaut, dass es den Menschen auf verantwortlichen Positionen beinahe unmöglich wird, Einfluss und Wohlstand zu erstreben, da ihnen der Anreiz dafür genommen ist. Ein auf weitgehende Verteilungsgerechtigkeit getrimmtes Steuersystem bringt potentielle Unternehmer zur Auswanderung, oder sie sagen sich „was soll's" und arrangieren sich.

Eine starke und einigermaßen funktionierende Gemeinschaft wird immer versuchen, einen Neuankömmling gemäß ihren Normen zu akkulturieren und ihn sich anzugleichen. Nur so kann sie bleiben wie sie ist, Änderungen sind beschwerlich. Die Macht der Gewohnheit ist so stark und universell, dass sie eigentlich neben der Gravitation in den Kanon der Naturgesetze mit aufgenommen werden müsste. Insbesondere wenn ein Neuerer kommt mit dem mehr oder weniger expliziten Willen, die Gruppe aufzubrechen und progressive Vorgehensweisen einzuführen, wird diese bewusst oder unbewusst Widerstand leisten. Es spielt dabei interessanterweise kaum eine Rolle, ob das Unternehmen in einer wirtschaftlichen Schieflage ist, Jahr für Jahr durch absonderliche Gewinnentnahmen ausgehöhlt wird oder rasant Marktanteile verliert. Es spielt keine Rolle, ob es um die Verwaltung eines florierenden Bereichs geht oder ob die Missstände allen bekannt sind. Es spielt keine Rolle, ob die politische Partei an der 5-Prozent-Grenze von unten oder von oben kratzt: Wichtiger als der zukünftige Erfolg ist in solchen Strukturen, dass alle wenigstens beinahe weitermachen können wie bisher. Das ist der präferierte Gewinn! Laut- und PR-starke Reformpläne können gerne verkündet werden — aber nur, solange faktisch die bisherige Arbeitsweise und der Besitzstand der meisten Interessengruppen unangetastet bleiben. Weicht der eifrige Veränderer nach ersten Warnungen nicht von seinem Plan zur Änderung ab, dann wird der Kampf gegen ihn bis zum bitteren Finale geführt. Zermürbende und verzehrende Grabenkämpfe sind ihm sicher. Dann wird jede Änderung der Zielvorgaben, und sei sie noch so sinnvoll und notwendig, von freundlichen und feindlichen Kräften gleichermaßen unterminiert. Selbst Rückmeldungen der katastrophalen Art wie

scharfe und systematische Kritik der Kundschaft und jahrelange Misserfolge auf wichtigen Märkten ändern daran bisweilen wenig. Hier
wirken archaisch-beharrliche Kräfte im Menschen — mancher von uns
mutiert zu einer Art sprechendem Tier, das sich in seiner ökologischen
Nische munter behauptet. Auch so werden wichtige Reformen und
Innovationen jahrelang aufgeschoben. Oder ganz verhindert.

Entscheidung getroffen? Beinahe…

Die Schweizer politische Tradition kennt ein tief reichendes Vertrauen
in die Volksabstimmung in Sachfragen und die Politiker haben sich,
unter dem Argusauge des Volkes, überwiegend am Gemeinwohl zu
orientieren. Anders als in der repräsentativen Demokratie, wo sich die
Parteien im Wettbewerb um die Mehrheiten oftmals hemmen, senden die Schweizer ihre Sachentscheidung vierteljährlich in das Stimm-
büro, fügen sich am Abend des Abstimmungssonntags dem Mehr-
heitsvotum und setzen dann pragmatisch das Abstimmungsergebnis
um. Der Bürger ist seit Generationen gewohnt, sich selbst die Gesetze
aufzuerlegen, unter denen er leben will. Die Schweizer sind so die
eigentlichen großen Erben der französischen Revolution und haben
auch den ursprünglich so inspirierenden amerikanischen Aufbruch
in ihre Confoederatio Helvetica eingewoben. Das politische Ziel, zu
einem tragfähigen Konsens zu gelangen, ist in der Schweiz tief verankert. Sobald abgestimmt wurde, gibt es kaum ein Nachhaken und
Theoretisieren mehr. Sicher, was acht Millionen Schweizer können,
ist auf Deutschland mit seinen knapp 82 Millionen Einwohnern nicht
ohne weiteres übertragbar. Die Schweizer Demokratie war während
Jahrhunderten kein Exportartikel und wollte es auch nicht sein. Was
dagegen in Deutschland entschieden wird, ob auf Landes- oder auf
Bundesebene, wird hinterher von vielen nicht ohne weiteres hinge-
nommen, aus welchen Beweggründen auch immer.

Die politische Umgebung prägt das Denken und Handeln des Menschen mit. Tut sich Deutschland deshalb nicht nur auf der Makro-
ebene der Politik mit Entscheidungen schwer, sondern auch auf der
Mikroebene seiner Institutionen? Harte, aber notwendige Entscheidungen werden zu oft zum Nachteil aller weichgespült. In der Schweiz
gibt es arbeitsvertragliche Regeln, mit denen zum Beispiel das Gehalt
der Mitarbeiter zu Steuerungszwecken angepasst werden kann. Läuft
es in Wirtschaft und Unternehmen gut, werden 14 Monatsgehälter
ausgezahlt, läuft es schlecht, gibt es nur elf. Im Dreijahresdurchschnitt
aber müssen bestimmte, verbindlich zwischen den Sozialpartnern
vereinbarte Werte erreicht werden. Für Deutsche noch unglaublicher
ist, dass Managern von einem Tag auf den anderen gekündigt wer-

den kann. Einfach so. Und es muss oft nicht einmal eine Abfindung gezahlt werden. In Deutschland kann man einem Mitarbeiter auch nicht schadlos kündigen, obwohl er die vereinbarte Leistung nicht bringt. Zudem differieren die Kündigungsfristen: So sind in Deutschland Kündigungsfristen von sechs Monaten nicht selten, während in der Schweiz in der Regel zwei, nach langjähriger Betriebszugehörigkeit höchstens drei Monate Kündigungsfrist vorkommen. Bleibt nur noch zu ergänzen, dass in einer Volksabstimmung in den 90er-Jahren der komplette Beamtenstand auf Bundesebene an der Urne abgeschafft wurde.

Die Schweiz ist heute der Globalisierungsgewinner schlechthin: Im Global Competitiveness Report 2013 steht sie von 144 untersuchten Nationen auf Platz Eins; sie ist das europäische Land, das am längsten mit China Handelsbeziehungen pflegt und 2013 mit den Chinesen ein Freihandelsabkommen abgeschlossen hat. Deutschland belegt auf dieser Liste einen sehr guten sechsten Platz, Frankreich Rang 21, das wunderschöne, aber unglückliche Griechenland belegt im Vergleich dazu Rang 96. Wenn in Deutschland ein ähnlicher sozialpolitischer Konsens wie in der Schweiz herrschte, dann wäre seine Wirtschaftskraft allein infolge seiner schieren Größe unschlagbar. Doch die Unbeweglichkeit in der Besetzung der Arbeitsplätze, der überreglementierte Arbeitsmarkt, und auch die zähen politischen Prozesse, bei denen allzu oft Entscheidungen an das Verfassungsgericht delegiert werden, blockieren viele positive Entwicklungen und erschweren so auch ein schnelleres Wachstum. Die Konkurrenzdemokratie ist zum manchmal leeren Ritual verkommen, das die Politiker beinahe mit Schmunzeln vollbringen. Der Bürger spürt natürlich, dass sich die politische Realität seit den Zeiten von Konrad Adenauer, Ludwig Erhard, Willy Brandt, Helmut Schmidt und Helmut Kohl verändert hat. Echter Reformwille keimt hieraus jedoch nicht. Noch nicht. Im Moment werden manche im Inland hilfreiche Reformen — sei es in der Gesellschaft, sei es in einem Unternehmen — so lange von allen Seiten beleuchtet und von sämtlichen möglichen Haken für sämtliche mögliche Interessengruppen entgrätet, bis nur noch eine formlose Amöbe davon übrig ist, die unbemerkt in eine Pflasterritze rutscht und verschwindet. Der World Competitiveness Report, herausgegeben vom Weltwirtschaftsforum (der Bericht für 2012/2013 unter der Leitung von Professor Klaus Schwab), erstellt nicht nur eine Rangliste der wettbewerbsfähigen Länder. Dort werden auch für jedes Land diejenigen Faktoren aufgeführt, die Unternehmen am meisten einschränken. Für Deutschland stehen das komplizierte Steuersystem, starre Arbeitsgesetze und — überraschenderweise — schlechte Ausbildung ganz vorne. Geändert hat sich daran seit Jahren kaum etwas, offenbar tun wir uns mit gewissen Reformen wirklich schwer, sind diesbezüglich ganz einfach festgefahren. Steuerreformen sind beinahe unmöglich, weil bei jedem Ansatz dazu irgendeine Interessengruppe aufschreit, dass sie damit in Zukunft ein paar Zerquetschte weniger im Jahr hätte. Wer Initiative zeigt, verheddert sich in einem Gestrüpp aus Vorschriften und konkurrierenden Zuständigkeiten und kommt kaum einen Schritt voran.

Ja, auf den ersten Blick sieht es so aus, als seien es vor allem die starren Strukturen, die an diesem Teil der Misere schuld seien. Die Strukturen, die Reformen verhindern, Projekte blockieren, Verantwortungsscheu fördern, entschiedene Neuerer ausbremsen. Das Bild scheint eindeutig.

Und genau aus diesem Grund bezweifle ich es. Die Strukturen sind schuld — diese Erklärung ist mir zu bequem. Denn hinter derartigen Strukturen stehen ihre Schöpfer und Bewahrer.

Geht doch

Jeff Bezos, der Gründer und Präsident von Amazon, ist ein „entgrenzter" und „entgrenzender" Unternehmer: Er hat, lange vor allen anderen, alte Strukturen aufgesprengt und ein neues Geschäftsmodell konzipiert. Im Jahr 1994 diente das Internet noch fast ausschließlich der Kommunikation, von Internethandel wurde zwar schon orakelt, doch noch traute sich niemand an das Thema heran. Damals las Bezos eines Tages eine Zahl, die ihn elektrisierte: Die Internetnutzung war von 1993 bis 1994 um 68 Prozent gestiegen und in den Jahren davor beinahe ebenso rasant. Sofort scannte er den Markt nach einem Bereich ab, in dem eine Verschiebung des traditionellen Handels ins Internet den größten Erfolg versprach. Bekleidung und Schuhe zum Beispiel kamen für ihn damals nicht infrage — das Problem mit den Retouren wäre zu groß gewesen. Schnell erkannte er: Der Buchmarkt war sein Ding. Er kündigte seine Stellung als Vizepräsident einer Firma, die auf Computeranwendungen für die Börse spezialisiert war, und gründete Amazon. Er war damals dreißig Jahre alt.

Während in aller Welt einige klassische Versandhändler — wie in Deutschland der Gigant Quelle — Jahre später in Konkurs gingen, eilte Bezos von Erfolg zu Erfolg. Bald änderte er sein Ziel von „earth's biggest book store" in „earth's biggest anything store". Heute ist Amazon Weltmarktführer, in den USA kommt sein stärkster Konkurrent auf gerade einmal ein Drittel seines Umsatzes. Und die Erfolgsgeschichte ist noch nicht zu Ende.

Wie konnte das Bezos' Mitbewerbern nur passieren, wo die Geschäftsidee doch so nahelag? Die Platzhirsche in den damaligen Führungsetagen waren vielleicht zu träge, zu begrenzt in ihrer Vorstellungskraft, zu traditionell, einfach nicht offen genug, um das Potential eines revolutionär neuen Vertriebskanals in Kombination mit ihrem bisherigen Geschäftsmodell zu erkennen und zu nutzen. Sie schafften es noch nicht einmal, auf den fahrenden Zug aufzuspringen. Sie konnten es einfach nicht fassen.

Gewiss kann man sich darüber streiten, inwiefern die Arbeitsbedingungen bei Amazon gesellschaftlich akzeptabel sind. Aber klar ist: Der Medienversender der Welt ist Amazon. Die ganz großen Gewinne lassen infolge des Mitteleinsatzes für die Expansion zwar auf sich warten, aber wenn der Onlinehandel in Zukunft einmal profitabel wird, ist Amazon in der Poleposition. Wem eine solche Erfolgsstory gelingt — nur ganz wenigen allerdings —, der kann fröhlich sprudelnde Geldströme vom Markt in die Kanäle seines Unternehmens umleiten. Er wird sie zunächst als Umsatz und früher oder später auch als Gewinn verbuchen können. Auch ein anfänglich vereinzelter Manager oder eine vereinzelte Führungsfrau sind in der Lage, merkliche Veränderungen eines Gesamtmarktes herbeizuführen. Wenn man solche Menschen wirken lässt, verändern sie die Wettbewerbsregeln und rollen unaufhaltsam die gesamte Branche auf. Als Gewinner werden sie viele andere im Unternehmen ebenfalls in Gewinner verwandeln. Das Unternehmen, dem es gelingt, einen solchen Innovator an sich zu binden, kann im Match einen entscheidenden Vorsprung für sich verbuchen und im Markt vom Spielball zum Spielmacher aufsteigen.

Was in der Wirtschaft gilt, gilt erst recht in der Politik: Ein mutiger und ergebnisfähiger Regierungschef bringt nicht nur sein eigenes Land voran, sondern kann auf der ganzen Welt zur Lösung von Konflikten und zu wirtschaftlicher Prosperität beitragen. Solche Persönlichkeiten sind ebenfalls rar gesät, aber es gibt sie: Nelson Mandela beispielsweise oder Franklin D. Roosevelt. Ein unfähiger dagegen… man braucht eigentlich nicht extra auf große Ruinierer wie einen Hitler zu verweisen. Auch ein egozentrischer oder einfach schrecklich durchschnittlicher Landesvater kann den schleichenden wirtschaftlichen Niedergang vorantreiben, das Land diskreditieren und das Vertrauen weiter Kreise der Bevölkerung in demokratische Prozesse zerrütten. Siehe den „Cavaliere" Silvio oder den etwas arg schlichten George W. Bush.

Jeff Bezos ist es gelungen, sein Unternehmen zu gegenwärtig einzigartigem Erfolg zu führen. Auch in Deutschland gibt es sie: Führungskräfte, die — in denselben Strukturen, die anderen als bequeme Ausrede für Apathie und Misserfolg dienen — Herausragendes zustande bringen.

Der JadeWeserPort, der neue Tiefwasserhafen Wilhelmshavens, ist 2012 ohne großes öffentliches Aufsehen, trotz allerhand Schwierigkeiten, mit nur sechswöchiger Verspätung und im vorgesehenen Kostenrahmen fertiggeworden.

Derselbe Verfassungsschutz, der bei der Ermittlung gegen die NSU-Mörder Panne auf Panne, Vertuschung auf Verstrickung häufte, konnte 2007 die geplanten Bombenanschläge der Sauerland-Gruppe erfolgreich verhindern. Ich nehme an: Auch wenn dies im Rahmen derselben übergreifenden Organisation stattfand, waren unterschiedliche Abteilungen mit unterschiedlichen Leitern für die Ermittlungen zuständig.

Das regelmäßige Scheitern liegt also nicht allein daran, dass große Herausforderungen prinzipiell nicht zu meistern wären. Klar, große Projekte laufen nicht ohne Fehler ab, dazu sind sie zu komplex, zu störungsanfällig. Ich habe Verständnis dafür, dass die Kosten eines Großprojektes nach Jahren der Planung den ursprünglich entworfenen Zeit- und Kostenplan übersteigen können. Aber sie müssen nicht gleich das ganze Projekt sprengen. Termine können auch bei Großprojekten eingehalten werden.

Was ist der Unterschied zwischen dem Projekt Berliner Flughafen und dem Projekt Tiefwasserhafen Wilhelmshaven? Was ist der Unterschied zwischen den NSU-Ermittlungen und den Sauerland-Ermittlungen? Die Strukturen sind dieselben. Die Gesetze sind dieselben. Die finanzielle Ausstattung und die Personaldecke dürften ähnlich gewesen sein, ebenso die großen Herausforderungen der Aufgabe.

Der merkliche Unterschied liegt darin, wer für das jeweilige Projekt verantwortlich war. Es muss also an den Verantwortlichen selbst liegen. Mit anderen Worten: an ihrer Kompetenz.

Was einen bei den aus dem Ruder gelaufenen oder gescheiterten Projekten, Vorhaben oder Unternehmen zweifeln lassen kann, ist die geradezu beschämend absurde Ansammlung von offenkundig gewordener Inkompetenz der Verantwortlichen. Dazu kommt, dass sie sich augenscheinlich schwer tun, den von ihnen selbst geschaffenen Realitäten ins Auge zu sehen. Die Geschehnisse am Berliner Flughafen sind hierfür ein besonders denkwürdiges Beispiel. Die sich kumulierenden Schwierigkeiten, die den Verantwortlichen zumindest in den Grundzügen bekannt gewesen sein müssen, wurden schlichtweg verleugnet. Verharmlost. Ausgeblendet. Überspielt. Noch über den Zeitpunkt des offenkundigen Versagens hinaus wurden die Ergebnisse beschönigt. „Es sind Fehler gemacht worden, auch große und ärgerliche Fehler", räumte der Regierende Bürgermeister Klaus Wowereit Mitte September 2012 in einer Plenarsitzung im Berliner Abgeordnetenhaus ein. In derselben Rede betonte er mehrmals, dass der Flughafen-Neubau trotz aller Rückschläge eine „Erfolgsgeschichte" sei. — Nun, es ist alles eine Frage der Perspektive. Auch der Schiffbrüchige, der sich auf einen handtuchgroßen nackten Felsen gerettet hat, auf dem er gerade genug Platz findet, um zu stehen, und an dessen Knöcheln schon die Wellen lecken, kann sich sagen: „Bis jetzt ist ja noch alles gut gegangen."

Beinahe ebenso zwiespältig wie die ärgsten Raubritter, wie die nüchternsten Machtmenschen sind die mittelmäßigen oder schwachen Performer — bei allem Verständnis und Respekt für den fehlbaren und nicht über die Maßen ambitionierten einzelnen Menschen. Diejenigen, die sich die unerquicklichste Situation schönreden, um den Handlungsbedarf nicht sehen zu müssen. Diejenigen, die am liebsten gar nichts mehr tun, um keine Fehler zu machen. Um bloß nicht negativ aufzufallen.

Das Schlimme ist: Viel zu oft kommen sie damit prima durch. Inkompetente oder in schlimmes Phlegma verfallene Personen klammern sich jahrelang, jahrzehntelang an ihren Entscheiderpositionen fest.

Ich habe den Eindruck, dass das vor allem bei großen öffentlich-rechtlichen Organisationen der Fall ist, denn bei Staatsunternehmen auf dem Weg in die Privatisierung wird es mehr als offenkundig, wie viel Speck ohne Not weggeschnitten werden kann. Da viele Behörden mit anderen im Wettbewerb um Ansehen und Einfluss stehen und diese häufig von der Größe der Behörde abhängig sind, werden Personalzahlen tendenziell immer höher und Betriebsabläufe immer komplexer. Der Leistungsauftrag rutscht so in der Hierarchie der Zielsetzungen zwangsläufig nach unten. Beispielsweise wird bei zwei konkurrierenden Polizeibehörden jeweils eine Abteilung zur Überwachung des Datenverkehrs im Internet eingerichtet. Das führt dazu, dass eventuell auch Personen auf Posten verbleiben, die dafür nicht übermäßig kompetent sind, einfach damit ihre Stelle nicht eingespart wird.

In Kliniken, Verwaltungen und Behörden herrscht zudem oft das Gesetz der alten Männer, die nichts mehr wagen müssen — und deshalb auch nichts mehr wagen wollen. Wer Defizitgarantien von der

Gemeinde, dem Land oder dem Kanton sicher hat, muss sich nicht wirklich strecken. Natürlich hat sich in den letzten Jahren in diesen Sektoren unter dem Druck der öffentlichen Haushalte viel getan. Das Viagra, das Führungskräfte vor der Frühvergreisung rettet, ist deshalb aber auch noch nicht erfunden worden.

Mein Geschmack sind diese Risikovermeider nicht. Eine Führungskraft muss im Hier und Jetzt eingreifen. Das Kennzeichen der Eliten war zu jeder Zeit der Menschheitsgeschichte die Zuversicht und das Können, die anstehenden Probleme zu lösen. Dafür sind Führungskräfte da.

Wer diese Zuversicht nicht in sich trägt, ist keine Führungskraft, sondern wahrscheinlich eine Fehlbesetzung. Im Unternehmen braucht man Unternehmer und keine Unterlasser. In der Politik braucht man Entscheider und keine Aussitzer. In Verwaltungen und Behörden braucht man Koordinatoren, keine Vielredner. Die Gemütlichkeit zieht ein, wenn der Aufsichtsrat oder das entsprechende Kontrollgremium sich darauf beschränkt, Pfründe von Klientelgruppen zu schützen. Es gibt Exponenten in Unternehmen, die derart anti-unternehmerisch handeln, dass sie am Ende gar als eingeschleuste Saboteure der Konkurrenz empfunden werden können. Anders ist ihre provozierende Branchenfremdheit und ihre gemächliche oder zu ruckartige Gangart gar nicht zu erklären. Es gibt manche Mitstreiter in der Politik, die eigentlich nur von der Gegenpartei gesponsert sein können, um das Image und die Arbeitsergebnisse des politischen Gegenspielers zu schädigen und damit deren Stimmenanteil in den Keller zu drücken.

Vom großen deutschen Physiker und Nobelpreisträger Max Planck ist in seiner wissenschaftlichen Selbstbiographie der Gedanke überliefert: „Eine neue wissenschaftliche Wahrheit pflegt sich nicht in der Weise durchzusetzen, dass ihre Gegner überzeugt werden und sich als belehrt erklären, sondern vielmehr dadurch, dass ihre Gegner allmählich aussterben und dass die heranwachsende Generation von vornherein mit der Wahrheit vertraut gemacht ist." Ich glaube, da ist was dran, und das nicht nur in der Wissenschaft. Durch die Ablösung der Vorgängergeneration kann auch das Management in Unternehmen, die Verwaltung, die politische Elite modernisiert werden. Wer diese Erneuerung erreichen will, muss sich von den negativen Erfahrungen der Vergangenheit lösen und offen sein für Neues. Der Moment der Änderung ist oft ein Schock für die Psyche, die dann nach Stabilität sucht. Doch wie heißt es so schön: Man muss auch loslassen können. Wer loslässt, hat die Hände frei, um die Zukunft zu gestalten. Das ist die wichtigste Voraussetzung für den weiteren Erfolg.

Längst nicht alles, aber viel Entscheidendes steht und fällt mit den richtigen obersten Führungskräften.

Aber was heißt richtig? Welche Eigenschaften und Fähigkeiten muss eine Person denn mitbringen, um sich für Top-Positionen zu qualifizieren?

Blinde Regisseure

Die fatale Ahnungslosigkeit der Entscheider

Das Unternehmen brummt. Ein guter Teil des Booms gründet sich auf einer innovativen Produktlinie für den Endverbraucher. Eines Tages trifft die Geschäftsführung die längst fällige Entscheidung und teilt die Entwicklungsabteilung neu auf: in eine für Geschäftskunden und eine für Endkonsumenten. Ein neuer Leiter Entwicklung Endkunden muss her, und zwar subito.

Bald schon hat ein Headhunter, man bedient sich dann und wann, etwas widerstrebend, auch dieser Zunft, einen Kandidaten vorgestellt: Michel. Ein Termin mit dem kommunikativen Holländer wird vereinbart. Schwierig genug, überhaupt ein Zeitfenster zu finden beim derzeitigen Aktivitätslevel auf beiden Seiten. Die Geschäftsführung schaut sich den Mann an. Der nach internationaler Mode gekleidete Mann mit der orangefarbenen Krawatte macht einen frischen Eindruck, verfügt über Erfahrung, versprüht gute Laune, kann begeistern, war innerhalb der vergangenen drei Jahre bei zwei Konkurrenten unter Vertrag. Er ist so ein globalisierter „fast mover", der die Treppen nur so heraufzufallen scheint. Alle sind begeistert. Fast alle.

„Ist das nicht ein bisschen viel Wechsel, so in letzter Zeit?", fragt der Sprecher der Geschäftsführung ein wenig nachdenklich, als sich nach dem Bewerbungsgespräch alle noch einmal im kleinen Konferenzraum zusammensetzen. Er hat im Lebenslauf einige Stellen angemarkert und Ausrufe- und Fragezeichen daneben angebracht. Er empfiehlt, vielleicht doch noch ein wenig zu warten und sich noch weitere Kandidaten anzuschauen.

„Geht nicht, wir brauchen den Mann jetzt. Außerdem ist er der Richtige, das merkt man doch. Er ist übrigens unmittelbar verfügbar, könnte also praktisch morgen anfangen!", wirft der Personalchef gut gelaunt ein.

Schon bald ist der Neue also da und bringt den Laden kräftig auf Touren. Michel sprüht vor Aktivität und Ideen, die Geschäftsleitung ist begeistert. „Sehen Sie", nickt der Personalchef zum Sprecher der Geschäftsführung, „geht doch!"

Doch nach ein paar Monaten zeigen sich erste feine Risse im Bild. Der Neue führt seine Leute nicht sehr umsichtig, verbraucht für einen Holländer vergleichsweise viel Geld, die Kommunikation mit anderen Unternehmensbereichen läuft nicht immer störungsfrei; die Personen an den Schnittstellen beginnen leise zu klagen. Dann zeigen sich auf höherer Ebene Probleme anderen Kalibers. Das Produktportfolio ist nicht optimal aufeinander abgestimmt, das Kunden-Feedback wird bei der Entwicklung zu wenig berücksichtigt. Michel verspricht baldige Verbesserungen. Was folgt, sind hektische Korrekturbewegungen, die in einen regelrechten Schlingerkurs münden. Der eine oder andere Mit-Manager beginnt sich zu fragen, was für einen Plan Michel hat. Die Mitarbeiter in der Entwicklung zeigen sich zunehmend verunsichert, eine exzellente Designerin hat bereits gekündigt, andere machen mehrheitlich Dienst nach Vorschrift. Ein weiterer Monat geht ins Land und es riecht nach Meuterei. Der Flurfunk übermittelt bereits eindeutige Werturteile, doch die Geschäftsleitung will es noch nicht wahrhaben. Und auch sonst traut sich niemand offiziell aus der Deckung. Wer würde schon eine Bauchentscheidung des Chefs kritisieren wollen? Dabei war er selber doch noch am ehesten der — wenn auch zu wenig eindringliche — Hinterfrager dieser Personalie gewesen.

Erst als der Vertriebsleiter eines Tages beim Meeting des oberen Führungskreises in seiner robust-direkten Art lospoltert, dass die neue Produktlinie auf dem Markt überhaupt nicht ankäme, er nennt die Geräte „kompletten Bullshit", öffnen sich Ohren und Augen. Die rosarote Brille der wohlwollenden Hoffnung, durch den die Führungsetage den Neuen immer noch betrachtet hat, wird endgültig abgesetzt. Die Stimmung kippt. Doch die ersten Schäden sind bereits offenkundig. Die Fachpresse hinterfragt in einem etwas unschlüssigen Beitrag die soeben lancierte Endkunden-Produktlinie, in der Entwicklungsabteilung sind mehrere Stellen unbesetzt, die Geschäftsleitung zeigt sich enttäuscht, die vom Handel verlangten Innovationen können nun definitiv nicht zeitgerecht geliefert werden. Man hat gegenüber der innovativeren Konkurrenz eindeutig das Nachsehen. Nach einem Jahr wird der unvermindert gute Laune versprühende Entwicklungsleiter mit einer schönen Abfindung verabschiedet und die Suche beginnt aufs Neue. Diesmal sind alle etwas kleinlaut. Viel Zeit ist verloren gegangen, viel Geld ist verbrannt und viel Vertrauen zerstört worden. Die Nachfrage hat sich mittlerweile abgekühlt, der Konjunkturmotor stottert bedenklich, und die Chance auf den großen, breiten und tiefen Consumer-Markt ist fürs erste vertan. Und der Personalchef denkt sich: „Ich hab's ja gleich geahnt, ich hatte so ein komisches Gefühl in der Magengrube."

Im goldenen Tarnanzug: Blender und wirkliche Könner

Blender wecken hohe Erwartungen beim Gegenüber, haben aber im Grunde nicht viel vorzuweisen. Manchmal wissen sie das auch selbst und stapeln bedenkenlos hoch, andere halten sich tatsächlich für so gut, wie sie sich präsentieren — das ist dann besonders anspruchsvoll für die Beteiligten, weil im Rahmen der zur Verfügung stehenden Auswahlzeit umso schwerer zu erkennen. So oder so: Ein Blender tritt laut auf, es wummert gewissermaßen wie bei einem Ferrari. Im ersten Moment denken alle: „Wow, mit dem gehen wir endlich durch die Decke!" Aber wie beim Ferrari ist nicht das Röhren im Stand entscheidend, sondern das Anfahren mit Gefühl. Bringt einer die PS auf die Straße oder produziert er bloß Lärm, schwarze Streifen auf dem Asphalt und neugierige Blicke?

Im Unternehmen, aber auch in der Politik und in der Verwaltung richtet ein Blender großen Schaden an. Hohe Erwartungen werden erweckt, dann aber wichtige Chancen verpasst, schlechte Entscheidungen getroffen, viel Geld und Zeit werden in großartig klingende, aber ungenügend durchdachte Projekte investiert, das Image des Unternehmens oder des Landes wird teilweise beschädigt, wenn ein führender Repräsentant allzu laut auftritt und die Führungselite der anderen Seite empfindet, dass man es mit einem unbeholfenen Menschen zu tun hat. Mögliche Allianzen, Koalitionen oder Geschäftspartnerschaften scheitern daran; fähiges Personal wird abgeschreckt, eine ähnliche Art von etwas aufschneiderischen Mitarbeitern zieht in die verschiedenen Hierarchiestufen ein. Kurz gesagt: ein Reinfall auf der ganzen Linie.

Aber, Moment mal. Wer ist denn hier hereingefallen? Das klingt, als ob diejenigen, die den Blender auf seine Position gehievt hatten, wehrlose Opfer einer arglistigen Täuschung geworden seien. In manchen Fällen hat der Kandidat die Entscheider absichtlich getäuscht; in anderen Fällen war einfach die Grenzlinie verschwommen zwischen einer positiven Selbstdarstellung, die für jede Bewerbung als natürliches „Impression Management" unvermeidlich ist, und maßloser Übertreibung. Wie auch immer das Ganze aus der Perspektive des Kandidaten aussah: Er hat den Arbeitsvertrag nicht alleine unterschrieben. Er hat sich nicht selbst auf die Kandidatenliste gesetzt und ausgewählt. Die Entscheidung, diese Person einzustellen oder ihr ein hohes Maß an Verantwortung zu übertragen, oblag den Entscheidern der Firma bzw. der Organisation, den Parteigremien, den Wählern. Es ist ihre Aufgabe, brauchbare Kandidaten von ungeeigneten zu unterscheiden. Sie wurden nicht getäuscht — sie haben sich selbst getäuscht. Die Gegenpartei hat ihre Erwartungen perfekt bedient. Es sind also die Entscheider, die kalten Fische, die den Fehler machen. Ihre Entscheidung war schlecht.

Die Realität zeigt sich oft wie folgt: Fähige Köpfe werden übergangen, nicht ganz über alle Zweifel erhabene Karrieristen kommen weiter. Blender und Opportunisten bekommen den größeren Dienstwagen, die hübschere Sekretärin, mehr Fenster im Büro, mehr Macht und mehr Geld. Dabei ist es eigentlich nicht schwer, Blender als solche zu erkennen. Die meisten sind schon mit einigen vertiefenden Fragen zu enttarnen.

Ob eine Person fähig ist oder nicht, ist kein Mysterium. Es ist überprüfbar, es lässt sich sichtbar machen, es lässt sich in Erfahrung bringen. Jedenfalls dann, wenn die Entscheider wissen, was sie wollen, was sie tun und wie sie verlässliche Information gewinnen können. Die Kernfrage ist also: Was ist überhaupt als Erfolg in dieser Position anzusehen — wann wäre der Stelleninhaber anerkannt? Bei Erreichen welcher Unternehmensziele unter seiner Führung können wir wirklich zufrieden sein? Wie bringen wir nun einigermaßen verlässlich in Erfahrung, ob der Kandidat diese Erfolgskriterien ganz oder teilweise erfüllen kann? Welche sonstigen Aspekte müssen für eine gute Personalentscheidung im Hinblick auf diese konkrete Position berücksichtigt werden? Etc.

Die Fähigkeiten eines Top-Managers werden von drei Dimensionen bestimmt, die man eindeutig unterscheiden kann: strategisches und handwerklich-operatives Managementkönnen, persönliche Wert- und Zielvorstellungen sowie zwischenmenschliche, kommunikative und öffentlichkeitsbezogene Führungsqualitäten. Je eineinhalb dieser Komponenten für sich allein ergäben vielleicht einen guten Manager für den Mittelbau, aber noch lange keine oberste Führungskraft. Entscheidend ist die passende und oft einzigartig verdichtete Mischung im Hinblick auf Erfahrungsbildung, Urteils- und Handlungsfähigkeit.

Wirkliche Top-Leute verfügen reichlich über wenigstens zwei dieser drei Dimensionen und schneiden auch in der dritten, bei ihnen weniger ausgeprägten Dimension wenigstens durchschnittlich ab. Sie klären verlässlich, wohin die Reise gehen soll, geben dann verbindliche und erfüllbare Ziele vor, kontrollieren deren Erreichung und geben im einen wie im anderen Fall ihr klares und eindeutiges Feedback an die beteiligten Parteien. Sie binden sich für einen dem Schwierigkeitsgrad der Aufgabe angemessenen Zeitraum an ein Unternehmen und setzen den überwiegenden Teil ihrer Energie dafür ein, es zum angestrebten Ergebnis zu führen. Ihr Erfolg ist der ihrer Firma — und umgekehrt.

Ihr Streben gilt der Weiterentwicklung und dem Ausbau der Position des Unternehmens auf dem Markt. Sie führen ihre Mitarbeiter so, dass diese sich entwickeln und immer mehr zum Erfolg des Unternehmens beitragen können.

Managementkönnen bedeutet auch, eine große Bandbreite von für die meisten Menschen unvereinbare und scheinbar gegensätzliche Fähigkeiten in sich zu vereinen. Es handelt sich um Persönlichkeiten, die nicht dem üblichen Denken verhaftet bleiben, die nicht dem oft banalen und trivialen Gedankengut anhängen, „was man so in der Zeitung liest". Scharf auf die Kosten achten, ohne Ideen im Keim zu ersticken. Ideen zulassen, ohne die Kosten aus den Augen zu verlieren. Ein guter Finanzvorstand bringt Genauigkeit, Geschäftssinn, operatives Verständnis, Sinn für das Risikomanagement und die Anforderungen der Compliance mit. Aber besitzt er auch Einfühlungsvermögen? Versteht er, dass es manchmal auch Produkte oder Aktivitäten geben muss, deren Ertrag nicht direkt in die Bilanz einzahlt, sondern das am häufigsten abverkaufte Standardprodukt im innovativen Licht erscheinen lässt und so mittelfristig den damit erzielten Umsatz in erkleckliche Volumina steigert? Ein echter Visionär wagt vielleicht auch einmal etwas Ausgefallenes, wenn der Moment da ist. Aber hat er auch den notwendigen Biss, den Blick für die real gegebenen Kundenwünsche, um am Ende ein marktreifes, konkurrenzfähiges und vor allem profitables Produkt in die Läden zu bringen? Dasselbe Spannungsverhältnis zwischen visionärer Kraft und Bodenständigkeit gilt auch in Politik und Verwaltung. Eine Spitzenkraft vereint beides, und wenn nicht, dann holt sie hoffentlich diejenigen ins Boot, die sie ergänzen, und lässt ihnen den Freiraum, das dann auch zu tun. Nur so können relevante Ziele avisiert und schließlich auch erreicht werden.

Ein Zeichen für eine wirkliche Spitzenkraft ist meiner Erfahrung nach auch oft eine gewisse Leichtigkeit, die sie ausstrahlt. Wohlgemerkt: nicht, dass sie ihre Aufgaben auf die leichte Schulter nehmen. Im Gegenteil. Was Schauspieler auf der Leinwand, Balletttänzer auf der Bühne, Pianisten am Klavier und Surfer auf der Riesenwelle tun, sieht oft leicht aus. Doch je leichter etwas Gekonntes aussieht, desto schwieriger war der Weg dorthin. Wer ein Klavierkonzert von Rachmaninoff richtig gut spielen und dabei noch ein entspanntes Lächeln zeigen will, der hat einen außerordentlich arbeitsreichen und ganz und gar nicht leichten Weg hinter sich. Ein Leben lang üben, Selbstzweifel ertragen, ob man für die Spitze gut genug ist, die anderen abends in die Kneipe ziehen sehen, während man selbst mit den 88 weißen und schwarzen Tasten kämpft, bis die Finger summen. Das erfordert unbedingten Willen. Nur wer einen solchen Willen besitzt, bringt es bis zu dem überlegenen Können, das sich in souveräner Leichtigkeit ausdrückt.

Aus diesem Grund kann ich annehmen, wenn ich diese Art von Leichtigkeit in einer Person entdecke, dass dann auch Energie für mehr da ist. Wer sich den Problemen stellt, leichtgängig Lösungen entwirft und diese zügig um- und durchgesetzt hat, dem erkenne ich überdurchschnittliche Fitness für anspruchsvollere Aufgaben zu: Fitness fürs Leben an und für sich und Fitness für den Job.

Wer ins Top-Management strebt und dort nicht permanent überbeansprucht sein will, sollte nicht nur Kompetenz in seinem Fachgebiet mitbringen. Beinahe wichtiger ist etwas anderes, oft etwas Übergeordnetes, eine Art Leitstern, möglicherweise auch eine zu realisierende Wertvorstellung oder ganz einfach die ganz pragmatische Lösung eines wohlvertrauten Problems. Auch ohne eine gewisse Besessenheit für die Sache geht es nicht. Hinter einem Top-Manager an der Spitze eines Großunternehmens verbergen sich oft ein erschreckendes Maß an Egozentrik, zwanzig Jahre Berufspraxis, sich Durchbeißen, abends erledigt nach Hause gehen und am nächsten Morgen wieder motiviert, elanvoll und tatkräftig am Start stehen. Jemand, der unfaire Kritik rasch überwindet und ohne allzu große Aufregung eigentlich nervtötende Krisen meistert, der in seinen nie endenden Lehrjahren von Feuerprobe zu Feuerprobe eilt.

Mit anderen Worten: Ein Manager muss eine glasklare Vorstellung davon entwickeln, was er erreichen will. Er muss wissen, wie viel Energie und welche Ressourcen er für sein Ziel einzusetzen bereit ist — und welche nicht. Es ist in gewissen Konstellationen ein gutes Zeichen, wenn ein Top-Kandidat neben der beruflichen Karriere auch andere Interessen hat. Dazu gehören natürlich vor allem die Familie und das soziale Umfeld, ein paar langjährige Freunde, ein paar „Buddies". Sie sorgen für die notwendige Erdung und können dem werdenden Leader — vielleicht — sogar noch den Spiegel vorhalten. Auch soziales Engagement zeigt, dass der Kandidat noch anderen Wertvorstellungen nachlebt und nicht völlig den Kontakt zur Realität verloren hat. Sei es eine aktive Mitgliedschaft zum Beispiel in der örtlichen Kirchengemeinde, ein Ehrenamt in der Rechtspflege, die Präsidentschaft im lokalen Fußballclub oder ein soziales Engagement — wichtig ist der sicht- oder unsichtbare Beitrag zur Gemeinschaft. Dann darf ich vielleicht schließen, dass es ihm auch im Unternehmen wenigstens ein Stück weit darum geht, etwas für die Gemeinschaft zu tun. Aber auch diese Merkmale können trügerisch sein und lediglich die üblichen Ziele verbergen.

Doch es gibt auch diejenigen, für die ihre Position im Unternehmen vorwiegend ein Mittel für einen Zweck ist: für die Befriedigung ihrer persönlichen Bedürfnisse. Das kann Geld sein, ist aber öfter noch der Wunsch nach Macht und Prestige. Um keine Missverständnisse aufkommen zulassen: Macht ist nichts grundsätzlich Schlechtes, jeder bedarf einer gewissen Macht und muss zumindest phasenweise Macht ausüben, um an Ziele zu gelangen.

Ohne den festen Willen zur Gestaltung geht nichts. Wer den Führungsanspruch nicht in sich trägt, wer nicht beeinflussen oder gestalten will, der wird eher zufällig Führungskraft, auch wenn beinahe alle anderen Anlagen vorhanden sind. Manche tun sich mit dieser Voraussetzung für eine Top-Kraft schwer; etwas verlegen oder ganz geübt schleichen sie um das Unwort der Macht herum und stellen noblere Beweggründe in den Vordergrund. Es ist in manchen Kulturkreisen nicht akzeptiert, über Machtfragen zu sprechen, und es ist nicht gesellschaftsfähig, Macht offenkundig anzustreben. Die Ironie: Gerade manche Gutmenschen, die verbissen gegen die Mächtigen und das Prinzip der Macht ankämpfen, sind oft die fähigsten Mitspieler um die Macht. Auch wenn es in manchen Kreisen diplomatisch nicht ratsam erscheint, das Wort in den Mund zu nehmen: Eine Führungskraft darf sich von der allgemeinen gesellschaftlichen Skepsis nicht abschrecken lassen, ihre Macht zu gebrauchen, um Zielvorstellungen zu erreichen. Jedenfalls so lange diese Zielvorstellungen legitimierbar sind und im Unternehmensinteresse liegen. Ob man aber unbedingt als Sponsor eines Bundesliga-Fußballvereins auftreten sollte, um sich selbst als Person bekannt zu machen — obwohl die Marketingexperten eigentlich klar davon abraten und das Jahresergebnis sowieso schon klein genug ist? Oft schon ein Grenzfall.

Vielleicht entspringt die Abwehrhaltung gegenüber dem Machtstreben daraus, dass allgemein zwischen zwei Sorten von Führungskräften unterschieden wird. Einerseits gibt es den Entrepreneur, den Unternehmer, der fest daran glaubt, dass seine Idee etwas erschafft, erneuert oder gesellschaftlich verbessert. Ihm ähnelt der idealistisch eingestellte Politiker, der sich für Sachziele, für Inhalte, für eine Welt im Werden einsetzt. Aus dieser Überzeugung heraus erhebt er den Führungsanspruch. Der andere Typ ist der Manager, dem diese Art von Altruismus weitgehend fehlt. Der Machtpolitiker, dem es mehr um die einflussreiche Stellung geht — dem es nicht ganz so wichtig ist, bei welcher Partei er sich dafür aufstellen lässt. Für ihn ist es vor allem die Verfügungsgewalt über Menschen und Ressourcen und das damit verbundene Prestige, das ihn antreibt. Macht ist für ihn nicht nur ein Mittel, um sein Ziel zu erreichen, sondern pures Lebenselixier.

Ja, den edlen Ritter und den lustvoll von seiner Machtfülle durchdrungenen Cavaliere — es gibt sie. Abgesehen davon, dass weder der erste Typus ein Garant für Erfolg, noch der zweite einer für Misserfolg ist, sind sie oft nur hypothetische Gegenpole, und die Realität in und um sie herum spielt sich quecksilbrig zwischen derartigen Polaritäten ab. Doch im Hinblick auf diese Persönlichkeiten üblich ist das Schwarz-Weiß-Urteilen. Vieles, was in der Öffentlichkeit über Manager bzw. Politiker bekannt wird, folgt zwangsläufig dem Skript der Medien, die der gezielt hervorgerufenen Aufmerksamkeit des geneigten Publikums zwangsläufig bedürfen. Menschen werden in ihren Charaktereigenschaften überhöht oder verdammt, glorifiziert oder verteufelt. Komplexe Persönlichkeiten, die in komplexen Systemen agieren, werden vom Messias zum Judas, später dann wieder vom Saulus zum Paulus. Ein vereinfachtes Urteil wird eher aufgenommen, verarbeitet und verstanden als ein differenziertes. Ein guter Aufmacher muss sein, die Titelei muss Aufmerksamkeit erwecken. Man darf dennoch nicht den Fehler machen, medial geschaffene Simplifizierungen für ein realitätsgetreues Abbild zu halten oder sich gar daran zu orientieren. Vieles ist nicht so, wie es zu sein scheint oder wie es das Auge des Betrachters — möglicherweise auch nur ein Scheinheiliger, wenn nicht gar ein Pharisäer — zu erkennen glaubt.

Es bleibt allerdings dabei: Ohne echten Ehrgeiz und ein gewisses Machtstreben wird man nur zufällig und eher versehentlich die Spitze erklimmen. Ein solcher unbedingter Wille, andere zu übertreffen, formt sich oft schon in der Kindheit. Verschiedene Richtungen der Psychologie als Wissenschaft haben erforscht, dass die Leistungsmotive im Alter von vier bis sechs Jahren und dann noch einmal mit 14 bis 16 Jahren geprägt und später recht stabil sind und nur noch verstärkt werden.

Doch brennende Ambition allein genügt nicht. Die Ideen einer Person werden erst durch ihre Umsetzung, durch Sorgfalt, Planung, Organisation und Schweiß zu vollbrachten Werken: Execution, Execution, Execution. Nur wer seiner Motivation durch methodisches Vorgehen eine Projektorganisation gibt, verleiht ihr auch Gestalt. Zudem sollte ein solcher Macher — schwierig genug — fähig bleiben, selbstständig zu denken und kritisch zu urteilen. Und nicht anfangen zu glauben, er sei der Mensch, als der er in den Medien dargestellt wird. Sonst mutiert er vor sich selbst zu einer Art Medienkunstprodukt.

Hat einer all das und seinen eigenen Weg — bitte kein Leben nach Vorbildern, das wäre lediglich „me too" — vorzuweisen, dann fehlt ihm noch eine letzte, heute mehr und mehr verlangte Fähigkeit zur

Top-Führungskraft: die zwischenmenschliche Einfühlung, die vielzitierte soziale Kompetenz. Erst durch sie gelingt es ihm, auch andere zu erreichen und zu überzeugen. Damit erst motiviert er Menschen zur freiwilligen Kooperation und vereint sie hinter sich und seinen Ideen. Mit anderen Worten: Außer dem Willen zur Macht braucht es auch Führungsqualitäten, um die Menschen wirklich hinter sich zu bringen.

Wer die innere Einstellung seiner Mitarbeiter und Partner einigermaßen korrekt einschätzt und auch ein Gespür für Stimmungen hat, kann im richtigen Moment die richtigen Worte finden, die dafür sorgen, dass alle gemeinsam auf das Ziel hinarbeiten statt gegeneinander. Das berühmte „Empowerment", d.h. die Befähigung und Würdigung der Mitarbeiter ist eine besonders wertvolle Fähigkeit für eine wirkliche Spitzenführungskraft. Einfühlungsgabe braucht es auch, um den situativ richtigen Führungsstil für jeden Mitarbeiter, die passende Balance zwischen Zielvorgaben und Eigenverantwortung zu finden. Alexithyme — also Gefühlsblinde — mögen durch ihre Sachfixierung einen Startvorteil haben, aber auf Dauer können sie sich als Führungskräfte kaum halten. Empathie oder zumindest Einschätzungsvermögen ist gefragt.

Das sind einige, und nicht leicht gemeinsam zu erfüllende Anforderungen an eine Person auf einer Spitzenposition. Ein wirklicher „Rainmaker" vereint wenigstens bis zu einem gewissen Grad diese Eigenschaften, die ansonsten fast immer getrennt vorkommen. Kein Wunder, dass wir ihn so wollen, denn es geht um Wohl oder Wehe eines Unternehmens, einer Region, eines wichtigen Bereichs des öffentlichen Dienstes. Daher ist es für diejenigen, die über die Stellenbesetzung entscheiden, zentral wichtig zu erkennen, ob ein Kandidat derartige Anforderungen wenigstens teilweise oder vielleicht sogar beinahe komplett erfüllt. Oder ob er nur vorgibt, sie zu erfüllen, also ein Blender ist.

Wer in der Position ist, über die Besetzung einer Spitzenstelle zu entscheiden oder mitzuentscheiden, sollte eigentlich über die Erfahrung und das minimale diagnostische Handwerkszeug verfügen, um das eine oder andere davon erkennen zu können. Schließlich sind diese Entscheider meist selbst hochrangige, erfahrene und qualifizierte Führungspersonen: Aufsichtsräte, Vorstände, Arbeitsdirektoren, Geschäftsführer, die Leiter von Nachbarbereichen, hochrangige Partei- oder Kirchenfunktionäre, Klinikdirektoren, NGO- oder Gewerkschaftsführer.

Wie kommt es dann dazu, dass trotzdem so viele Blender ernst genommen werden? Dass die Entscheidungsverantwortlichen dermaßen dürftige, wacklige, delikate, manchmal auch wahrhaft problematische Personalentscheidungen treffen?

Gesucht: Erzengel

Einen der Gründe sehe ich in einem psychologischen Fallstrick: Gerade der intensive Wunsch, für die Position den besten und geeignetsten Kandidaten zu finden, führt zu überhöhten Erwartungen und verschleiert den Blick für die Realität. Ein Paradebeispiel dafür habe ich selbst erlebt. Einer meiner Auftraggeber hatte ein Unternehmen aufgebaut und ein dreiköpfiges Führungsteam installiert. Einer seiner Top-Leute war für die Finanzen zuständig, ein zweiter für die Technik und der dritte war der Verkäufer und Stratege. Das funktionierte wunderbar. Nun kam der Eigentümer auf die Idee, diese Troika auf nur eine einzige Führungskraft zu reduzieren. Er versprach sich davon weniger Reibungsverluste und damit eine noch höhere Effizienz in der Führungsebene. Er war also auf der Suche nach einem Kandidaten, der die Kompetenzen seiner drei Top-Leute in sich vereinte — Finanzen, Technik und Verkauf. Er erdachte sich also die oft bemühte „eierlegende Wollmilchsau".

Diesen Zahn musste ich ihm ziehen. Wir können uns Kandidaten nicht nach Belieben zusammenfantasieren, also je nach Situation ein Teil Steve Jobs, ein Teil Josef Ackermann, ein Teil Dschingis Khan und — schließlich geht der Trend hin zur Unternehmensethik — eine Prise Sokrates zu einer Art „Frankenstein" fusionieren. Den Guru in Nadelstreifen, den Heilsbringer der Vorstandsetage gibt es nicht, auch wenn dies in der Folklore des Kapitalismus, den PR-Mythen oder dem modernen Heldenepos der Manager-Medien immer wieder postuliert wird. Wir staunen gerne über einen Richard Branson und sind bereit, uns die Geschichten über ihn und von ihm anzuhören. Hat er nicht den ultimativen Leistungsausweis? Wir müssen uns aber die im Unternehmen benötigten Fähigkeiten je nach Gegebenheit auch in Gestalt von ganz realen Einzelpersonen zusammensuchen und aus diesen dann nach und nach das funktionierende Team bilden.

Leider gibt es immer wieder Personalentscheider, die trotz — oder gerade wegen — mehrfachem Beweis des Gegenteils immer noch hoffen, diesmal nun wirklich den Kandidaten finden zu können, der alle nur denkbaren Qualitäten in sich vereinigt. Diese Hoffnung ist trügerisch, wenn nicht gefährlich. Wenn die Entscheider einen Erzengel mit übermenschlichen Kräften suchen, dann hört sich ein Blender fantastisch an. Ja, ich möchte sagen: Dann kann sich nur ein Blender überzeugend anhören, weil jeder Kandidat, der über ein Fünkchen Selbstreflexion und Ehrlichkeit verfügt, klar sagen wird: Ich kann einiges, aber nicht alles. Und schon rein anstandshalber auf einen allzu hohen „Bullshitting-Faktor" verzichten wird.

Eine weitere grundlegende Fähigkeit, die eine Führungspersönlichkeit möglichst aufweisen sollte, ist daher die viel verlangte und viel gerühmte Selbstreflexion. Erst indem er eigene Stärken und Schwächen analysiert, ist jemand, der an die Spitze will, in der Lage, eine Art Lebensplan aufzustellen. Denn mit einem — wenn auch nur ungefähren — Lebensplan ist er in der Lage zu entscheiden, ob eine bestimmte Top-Position überhaupt zu ihm passt oder nicht. Er wird sonst rasch zur ungelenkten Rakete, die schneller abgeschwirrt ist, als man „Jack Robinson" sagen kann. In den USA ist es nahezu ein Paradigma der Lebenskultur, sich selbst immer wieder neu zu erfinden. Meiner Erfahrung nach bleibt es dort aber häufig auch nur beim Entwurf, es kommt zwar zu dessen stolzer Verkündung — in der Umsetzung aber hapert es. Die Stärke der Manager aus Europa dagegen, vor allem der aus Deutschland, Österreich, Holland, den skandinavischen Ländern oder der Schweiz, ist ihr hoher Grad an Zielgerichtetheit und ihre verlässliche Umsetzungsqualität. Sie planen, organisieren und implementieren druckvoll, allerdings bringen sie nicht zwingend auch den großen Entwurf, die Vision für Unternehmen und Person über den Moment hinaus.

Eine starke Welt bestünde für mich dennoch in der Verschmelzung der Vorzüge verschiedener Mindsets. Das heißt: Top-Leute vereinen das amerikanische Pionierdenken und den asiatischen Fleiß, sie entwickeln ein positives Zukunftsbild ihrer selbst, vergessen aber dabei nicht die mittel- und nordeuropäische Umsetzungsstärke, die neben den Höhen der Vision auch immer etwas realitätsbewusst die Niederungen der Machbarkeit und der zuverlässigen Umsetzung im Auge behält.

Schön, wenn die Personalentscheider auf derart reflektierte Kandidaten treffen, die klar sagen können, wo ihre Stärken liegen, wohin sie sich in den nächsten Jahren entwickeln wollen — und wohin nicht. Sie existieren wirklich!

Aber auch das ist kein zuverlässiger Schutz vor Fehlentscheidungen. Nicht nur der Betroffene selbst muss über einen nüchternen Blick auf sein Können und seine persönlichen Ziele verfügen. Auch die Entscheider brauchen bei der Stellenbesetzung klare und überprüfbare Ziele.

Steckkasten

Das aus kleinen Anfängen gewachsene, top-solide schwäbische Solarunternehmen hatte in Italien eine Firma gekauft. Einen „ungeschliffenen Diamanten, ein Juwel, einen versteckten Weltmarktführer, lässt sich hebeln, ist skalierbar, bereit fürs Volumengeschäft, einige tief hängende Früchte" etc. etc. etc., man kennt das alles. Das Unternehmen war zwar ein wenig technologielastig und die Produkte eigentlich von B-Qualität, aber Produkteportfolio und Kundenstruktur ergänzten doch ganz passabel das Mutterunternehmen. Immerhin, die Akquisition entsprang einer industriellen Logik und nicht lediglich der Jagdlust. Außerdem hatten die Business-Entwickler Italien als einen „echten" Zukunftsmarkt für die Solarbranche identifiziert. Dort hatte man in den 80er-Jahren der Atomkraft in einer Volksabstimmung den Laufpass gegeben. Dies war nur einer neben vielen weiteren handfesten Gründen, den Einstieg dort zu wagen und mit aller Kraft voranzutreiben.

Nun wollte die Unternehmensleitung einen neuen Landesgeschäftsführer in das zugekaufte Tochterunternehmen entsenden, um dort die Verhältnisse abzusichern und besser kennenzulernen. Einer der Vorstände, Mark, hatte bereits einen Kandidaten im Auge. Schon einige Monate zuvor hatte er während eines Meetings auf die Frage, wen man für den Posten nehmen könnte, auf Josef hingewiesen. Er kannte den hervorragenden Produktionsfachmann aus einer früheren Zusammenarbeit. Mark lobte den Mann in artigen Tönen, beschrieb, wie er schon einmal den Produktionsprozess eines Unternehmens optimiert und dabei in beeindruckender Weise die Qualität hoch- und die Kosten heruntergefahren hatte. Das hörte sich alles gut an für seine Kollegen in der Unternehmensleitung. Kurz entschlossen luden sie den Mann zum Interview ein und entschieden sich nach einem weiteren Termin endgültig dafür, ihn nach Italien zu entsenden.

Josef berichtete dem Vorstand regelmäßig von seinen Erfolgen in der Produktion, andere Themen wie Vertrieb und Marketing beschäftigten ihn von Beginn an nicht besonders, nach und nach sogar immer weniger. Ausstoß und Qualität zogen erfreulich an, der Absatz jedoch hinkte hinterher. Mit der Zeit fielen die im mittleren Sinkflug befindlichen Verkaufskurven in der Zentrale immer deutlicher auf.

„Wir haben das beste Produkt weit und breit", sagten sich die Geschäftsführer, „aber der italienische Markt scheint davon nichts zu wissen."

Für Josef aber hatte die Produktionsoptimierung absoluten Vorrang: Wo kein gutes Produkt, da kein guter Markt. Vertrieb und Marketing — eine für ihn nicht wirklich objektivierbare Materie — interessierten ihn nur am Rande. Die Geschäftsleitung des Mutterunternehmens entschloss sich zu „Coachingmaßnahmen". Sie schickte eine „Task Force" von Unternehmensberatern nach Italien, die der Sache auf den Grund gehen und eine „Roadmap" liefern sollten. Die gut dotierten Berater entdeckten recht schnell, dass zwei grundsätzliche Themen nicht rund liefen. Erstens war die Eingliederung des italienischen Zweigs in das süddeutsche Mutterunternehmen nur marginal vorangetrieben worden, zweitens entsprach das Image am Markt immer noch den B-Produkten der Vergangenheit. Zudem ergaben sich etwa 300 verschiedene Einsparungsinitiativen, die nun in drei Wellen nach und nach durchgeführt werden sollten. Josef hatte die Probleme, die ein Zukauf mit sich bringt, nicht aktiv angegangen und sich kaum um das Change Management gekümmert. Auch hatte er nicht berücksichtigt, dass in Marketing und Verkauf mindestens ebenso große Anstrengungen wie in der Qualitätssteigerung notwendig gewesen wären.

Josef wurde in die Zentrale einbestellt. Zur Überraschung seiner Geschäftsführer war er nicht sonderlich schuldbewusst. „Wissen Sie", sagte er, „ich war und bin ein Produktspezialist. Das habe ich Ihnen auch immer wieder gesagt." War also sein Promotor Mark an der Misere schuld? Als alle Mark fragend ansahen, sagte dieser nur: „Sie erinnern sich hoffentlich, dass Sie alle dieser Wahl zugestimmt hatten." Am Ende waren die Herren selbstkritisch genug, zuzugeben, sich keine großen Gedanken darüber gemacht zu haben, welche Herausforderungen in Italien eigentlich auf den neuen Leiter warteten. Irgendwie hatten sie darauf vertraut, dass der kompetente und erfahrene Mann, der ihnen präsentiert worden war und der sich anderswo schon mehr als einmal bewiesen hatte, das schon schaffen würde. Das stellte sich als falsche Annahme heraus.

Fit heißt passend

Oft liegt es nicht an den Spitzenkräften, wenn sie ihre Aufgaben nicht erfüllen können. Es liegt an den Stellenbesetzern: Sie haben jemanden ausgesucht, der zwar hoch kompetent ist, aber für einen Bereich, der knapp neben seinen tatsächlichen Aufgaben liegt. Die Person ist für diese Stelle einfach nicht passend. Nicht fit im Wortsinn. Ein Fisch auf dem Trockenen.

Die richtige Besetzung für eine Position zu finden, funktioniert nicht ohne klare und eindeutige Kriterien. Oft jedoch machen sich die Entscheider zu wenig klar, was genau die Anforderungen sind. Es reicht nicht, einfach nur „den Besten" zu wollen. Die Frage ist: den Besten wofür? Zum erfolgreichen Auswahlprozess eines neuen Top-Managers gehört deshalb immer auch ein spezifisches Briefing, welche Fähigkeiten im Hinblick auf die Position ein Dealmaker und welche ein Dealbreaker sind. Was genau wird von dem Neuen erwartet, was muss er leisten, welches Umfeld wird er vorfinden, welche Probleme sind in der Vergangenheit ungelöst geblieben und was sind die unvermeidlichen Fallstricke und Tretminen, die jeden erwarten? Es ist schließlich ein Unterschied, ob jemand gesucht wird, der ein angeschlagenes Unternehmen mit Entschlossenheit und dem Mut zu klaren Schnitten wieder in ruhigere Fahrwasser leitet, oder jemand, der als Vertriebschef ausgeprägte kommunikative Fähigkeiten ausspielen kann, um ein weitreichendes Kundennetz auszubauen und etliche ihm unterstellte Key Account Manager in eine breit und tief angelegte Expansion zu führen. Wer nicht weiß, was er braucht, wird höchstens zufällig bekommen, was er will. Die Personalentscheider müssen also mehr leisten, als nur aus den Unterlagen der Top Executive Searcher die halbwegs Passenden herauszusuchen. Sie brauchen ein klares Anforderungsprofil.

Zusätzlich zur eindeutigen Definition der Aufgaben, die den Neuen erwarten, gibt es noch einen weiteren Aspekt, der zwingend berücksichtigt werden sollte: Das kulturelle Umfeld, in dem das Unternehmen oder die Institution agiert. Auch dazu muss der Kandidat passen. Nicht nur mit seinem Auftreten, sondern ebenfalls mit seinen sogenannten Sekundärtugenden.

Ein mittelständisches Unternehmen verkörpert andere Werte als ein Weltkonzern, aber auch als eine Firma im mittleren Westen. Und die Uhren ticken in Lüdenscheid und Bad Harzburg etwas anders als in New York, London und Shanghai.

Ist es in einem Kulturkreis normal, nie zur verabredeten Zeit zu kommen, sondern sich selbst und anderen großzügige Verspätungen einzuräumen, entsteht sicherlich ein anderer Begriff von Pünktlichkeit als in einer Kultur, in der es eine Frage der Höflichkeit ist, auf die Minute genau zu erscheinen. Dieses Prinzip gilt für viele Eigenschaften und Verhaltensweisen, die für Personalentscheidungen relevant sind, unter anderem auch für Hierarchieverständnis, Akzeptanz und offenes Einräumen von Fehlern oder Teamfähigkeit.

Wer also für eine Unternehmenstochter im Ausland die Fähigsten sucht oder sein Team in der Konzernzentrale mit Zugängen aus anderen Ländern auffrischen möchte, muss mit hoher Wahrscheinlichkeit zusätzliche, teilweise auch ganz andere Maßstäbe als die gewohnten anlegen. Man sollte sich mehr als einmal überlegen, wer das Joint Venture in Saudi-Arabien „führen" soll. Selbst benachbarte Länder wie Deutschland und die Schweiz weisen in einzelnen Facetten beachtliche Unterschiede auf. Divergierende Auffassungen, beispielsweise von Beharrlichkeit, können hier zu Irritationen führen. Was sich für den Deutschen als ein ganz normales Nachhaken darstellt, kann für den Schweizer ein schwer erträgliches Insistieren auf längst verworfenen Ideen bedeuten.

Nicht nur nach Regionen, auch nach Branchen gibt es große kulturelle Unterschiede, zum Beispiel was Zeiträume betrifft. Eine Klinik wird über die Anschaffung eines millionenteuren Medizingeräts nicht innerhalb von zwei Tagen entscheiden. Wer dagegen in der Handybranche nicht am gleichen Tag die Verkaufspreise korrigiert oder als Tankstellennetz nicht nach wenigen Minuten, hat augenblicklich das Nachsehen. Eine Spitzenkraft braucht daher auch ein tiefes branchenspezifisches Wissen bzw. die richtigen Bezugsgrößen für die Zeitspanne, die bestimmte Dynamiken einfach erfordern. Im öffentlichen Leben gilt dasselbe: Ein Diplomat in Shanghai bedient sich anderer Vorgehensweisen als einer in Südafrika, und ein Militärattaché sollte anders auftreten als der Vertreter einer gemeinnützigen Nichtregierungsorganisation (NGO).

Das zu erkennen mag noch eine vergleichsweise einfache Sache sein. Doch längst nicht alle Führungskräfte besitzen die erforderliche interkulturelle Qualität, sich hierauf einzustellen und erfolgskritische Unterschiede wahrzunehmen und zu berücksichtigen. Indem sie blind und rücksichtslos ihren eigenen Maßstab als für andere uneingeschränkt gültig ansehen, stoßen sie sie nur unwillkürlich vor den Kopf. Neben der Sozialkompetenz, die landesüblichen Gepflogenheiten und Höflichkeitsfloskeln anzuwenden — besonders unsere amerikanischen Freunde tun sich gelegentlich im Hervorbringen von ein paar falschen Worten in der Fremdsprache hervor –, fehlt ihnen oft auch die Erkenntnis, dass nicht alles, was den Erfolg ausmacht, allein in Zahlen und Daten ausgedrückt werden kann.

Die persönlichen Eigenheiten, die eine Führungskraft im Laufe der Zeit entwickelt, mögen innerhalb ihres bisherigen Wirkungskreises vollkommen passend, willkommen und konstruktiv sein. Sie haben sich in ihrer ökologischen Nische gewissermaßen perfekt ausgebildet. Doch sobald sie in anderen Kulturen unterwegs sind, erzeugen sie durchaus eine Wirkung wie eine Motorsäge im Wald. Der Einzelne bemerkt das vielleicht; aber nicht jedem gelingt es, sein Auftreten rechtzeitig anzupassen – wenn überhaupt. Ich denke an einen sehr erfahrenen und auch interkulturell erfolgreichen Manager, der aber im Gespräch mit einem Chefarzt wie in einer anderen Welt unterwegs zu sein scheint. Man redet nicht vom Gleichen und merkt es nur so halb und halb. In seinem bisherigen Wirkungsfeld hatte er mit seinem Stil, seiner Art, Erfolg; warum sollte er das nun in Zweifel ziehen? So bleibt sein Horizont unwillkürlich verengt, sein Verhalten bleibt inkompatibel mit gewissen anderen Organisationen und Kulturkreisen.

Mangelndes Einfühlungsvermögen bzw. die Unfähigkeit, sich auf andere Denk- und Handlungsweisen einzustellen, geht im privaten Leben vielleicht je nach beteiligten Typen noch als „Coolness" oder „Jungenhaftigkeit" durch, in der Unternehmenswelt, in der Politik, im öffentlichen Leben können diese Defizite in einem wahrhaftigen Desaster kulminieren. Denn alles, was ein Top Executive tut, und sei es auch nur ein Tick, pflanzt sich rasch in seiner Umgebung fort, wird vielleicht zur Massenbewegung, da und dort gar zum Kult – und wirkt sich auf die Motivation der allmächtigen Assistentin ebenso wie auf die Wahrnehmung des Unternehmens bzw. der Organisation in der Öffentlichkeit aus. Das wird oft vergessen. Auch von denjenigen, die die Stellen zu besetzen haben.

Exzellente Fachleute, die etwas von Prozessen, Finanzen und manchmal auch Strategien verstehen, gibt es viele. Doch um wirklich top zu sein, braucht es die Fähigkeit, sich selbst nicht als Maß aller Dinge zu sehen, sondern mit verschiedenen Perspektiven und widersprüchlichen Anforderungen umgehen zu können und dabei dennoch ergebnisorientiert zu bleiben. Dies erfordert eine unvoreingenommene Wahrnehmung der Realität und auch die Hinwendung des Blicks auf das eigene Ich – Selbsterkenntnis eben. Immer häufiger begegne ich Managern, die eine solche Anforderung sehr gut verinnerlicht haben, und bin umso überraschter, am nächsten Tag wieder auf ganz anders geprägte Persönlichkeiten zu treffen, denen ein derartiges Denken gänzlich fremd ist und geradezu abenteuerlich vorkommt.

Als Gegenstück zur interkulturellen Kompetenz der Kandidaten sollten die Stellenbesetzer die Fähigkeit aufweisen, die kulturellen Besonderheiten des Einsatzortes wenigstens halbwegs zu erfassen und festzustellen, ob die vorgesehene Person dorthin passt. Oder, falls sie aus einem andersartigen Umfeld stammt, ob sie über die Sozialkompetenz verfügt, sich auf andere Denk- und Handlungsweisen einstellen zu können.

Irgendwo auf dem Markt gibt es die geeignete Person für den Posten. Ob sie gefunden und angeworben werden kann, hängt nicht nur von einem genauen Blick auf die Anforderungen des Postens und des kulturellen Umfelds ab. Sondern außerdem noch von einem nur scheinbar schlichten Aspekt.

Der Faktor Zeit

Die zur Verfügung stehende Zeit ist oft ein weiterer bestimmender Faktor für den Erfolg oder Misserfolg einer Neubesetzung. Es ist einleuchtend: Je mehr Zeit ein Auftraggeber hat, desto höher ist in der Regel seine Chance, den Fähigsten für den Job zu bekommen. Aber Zeit ist beinahe immer ein knappes Gut, nur in wenigen Fällen hat ein Unternehmen genug davon. Ein kluger Unternehmenseigentümer wird sich vornehmen, an seinem fünfzigsten Geburtstag mit der Suche nach seinem Nachfolger zu beginnen. Oft fasst er auch gleich zwei bis drei solcher Anwärter ins Auge, schon wegen des Ausfallsrisikos. Dann hat er Zeit genug, die potentiellen Nachfolger systematisch heranzubilden, damit er mit sechzig Jahren abtreten kann und ein wohlbestelltes Haus hinterlässt. In manchem börsennotierten Konzern, der von den Analysten beobachtet wird wie ein Superstar von Paparazzi, müssen Nachfolge-Entscheidungen möglicherweise innerhalb weniger Wochen gefällt werden. Oft erhält der Headhunter den Auftrag mit den Worten: „Bringen Sie uns einen guten Mann, aber möglichst schnell. In spätestens zwei bis drei Monaten müssen wir ihn den Analysten und der Öffentlichkeit präsentieren können. Wann können Sie uns die Longlist schicken?"

Verschärft gilt dies in der Politik, wenn ein Amtsinhaber durch einen medienwirksamen Skandal zum abrupten Rücktritt gezwungen wurde. Dann muss innerhalb von Stunden ein Nachfolger gefunden werden.

Klar, der neue Amtsinhaber wird erst einmal als Interimsvertretung wahrgenommen, auf dem Posten nur bis zur nächsten Wahl. Doch die öffentliche Aufmerksamkeit ist jetzt auf dieses Ministerium, diese Verwaltungseinheit fokussiert. Wenn der Neue auch gleich wieder Fehler macht, wird seine Position zum Schleudersitz, seine politische Karriere und möglicherweise auch das Image der Regierung werden nachhaltig beschädigt. Es sollte also innerhalb kürzester Zeit jemand gefunden werden, der gleichzeitig kompetent ist und den Ruf hoher Integrität besitzt.

Doch Zeitdruck birgt bei Personalentscheidungen ein großes und oft entscheidendes Risiko. Informationen werden nicht hinreichend erhoben oder stammen nur vom Hörensagen, niemand glaubt die Zeit zu haben, diese zu überprüfen und Referenzen einzuholen, vieles erfolgt am Telefon und entwickelt mit dem im Moment ausgesprochenen Wort eine eigene Dynamik. Bei der Personalentscheidung kann kein Computertest je ersetzen, was intensive Gespräche und ausführliches Abwägen an Erkenntnisgewinn beisteuern. Und das erfordert nun einmal Denk- und Reaktionszeit. Was viele Manager zu wenig sehen: Eine Personalentscheidung hat ein gänzlich anderes Timing als die meisten anderen Entscheidungen im Unternehmen. Im täglichen operativen Tun ist die Fähigkeit, Entscheidungen rasch zu treffen, überlebenswichtig. Hier werden die Aufgaben oft nach der Eisenhower-Matrix in dringend/nicht dringend und wichtig/nicht wichtig eingeteilt und losgelegt. Wollte ein Top-Einkäufer sich wochenlang Zeit lassen, auf einen Preisverfall am Markt zu reagieren, damit er sich in seiner Entscheidung auf umfangreiche Analysen und Konkurrenzbeobachtungen stützen kann, dann wäre es schnell aus mit dem Unternehmen. Eine Personalentscheidung aber auf die Schnelle zu treffen ist sehr risikobehaftet. Auch wenn ein Missgriff nach ein paar Monaten vielleicht wieder korrigiert werden kann, ist in der Zwischenzeit viel vom besten Porzellan zerschlagen worden. Die Aufräumarbeiten kosten dann richtig Geld — und Zeit.

Eine regelrechte Rasterfahndung nach dem Wunschkandidaten kann aber auch zu lange dauern. Anfangs steht dem Inhaber oder Vorstand vielleicht ein Jahr zur Verfügung, eine frei werdende Stelle neu zu besetzen. Doch der eine Bewerber zeigt allzu autoritäre Züge, dem anderen mangelt es an Verhandlungsgeschick, ein dritter stellt deutlich höhere finanzielle Forderungen als vorgesehen. Dann wollte bei einem, der perfekt gewesen wäre, ganz einfach dessen Partner nicht mit. Die Entscheider können sich nicht dazu durchringen, sich mit einer nur beinahe passenden Lösung zufriedenzugeben. Auf der Suche nach der Idealbesetzung verlieren sie so viel Zeit, dass es auf einmal eng wird oder gar nie zu einer Einstellung kommt. Jahre sind ins Land gegangen, ohne dass Nägel mit Köpfen gemacht wurden. Die Erkenntnis, dass zu hohe Anforderungen den Ablauf zu lange blockiert haben, kommt spät oder nie. Plötzlich soll und muss dann alles sehr schnell gehen. Und dann werden praktisch wieder die üblichen Fehler gemacht, Unwägbarkeiten in Kauf genommen, die Katze im Sack gekauft. Unter Zeitdruck kommt dann ein Notnagel auf den Sessel, eine Art Übergangsfigur, die — nüchtern und bei Licht betrachtet — beinahe nur den Vorzug aufweist, dass sie zur rechten Zeit verfügbar, d.h. auf dem Markt war. Manch anderer, der in den Monaten zuvor unter die Lupe genommen worden war, wäre geeigneter gewesen. Mit einem Drei-Jahres-Vertrag in der Tasche macht sich die Verlegenheitslösung dann daran, mit ungestümem Willen, aber infolge geringer Branchenkenntnis mit nicht immer zielführenden Strategien die Mitarbeiter zu verwirren, die Prozesse zu destabilisieren und das Unternehmen bzw. die Behörde an den Rand des Nervenzusammenbruchs zu führen.

Wie viel Zeit zur Verfügung steht, hängt auch von der Finanzlage ab. Nicht selten sind es bedeutende inhabergeführte Firmen, deren Schatztruhen gut gefüllt sind; finanz- und liquiditätsstarke Eigentümer, die Geld genug in der Kasse haben, um eine längere Suche zu überstehen. Manchmal leisten sich auch namhafte Großunternehmen den unerlässlichen Luxus einer längeren Suche, weil ihnen klar geworden ist, dass sie sich nicht schon wieder einen Klaus Kleinfeld oder Peter Löscher erlauben können, ohne gänzlich unglaubwürdig zu werden und noch das letzte Fünkchen guten Willens beim Kunden oder Mitarbeiter zu verspielen.

Auch wenn sich das Management liebend gern mit schnellen Entscheidungen hervortut: Personalentscheidungen gelingen erfahrungsgemäß am besten langsam, sorgfältig, wohlüberlegt. Das ist in der Tat anders als bei anderen Arten von Entscheidungen. Eine Personalentscheidung ist weitaus schwieriger, als zum Beispiel über einen Lieferanten im Einkauf zu entscheiden. Mit einem differenzierten und wohlüberlegten Prozess jedoch deckt man eine Stärke nach der anderen, eine Schwachstelle nach der anderen, eine Geschichte nach der anderen auf. Man lernt den Menschen näher kennen, man prüft ihn auf Herz und Nieren, bis das Risiko einer falschen Entscheidung vergleichsweise niedrig ist. Man weiß nun vieles bereits vor der Entscheidung, was man sonst erst nach und nach durch die Zusammenarbeit erkennen würde.

Wer diese Aspekte berücksichtigt, wer genau definiert, welche Fähigkeiten und welches Auftreten für die zu besetzende Position nötig sind und sich bei der Suche ausreichend Zeit lässt, kann den passenden Kandidaten finden. Damit ist das Risiko von Fehlbesetzungen minimiert, limitiert, sogar weitgehend ausgeschlossen.

Oder?

Flaschenzüge

Der Mythos von Ausschreibungen, Bewerbungsverfahren & Co.

Russland, 1941: Der Krieg gegen Hitlerdeutschland läuft nicht gut für Stalin. Eine Katastrophe bahnt sich an. Männer stehen dem russischen Militär in ausreichender Anzahl zur Verfügung, auch Panzer, Flugzeuge und Artillerie. Doch eine Schlacht nach der anderen geht verloren, unermessliche Verluste an Menschenleben folgen, Hunderttausende gehen in Gefangenschaft, der Feind erbeutet tausende schwerer Waffen. Es ist nicht der einzelne Offizier oder Soldat an der Front, der die Schlachten verliert. Es ist die oberste Führung, die bereits zuvor einen gravierenden Fehler gemacht hat. Denn Stalin konnte die Offiziere und Generäle, die er 1936 bis 1938 in einer historisch beispiellosen Aktion in sogenannten „Säuberungen" zu 80 Prozent hatte entfernen — hinrichten oder ins Arbeitslager sperren — lassen, nicht schnell genug ersetzen. Die von den Sowjets 1941/1942 nur notdürftig ausgewählten und ausgebildeten neuen Offiziere waren nicht in der Lage, ihre Truppen fachgerecht zu führen. Ihr Schicksal war auf grauenhafte Weise vorherzusehen.

Das führte dazu, dass Russland seinen Sieg nicht durch professionelle Militärführung, sondern nur mit der schieren Masse an aufgebotenen Soldaten erringen konnte und mit einem ungeheuren Verlust an Menschenleben erkaufen musste. Allein die Absolventen von Militärakademien in der Sowjetunion aus dem Jahr 1941 fielen zu 90 Prozent dem Krieg zum Opfer. Wir können nicht näherungsweise ermessen, welch individuelles Leid damit verbunden war.

Dennoch ist das Beispiel aus der Militärgeschichte nicht zufällig ausgewählt. Denn es waren Militärs, die zur Vermeidung derartiger Tragödien eine vorbeugende Methode ersonnen haben.

Das Assessment, das heute vielerorts zur Eignungsprüfung von Kandidaten für eine zu besetzende Führungsposition angewandt wird, ist eine Erfindung des deutschen Militärs der Weimarer Republik in den 1920er-Jahren. Bis zum Ersten Weltkrieg war in Europa überwiegend der Adel bei der Besetzung von Offiziersrängen berücksichtigt worden. Hatte jemand ein „von" im Namen, konnte er Stabsoffizier werden; hatte er keins, rangierte er unter „ferner liefen". Weniger gewichtig waren die Fähigkeiten, die jemand mitbrachte. Da half es auch nichts, dass sich 120 Jahre zuvor sämtliche europäische Armeen unter der

Führung ihrer adeligen Offiziere dem Emporkömmling Napoleon Bonaparte hatten geschlagen geben müssen. Der französische Imperator und vormalige General hatte neben seinem enormen strategischen und taktischen Geschick auch ein weit moderneres Verständnis von Eignung als der Rest Europas. „Jeder Soldat trägt den Marschallstab im Tornister", soll er gesagt haben. Was er damit meinte: Wer etwas kann, kann auch etwas werden, unabhängig von seiner gesellschaftlichen Herkunft. Doch nach der finalen Niederlage Napoleons bei Waterloo kam die Restauration — und vieles blieb beim Alten. Die Fälle von Aufsteigern aus den Reihen der einfachen Soldaten in die Führungsebene des Militärs lassen sich in den folgenden Generationen wiederum an einer Hand abzählen.

Erst in der Weimarer Republik begann das deutsche Militär ansatzweise umzudenken. Herkunft und Beziehungen, bekanntermaßen Aspekte, die nicht zwingend mit den Führungsqualitäten eines Menschen zu tun haben müssen, hatten als Merkmale für die Eignung als Offizier an Relevanz eingebüßt. Wichtig wurde nun: Kann er es oder kann er es nicht?

Hiermit wurde zugleich ein moderner ökonomischer Gedanke der Human Resources umgesetzt, der es nicht mehr ohne weiteres gestattete, einen dringend benötigten Teil der Bevölkerung aus politisch-ideologischen, in diesem Fall ständischen Gesichtspunkten zu ignorieren. Ganz klar: Je größer der Pool ist, in dem nach fähigen Menschen gesucht wird, desto größer sind auch die Aussichten, Top-Leute zu finden. Sich auf den Adel oder linientreue Beamte zu beschränken, hatte nur so lange relativen Erfolg, wie es alle anderen auch so handhabten.

Das ist vorbei, oder? Schon vor hundert Jahren wurde der Adel in Deutschland aus seiner führenden Position hinausgedrängt und der Adelstitel im Jahr 1918 sogar qua Gesetz abgeschafft. Dennoch ist ein „von und zu" noch immer ein wohlklingender Namenszusatz, der nicht nur Augenbrauen hebt, sondern auch Türen öffnet. Wenigstens hat sich die deutsche Gesellschaft insofern verbürgerlicht und geöffnet, dass ein Adelstitel keine Einstellungsvoraussetzung mehr für das Top-Management ist. Wir suchen heute nicht mehr nach Erlaucht oder Durchlaucht Right, Mr. oder Mrs. Right genügen schon.

Wer passt?

Personalverantwortliche, die etwas von ihrem Job verstehen, suchen einen Kandidaten, der passt: zu den Aufgaben, die ihn in dieser Position erwarten; zur Kultur, in der er sich bewegen soll; zum Unternehmen oder der Organisation.

Der Erfolg hängt wesentlich davon ab, mit welchen Verfahren und in welchem Personenkreis sie suchen. Deswegen lohnt es sich, diese Suchverfahren einmal unter die Lupe zu nehmen.

Der Personenkreis, in dem gesucht wird, ist selbstverständlich nicht mehr auf den Adel oder wie in der Sowjetunion auf Parteikader begrenzt. Aber völlig offen ist er auch nicht. Top-Positionen werden nicht über allgemein zugängliche Stellenanzeigen ausgeschrieben oder beim Arbeitsamt gemeldet, auf dass sich Max Mustermann, der die Anzeige zufälligerweise entdeckt und sich berufen fühlt, bewerben kann. Ein Vorstandsvorsitzender für Novartis wird nicht über StepStone oder eine doppelseitige Anzeige in der Zeit gesucht. Ebenso wenig habe ich je eine Stellenanzeige gesehen, in der nach einem Staatssekretär oder dem CEO einer großen gemeinnützigen Organisation wie zum Beispiel Unicef gesucht wurde. Die Suche nach geeigneten Kandidaten für solche Spitzenpositionen findet in der Regel in einem nicht öffentlichen Raum statt.

Unabhängig davon, ob eine Top-Führungskraft geht oder ob wegen Expansion des Unternehmens eine neue Position geschaffen wurde: Die Neubesetzung sagt viel über den Zustand der Organisation aus. Sie ist daher ein überaus heikles Politikum, das externen Beobachtern — Wettbewerbern, Börsenexperten und den Medien — viel Spekulationsmaterial liefern, unabsehbare Risiken an der Börse nach sich ziehen und der Konkurrenz willkommene Ansatzpunkte für strategische Schachzüge liefern kann. Daher wird sie in der Regel geheim gehalten, bis die Personalie feststeht.

Aber wenn nicht öffentlich gesucht wird, wie dann? Und in welchem Personenkreis?

Die erste und naheliegendste Möglichkeit ist, dass sich die Stellenbesetzer diskret in ihren persönlichen Netzwerken umschauen. Wenn sich hieraus nichts ergibt, wird ein sogenannter Headhunter oder Search Consultant eingeschaltet, der seinen Pool an hoch qualifizierten Bewerbern durchsiebt, sein Netzwerk von Personen in Spitzenpositionen, die vielleicht jemand kennen, aktiviert und nicht nur Plattformen wie Xing und LinkedIn nach geeigneten Kandidaten durchforstet — natürlich noch ohne sagen zu können oder zu dürfen, um welche Position es sich genau handelt.

Der Headhunter sortiert auch die möglichen Kandidaten vor, bevor er sie dem Unternehmen vorschlägt. Dann gibt es ein Auswahlverfahren, das stark von den Gepflogenheiten und der Organisationsstruktur des Unternehmens bzw. der Behörde abhängt. In der Regel durchlaufen Kandidaten mehrere Gespräche mit verschiedenen Personen oder Personenkreisen. Immer wieder wird beraten, verglichen, verhandelt, eventuell neu gesucht, nachverhandelt. Bis schlussendlich die Entscheidung gefällt wird. In der Regel spricht ein Gremium eine Empfehlung aus, und der oder die obersten Verantwortlichen — Unternehmensvorstand, Behördenleiter, Verwaltungsrat — geben ihr Placet dazu.

Bereits bestehende Netzwerke oder eigens zu diesem Zweck rasch recherchierte Kandidatenpools spielen im Stellenvergabeverfahren also eine große Rolle: Sie liefern die Vorauswahl, aus der dann der oder die geeignetste Kandidat/in herausgesucht wird.

Ein berufliches Netzwerk besteht aus direkten und indirekten Kontakten, die im Lauf eines Berufslebens geknüpft, gepflegt, entwickelt wurden. Die Mitglieder eines solchen losen Verbunds müssen nicht im selben Unternehmen arbeiten, um Vorteile aus ihren Kontakten untereinander zu ziehen. Ganz im Gegenteil: Je breiter die Beteiligten gestreut sind, desto vorteilhafter für alle. Nach dem Prinzip des Gebens und Nehmens werden Aufträge vergeben, Informationen vermittelt, Bündnisse geschlossen. Gestärkt werden diese Beziehungen durch informelle Zusammenkünfte am Rande von Branchentreffen, Wohltätigkeitsveranstaltungen und Ehemaligen-Vereinigungen.

Eine engere Form der Netzwerke sind sogenannte Seilschaften, wie man sie in Anlehnung an Bergsteigergruppen auch nennt. Die gegenseitige Unterstützung schützt die einzelnen Mitglieder vor dem Absturz. Einen leicht negativen Ruf haben Seilschaften in der Öffentlichkeit dadurch bekommen, dass gelegentlich auch solche Mitglieder vor dem Hinauswurf geschützt werden, die in ihrem Aufgabenbereich massive Fehler machen. Normalerweise geht die gegenseitige Unterstützung aber nicht auf Kosten der Allgemeinheit.

Seilschaften bestehen aus Personen, die sich schon Jahre oder Jahrzehnte zuvor kennengelernt haben. Oft waren sie einst eine junge Truppe, die gemeinsam irgendwo in den unteren Rängen eines

Unternehmens oder einer Partei angefangen hat. In verschiedenen Geschäftsfeldern haben sie ihren Weg gemacht. Sie kennen ihre eigene Branche in- und auswendig, erst auf regionaler Ebene, später dann auf nationaler und globaler Ebene. Auf ihrem gemeinsamen Weg nach oben haben sie einander nahe genug kennengelernt. Sie wissen um die Stärken ebenso wie um die Schwächen der anderen. Auch wenn einer aus dem Kreis für ein paar Jahre irgendwo fernab im Ausland arbeitet, lässt das die Seilschaft nicht zerreißen. Das ist wie bei richtig guten Freundschaften: Egal, wie lange man sich nicht mehr gesehen hat, innerhalb einer Sekunde ist alles wieder so wie beim letzten Zusammentreffen.

Daher sind innerhalb eines Netzwerks und erst recht innerhalb einer Seilschaft Personen miteinander verknüpft, die einen ähnlichen Ausbildungs- und Berufsweg, ähnliche Arbeitsschwerpunkte, teilweise auch ähnliche Einstellungen haben. Selbst die soziale und regionale Herkunft haben sie oft gemeinsam.

Wenn Netzwerke oder gar Seilschaften bei der Suche nach der idealen Besetzung für eine Spitzenposition herangezogen werden, hat das einen großen Vorteil: Das Unternehmen, die Behörde, die Organisation erhält einen Kandidaten, der zu ihr passt. Es hat aber auch einen großen Nachteil: Das Unternehmen, die Behörde, die Organisation erhält einen Kandidaten, der im weitesten Sinn in einem ähnlichen Saft geschmort hat.

Wenn vornehmlich über das eigene Netzwerk gesucht wird, erhöht dies nicht zwingend die Erfolgschancen. Erfolg ist zwar möglich. Misserfolg aber auch. Damit wir uns nicht missverstehen: Wenn in einem Netzwerk von Top-Leuten ein guter Mann oder eine gute Frau gefunden wird und im Unternehmen am Ende erfolgreich ist, dann ist so ein Netzwerk ein Segen. Aber wenn ein Pannenaugust, der über Jahre falsche Kreditentscheidungen in der Bank getroffen und damit beachtliche Verlustpositionen verursacht hat, den nächsten Mitarbeiter in seinem persönlichen Netzwerk sucht, dann liegt die Wahrscheinlichkeit nicht gerade niedrig, dass noch ein weiterer Pannenaugust im Unternehmen sein Unwesen treibt — und dann ist der Niedergang wieder einen Schritt näher gerückt. Es ist nun mal so: Schlichte Gemüter produzieren mehrheitlich schlicht geartete Netzwerke. Clevere produzieren mehrheitlich clevere Netzwerke. Das Delikate ist nur: Oft wissen gerade Erstere nicht, dass sie gar nicht zu den Cleveren gehören.

Selbst wenn es weder den Netzwerkern noch dem Netzwerk an Intelligenz und Erfahrung mangelt: Der Kreis der Kandidaten, auf die man sich durch Suche im eigenen Orbit einschränkt, ist klein.

Einer von uns

Nach dem Ende der Ära Eberhard von Kuenheim, der BMW von 1970 bis 1993 geführt hatte, wurde ein neuer Vorstandsvorsitzender gesucht. Als Kronprinz galt Wolfgang Reitzle, der als Entwicklungsvorstand seit Jahren für die erfolgreiche Modellpalette verantwortlich gewesen war. Allerdings war er damals als zur Arroganz neigender Zyniker bekannt. Sein Gegenkandidat, der sympathische Bayer Bernd Pischetsrieder, war nicht nur ein langjähriger Vertrauter Kuenheims, sondern konnte einfach mit vielen bei BMW gut. Die Quandt-Familie entschied sich für Beliebtheit und hat teuer dafür bezahlt. Unter Pischetsrieder kaufte BMW 1994 den englischen Hersteller Rover, der damals schon denkbar schlecht dastand. Einschneidende Schritte wären notwendig gewesen, um das marode Unternehmen gesundzuschrumpfen. Die gesamte Modellpalette der Rover-Mittelklasse war veraltet und ein dauerhafter Verlustbringer, während die Marken Mini Cooper und Land Rover zumindest potentielle Assets waren. Doch Pischetsrieder — seinem sympathischen, sozialverträglichen Image entsprechend — entschied sich gegen die Schließung der Werke und für den Erhalt der Arbeitsplätze. Sechs Jahre und 4 Milliarden Euro später endete das Abenteuer für BMW durch den Verkauf von Rover, und Pischetsrieder war zumindest diesen Job los.

Ist das die wahre Geschichte? Natürlich wissen nur die direkt Beteiligten, wie die Vorgänge damals wirklich abliefen, welche anderen Agenden noch im Spiel waren, und man tut Herrn Reitzle oder Herrn Pischetsrieder vielleicht furchtbar Unrecht. Es ist immer so schrecklich einfach, von den Stadienrängen oder aus dem Ohrensessel heraus die eigene Meinung kundzutun — von der Trainerbank aus oder in der Vorstandsetage liegen die Dinge oft gänzlich anders. Und doch scheint mir der geschilderte Ablauf ein treffendes Beispiel dafür zu sein, was passiert, wenn eine Stelle vornehmlich aufgrund des Sympathiefaktors besetzt wird.

Selbst wenn die Suche auch außerhalb des eigenen Netzwerks betrieben wurde: Spätestens beim ersten persönlichen Gespräch tritt der

Sympathiefilter in Kraft. Er entscheidet, innerhalb der ersten Sekunden der ersten persönlichen Begegnung, ob ein Kandidat eine Chance hat, in die engere Auswahl zu kommen. Und Sympathie entsteht in der Regel durch Ähnlichkeit.

Schon die soziale Herkunft ist ein entscheidender Faktor, der zwar unbewusst, aber dafür umso wirkungsvoller darüber entscheidet, ob ein Stellenkandidat als passend wahrgenommen wird.

Die deutsche Gesellschaft ist nicht ganz so durchlässig, wie sie sich selbst sieht. Die eine Elite — der Adel — wurde lediglich von einer anderen verdrängt: dem gehobenen Bürgertum. Professor Michael Hartmann, Soziologe an der TU Darmstadt, hat in seiner Studie „Der Mythos der Leistungseliten" gezeigt, dass es mit der Chancengleichheit nicht so weit her ist im Land der sozialen Marktwirtschaft. Er hat die Lebensläufe vieler Top-Führungskräfte der letzten vierzig Jahre untersucht und gezeigt, dass nur ein Fünftel aller Top-Manager echte Aufsteiger sind, während die restlichen vier Fünftel aus dem Großbürgertum und dem gehobenen Bürgertum kommen und nicht mehr ganz so hoch springen mussten. Und Besserung ist nicht in Sicht. Trotz postulierter Chancengleichheit und enormer Bemühungen seitens der Politik ist die elitäre Tendenz gleichbleibend.

Führungsangelegenheiten sind Vertrauenssache, und Vertrauen bringt man vor allem Menschen aus demselben Land, derselben Stadt oder eben auch aus derselben gesellschaftlichen Schicht bzw. des gleichen Lebensalters entgegen. Um voranzukommen, muss auch das Auftreten, muss der Habitus stimmen. Da kann es für die Karriere eines aufstrebenden Managers der Todesstoß sein, wenn er beim Suppe essen mit dem Vorstand den neuen Schlips nach hinten über die Schulter legt, um ihn aus der Kleckerzone zu bringen. Da kann es das endgültige Aus für eine exzellente Kandidatin für eine Leitungsfunktion in der Firma bedeuten, wenn sie braune Schuhe zum Salz-und-Pfeffer-Kostüm trägt.

Die nachfolgenden Führungskräfte unter seinesgleichen auszuwählen hat sicher Vorteile. Doch im Laufe meines Berufslebens nehme ich immer mehr die Verkrustungen wahr, die ein solches Vorgehen mit sich bringt. Das hat mich nachdenklich gemacht. Es ist tragisch, wenn ein brillanter Mensch scheitert, weil es ihm an stilvoller Etikette, an gesellschaftlichem Schliff fehlt. Auffallend oft geschah dies übrigens in den späten 90er und frühen 2000er-Jahren bei Menschen, die aus dem ehemaligen Osten Deutschlands stammen. Hervorragend ausgebildete Top-Manager aus dem Osten haben mir selbst gesagt, dass sie sich in puncto Tischsitten etwas unsicher fühlen, weil die im Osten einfach nicht besonders gefragt waren. Hier gab es lange Zeit kaum eine Unterscheidung durch Etikette, jedenfalls nicht in der Form, wie wir sie im Westen kennen. Eher noch in umgekehrter Form: Wer zu geschliffene Umgangsformen an den Tag legte, machte sich verdächtig, sich heimlich für etwas Besseres zu halten. Aber das volksnahe Auftreten, das damals politische Zuverlässigkeit signalisierte, hat sich bei manchem seither in ein ernsthaftes Karrierehindernis verwandelt.

Ist eben doch nicht jeder seines Glückes Schmied? Für eine Gesellschaft, die sich als Meritokratie, also eine Leistungsgesellschaft, sieht, in der sich Menschen ihre Positionen verdienen und nicht zugeschanzt bekommen, ist diese Frage nicht sonderlich ermutigend.

Die Karriereaussichten des einzelnen Talents sind die eine Seite der Medaille, die manchmal durchaus deprimierend ist. Von der anderen Seite her stellt sich die Frage: Haben wir überhaupt genügend fähige Leute für die Führungspositionen der Gesellschaft? Hier könnte man argumentieren, dass der Bewerberpool des gehobenen Bürgertums zu klein ist, um geeignete Kandidaten in ausreichender Menge hervorzubringen.

Auch diese eingeschränkte Quelle wird noch weiter begrenzt. Kandidaten werden nicht nur nach sozialer Herkunft und gefühltem Sympathiewert ausgefiltert; es gibt noch ein paar wesentlich schärfere Auswahlfaktoren.

Inselpopulation

Es ist ein Phänomen, das ich oft beobachte: Viele Führungskräfte suchen — bewusst oder unbewusst — aus einem Kandidatenpool denjenigen Bewerber aus, der ihnen selbst von der Mentalität und den Wertvorstellungen her am ähnlichsten ist. Kontrollfreaks stellen tendenziell Kontrollfreaks ein, Netzwerker Netzwerker, Eroberer Eroberer und visionäre Produktentwickler visionäre Produktentwickler. Einfach, weil der Personalentscheider zu jemandem, der ähnlich tickt wie er, am ehesten Vertrauen aufbauen kann und mit ihm am besten zurechtkommt.

Derselbe Mechanismus greift auch, wenn nicht eine Einzelperson über die Neubesetzung entscheidet, sondern ein Gremium. Denn das Gremium besteht häufig aus Personen, die über bestehende Netzwerke, von den bisherigen Verantwortlichen auf ihre Posten geholt wurden. Die also ihrerseits eine ähnliche Mentalität haben. Deutlich war das bei der jüngsten Papstwahl zu beobachten: Wenn ein erzkonservativer Papst die Kardinäle ernennt und die Kurie daher überwiegend aus Erzkonservativen besteht, ist es schon erstaunlich, dass ein nur durchschnittlich konservativer Kardinal gewählt wurde.

Es gibt also eine Tendenz zu immer größerer Selbstähnlichkeit innerhalb einer Organisation. Auch ein neuer Kopf bringt keine wirkliche Abwechslung, wenn er von der alten Garde nach den alten Filtern ausgesucht wurde. Dieser Prozess wird Self-Cloning genannt: Mehr und mehr erinnern die neuen Führungskräfte an Klone der alten — nicht genetisch, aber von der Mentalität und den wichtigsten Eigenschaften her identisch.

Wie bereits erwähnt: Clevere produzieren clevere Netzwerke. Ich könnte das noch fortführen: Clevere Netzwerke finden clevere Kandidaten. So betrachtet, könnte die Tendenz zur Selbstähnlichkeit also eine gute Sache sein. Aber Cleverness, oder überhaupt Kompetenz in einem bestimmten Bereich, genügt nicht, um eine Organisation erfolgreich zu führen.

Der Ausgleich, die Gegenmeinung, der Widerspruchsgeist fehlen. Bestimmte Fähigkeiten, bestimmte Mentalitäten sind im Team kaum oder gar nicht vertreten. Bei Strategiediskussionen sind sich alle viel zu rasch einig und kaum jemand kommt auf die Idee, dass eine andere Herangehensweise in der gegebenen Situation besser sein könnte.

Das hat fatale Folgen. Denken wir nur an den Designer und Kreativen, der als Organisator oft ein hoffnungsloser Fall ist. Wer ganz und gar nicht strukturiert arbeitet, sollte sich dringend mit ein paar höchst strukturierten Menschen umgeben — keinesfalls nur mit seinesgleichen. Wenn er es doch tut, endet das Unternehmen, die Behörde im Chaos. Wenn dort aber umgekehrt nur fähige Organisatoren sitzen und keine Kreativen, wird vermutlich bald alles nach Schema 08/15 abgehandelt, neue Ideen werden nicht aufkommen und die Menschen verwalten am Ende sich selbst.

In einem Unternehmen oder einer Organisation, deren Führungskräfte einander zu ähnlich sind, kursieren bald nur noch verwandte Meme, also verwandte Ideen, Denkmuster, Wertvorstellungen, Verhaltensmuster. Das ist ungefähr genauso fatal, wie wenn auf einer kleinen Insel mit 1000 Einwohnern ständig Verwandte untereinander heiraten, bis der Genpool auf wenig mehr als ein einziges Genom geschrumpft ist. Erbkrankheiten häufen sich, und bei der geringsten Veränderung von außen ist die Bevölkerung nicht mehr anpassungsfähig und stirbt aus. Im Wirtschaftssektor bedeutet das: Unternehmen sind in ihrer Strategie nicht mehr anpassungsfähig und gehen bei vergleichsweise kleinen Änderungen des Markts oder des Wettbewerbsumfelds in die Knie bzw. werden aufgekauft. In der Politik: Ganze Führungsriegen müssen geschlossen zurücktreten, weil ihre Art, die Geschäfte zu führen, in den veränderten Zeiten untragbar geworden ist.

Die Warnsignale vor dem Scheitern sind meistens von außen recht frühzeitig und deutlich zu erkennen. Aber den betroffenen Führungskräften fällt es schwer wahrzunehmen, dass etwas nicht stimmt. Wie auch? Sie sind umgeben von lauter Personen, die ähnlich denken und die einander darin bestätigen, dass der eingeschlagene Kurs der richtige ist. Jeder, der eine abweichende Meinung äußert, wird früher oder später isoliert oder sogar weggebissen.

Dann verwandeln sich die Führungsetagen in Fürstenhöfe, an denen vor allem Günstlinge das Sagen haben. Nein, seien wir realistisch: Führungsetagen sind ohnehin oft Fürstenhöfe.

Versailles ist überall

Auch wenn in vielen Publikationen heute von einem neuen Typus Manager gesäuselt wird: Es hat sich in mancher Hinsicht nicht allzu viel geändert. Auch in modernen, scheinbar zeitgenössisch aufgestellten Firmen herrschen manche Cäsaren. IKEA-Gründer Ingvar Kamprad ist möglicherweise kein reiner Saubermann, gleichwohl er natürlich so erscheinen muss. Er hat selbst recht freimütig eingeräumt, dass man früher nach geschäftlichen Gepflogenheiten gearbeitet hat, die heute so gewiss nicht mehr denkbar wären. Allein durch Sittsamkeit baut man kein 20-Milliarden-Euro-Unternehmen auf. Bleiben wir realistisch: Auch Kamprad ist wahrscheinlich ein regelrechter Herrscher. Er ist ein sehr erfolgreicher Chef, keine Frage, das kann man an seinem schlagkräftigen Unternehmen ablesen, aber auch er ist auf seine Weise Sonnenkönig, so schottisch sparsam er sich auch gibt, das geht wohl nicht anders.

Auch Google ist ein Versailles, auch Facebook, auch XING, die neuen Monarchen heißen Larry Page, Sergei Brin, Mark Zuckerberg, Lars Hinrichs, Jeff Bezos. Und rund um die Zentralfigur gruppiert sich — wie schon immer bei uns Menschen — eine Entourage aus Höflingen, mit den typischen Problemen, die sich daraus ergeben: Die Höflinge reden dem Herrscher nach dem Mund.

Meist ist den Top-Managern rasch bewusst geworden, dass sie kaum mit offenem Feedback oder gar Kritik rechnen dürfen. Ihr Umfeld kann es nicht und wagt es nicht. So manch einer erliegt unter dem Dauerfeuer der Schmeicheleien dem Irrtum, sich für beinahe unfehlbar und allmächtig zu halten.

Manche wollen das so. Ein klares Zeichen ist es, sobald ein Vorstandsvorsitzender schwache Aufsichtsräte installiert oder ein Bereichsleiter eine Gruppe von Claqueuren und Ja-Sagern um sich schart. Dann ist er endlich an dem Punkt, dass er im Unternehmen nach Lust und Laune schalten und walten kann. Ursache muss gar nicht unbedingt der Wunsch nach wirklicher Macht sein, manchmal ist es auch eine gewisse Debattenmüdigkeit, die sie dazu bringt. Bei eigenen schwindenden Kräften sehen sie im Beirat oder Vorstandskollegen mehr und mehr den Widerborstigen, der sie an der anstrengungslosen Entfaltung ihrer Strategie hindert. Daher sorgen sie bewusst oder unbewusst dafür, dass sie nach und nach nur noch mit Klonen, Günstlingen und Armleuchtern umgeben sind.

Das Ergebnis dieses Prozesses: Der freiwillig oder unfreiwillig zum Sonnenkönig Gewordene wird nach und nach vom erdverkrusteten Rest der Welt separiert. Und einer aus der Kamarilla übernimmt die Macht. Einer, dessen Einfluss nicht zwingend durch seine Fähigkeiten gerechtfertigt ist, sondern möglicherweise vornehmlich durch seine Nähe zum alten Herrscher.

Napfschnecken an die Macht

In diesem Zusammenhang denke ich an den Top-Manager Frieder, der sehr gut Klavier spielen konnte und nur noch einen Menschen zwischen sich und dem lieben Gott hatte: Gert, den Eigentümer des Unternehmens, in dem Frieder zunächst der juristischen Abteilung vorstand. Gert war ein großer Schöngeist und Liebhaber der klassischen Musik. Wenn er von seinem Vater nicht das Unternehmen hätte übernehmen müssen, wäre er vielleicht ein guter Komponist geworden. Er hatte wenig Freude und Interesse am Tagesgeschäft, dafür schaute er auf die inneren Werte — in diesem Fall die Werte der künstlerischen Hochkultur. Frieder begriff das Wertesystem seines Chefs nach und nach immer besser. Er parlierte mit ihm bei jeder sich bietenden Gelegenheit über die Wagner- oder die Salzburger Festspiele und positionierte sich im Bewusstsein von Gert so einerseits als Freund der schönen Künste und damit indirekt auch als geeigneter CEO.

Etwas überzeichnet ausgedrückt: Wenn es im Unternehmen eine von ihm verschuldete Krise gab, eilte CEO Frieder zum Privatwohnsitz seines Dienstherren, spielte ihm etwas Schönes auf dem Klavier vor und durfte dann wieder ein Jahr weitermachen. Wollte ihm einer der anderen Verantwortlichen wegen der ausufernden Fehler und Versäumnisse ans Leder, schaffte er es über diese und vergleichbare Ebenen immer wieder, sich bei Gert Rückendeckung zu verschaffen. Von diesem Vertrauensverhältnis getragen, konnte er über Jahre hinweg seine nicht immer ganz überzeugenden Touren fahren und Widersacher von dieser höheren Ebene aus unwirksam machen.

Die Masche, sich über eine gute Beziehung zum Eigentümer oder Vorstand für fachliche Angriffe unantastbar zu machen, ist bekannt. Gemeinsame Golfrunden sind da schon fast als einfallslos zu bezeichnen. Traditionell beliebt ist etwa die Variante, sich bei seinen gläubigen Vorgesetzten als praktizierender Anhänger der gleichen Glaubensrichtung auszugeben und es vielleicht sogar wirklich zu werden. Ich kenne aber auch manches Vorstandsmitglied, das eine schwere Havanna nur deshalb raucht, weil es nur so auf annähernd gleiche Augenhöhe mit seinem Chef kommt. Er verabscheut diese Pafferei eigentlich und kämpft grauenhaft mit der Übelkeit, macht aber tapfer mit, weil dies eine der kleinen brüchigen Pontonbrücken ist, die ihn zu seinem Chef über den reißenden Strom der zwischenmenschlichen Komplexität bringt.

Wie Napfschnecken sich an ihrem Felsen festsaugen und sich seiner Form perfekt anpassen, so passen sich manche, die Karriere machen wollen, ihrem Vorgesetzten an. Bitte nicht missverstehen: Dass sich eine Führungskraft in gewissen Grenzen an die Kultur des Unternehmens oder der Organisation anpasst, für das sie arbeitet, ist selbstverständlich und auch nötig. Das kann auch eine echte Horizonterweiterung sein, vor allem dann, wenn das Unternehmen seiner Unternehmenskultur viel verdankt und sich nicht zuletzt infolgedessen am Markt bewährt. Kritisch wird es erst, wenn diese Anpassung so weit geht, dass dafür bedenkenlos persönliche Werte geopfert werden. Oder wenn sie Bereiche betrifft, die mit Unternehmenskultur nichts zu tun haben, sondern rein zwecks persönlicher Vorteilnahme auf den Sympathieeffekt bei den Vorgesetzten abzielen.

Wenn die Stellenbesetzer gegenüber solchen Entwicklungen nicht wachsam genug sind, hat das zur Folge, dass nicht Charaktere an die Macht kommen, sondern Hofschranzen, die eine allzu getreuliche Kopie des Chefs sind. Leider sind es oft nicht einmal besonders gute Kopien, sondern lediglich ein blasser Abklatsch: Denn nicht die herausragenden Fähigkeiten der Nr. 1 werden kopiert, was ja nicht ohne weiteres möglich ist, sondern eher nebensächliche Eigenheiten, in besonderen Fällen gar nur die Macken. Trotzdem werden die Stellenbesetzer durch den Sympathiewert der Ähnlichkeit dazu gebracht, Personen auf eine Top-Position zu heben, die dafür schlicht nicht das nötige Format besitzen.

Pendel

Spätestens wenn so eine Figur auf seinem Posten spektakulär gescheitert ist, steht fest: So einen wollen wir nicht wieder! Beim nächsten Mal wird dann jemand gesucht, der mitunter das Gegenteil des eben Abgegangenen verkörpert. Diesen Effekt gibt es übrigens auch dann, wenn der frühere Chef keine blasse Kopie war, sondern ein Original mit kräftigen Farben, das vielen Betrachtern Augenschmerzen verursachte.

Wie im Fall eines internationalen Modeboutiquen-Players. Aufgebaut durch eine überragende Unternehmerpersönlichkeit war das Unternehmen bis in die feinsten Nähte auf Expansion getrimmt. Der Mann baute ein globales Filialnetz aus eigenen Läden auf, die heute in jeder Metropole der Welt zum Stadtbild gehören. Der Mann war wahnsinnig erfolgreich. Und er war erfolgreich wahnsinnig. Expansiv war nämlich auch sein Ego gestimmt. „Über die Stränge schlagen" ist der richtige Ausdruck für sein Verhalten. Wann immer er einen neuen Laden eröffnete, legte er eine oder auch gleich mehrere Verkäuferinnen aufs Kreuz. Er war ein Lebemann. Aber er hat die Firma enorm auf Touren gebracht. Manch große Führungspersönlichkeiten verhalten sich wie die Götter in der griechischen Mythologie: Sie begehen kraftstrotzend Sünden. Schleichend entwickelt sich eine Hybris, und irgendwann folgt die Götterdämmerung. So auch in diesem Fall. Den Aktionären wurden seine Eskapaden irgendwann zu bunt; veranlasst durch seine mittlerweile geschiedene Frau ersetzten sie ihn durch einen kühlen Rechner.

Und weg war auch der Erfolg. Der Sünder des Unternehmens war ausgetrieben, und mit ihm die Seele. Der Neue war eine Art Kontrollfreak. Wo Hemmungslosigkeit gepaart mit Dynamik geherrscht hatte, kehrte nun Hemmung ein, gepaart mit Blockierung und Stagnation. Der Sanierer sanierte, bis das Blut spritzte, es wurden Leute ausgetauscht ohne Wissen um ihren Wert, die Organisation wurde bis auf die Knochen abgemagert. Die Erfolgsrechnung stimmte, das Unternehmen war nach nur drei Jahren antiseptisch rein. Und so gut wie klinisch tot.

Nicht nur das Self-Cloning kann dem Unternehmen gefährlich werden. Die Gegenreaktion, die dick aufgetragene Antithese, ist es auch. Das Pendel hat zu stark in eine Richtung ausgeschlagen, deshalb wird ihm ein unsanfter Schubser in die Gegenrichtung gegeben. Nach einer barocken Zeit von Menschen in Pracht und Ornat kommt dann eine Führung mit unterdrückten Trieben. Nach globaler Denke kommt der Lokalgeist. Nach New-Economy-Wirrungen kommt der gute alte Taylorismus zurück. Das ist dann auch wieder nicht sehr hilfreich, denn die Antihaltung ist oftmals kontraproduktiv, weil eigentlich nur die Umkehrung des Bestehenden. Dies bedeutet nichts anderes als: tout ça change, tout c'est la même chose. Erinnern uns nicht die heutigen Herren Russlands auch ein wenig an die Zaren von einst? Und was waren die Herrscher des Sowjetreiches?

Nach dem Spiel ist vor dem Spiel

Ukraine, Weihnachten 2004. Auf den Straßen jubeln die Menschen. Die Orangene Revolution hat gesiegt. Nachdem Gerüchte über Wahlmanipulationen in der ersten Stichwahl vom November nicht verstummen wollten, wurde nun in einer zweiten Stichwahl der russlandfreundliche Ziehsohn des Ex-Präsidenten Kutschma nach wenigen Wochen wieder aus dem Amt gefegt. Der neue, pro-westlich eingestellte Präsident Juschtschenko ernennt die zierliche Julija Timoschenko zur neuen Ministerpräsidentin des Landes. Es bleibt ihm auch nichts anderes übrig, denn sie ist es, die das Volk auf der Straße mobilisiert hat. Mit ihren blonden, zur Gretchenfrisur aufgesteckten Haaren ist sie das Gesicht der friedlichen Revolution.

Julija Timoschenko beginnt mit dem Aufräumen. Als Erstes sind die Milliardäre Achmetow und Pintschuk dran. Kurz zuvor hatten die beiden vom Staat unter der Führung von Kutschma ein gigantisches

Stahlwerk erworben. Timoschenko macht den Kauf rückgängig, bietet das Werk erneut auf dem Markt an. Der Verkaufspreis beträgt nun das Sechsfache, Achmetow und Pintschuk hatten nur kurz zuvor etwa 4 Milliarden Dollar weniger gezahlt. Ein stolzer Lohn für ihre in der Vergangenheit erwiesene Unterstützung und eine umfangreiche Investition in ihre zukünftige Treue zur alten Regierung. Doch das Spiel ist aus. Auch anderen Mitgliedern der alten Seilschaften geht es nun an die Kasse. Das Volk glaubt sich endlich frei von den verhassten Oligarchen, die es ausgesaugt haben.

Doch die Herrschaft der Wölfe ist vermutlich doch geblieben, nur dass nun noch hungrigere an der Regierung sind, die alten waren wenigstens schon etwas gesättigt. Die neuen Machthaber steigen umgehend in bestehende Finanzierungsmodelle ein. Den lukrativen Gashandel zwischen Russland und der Ukraine zum Beispiel regelt eine in der Schweiz ansässige Firma. Als Anerkennung ihrer Leistungen darf sie auf eigene Rechnung einen Teil des billig aus Russland importierten Gases zu Weltmarktpreisen weiterverkaufen. Der Gewinn landet in unbekannten Kanälen. Man vermutet, dass mehrere hundert Millionen Dollar pro Jahr so den Weg zu den Freunden und Förderern sowohl des russischen als auch des ukrainischen Präsidenten finden.

Allerdings ist die neue Seilschaft, im Gegensatz zur alten, tief zerstritten. Bereits wenige Monate später ist das strahlende Sieger-Doppel Timoschenko-Juschtschenko Geschichte, Frau Timoschenko, vom Forbes-Magazin als drittmächtigste Frau der Welt bezeichnet, wird — nicht zum ersten Mal — Korruption vorgeworfen. Bald ist sie wieder abgesetzt. Sie denkt nicht daran aufzugeben. Beim Volk ist sie immer noch beliebt. Julija Timoschenko wird 2007 wieder zur Ministerpräsidentin gewählt. Erneut macht sie sich daran, einen neuen Gas-Liefervertrag ins Leben zu rufen und die Zwischenhändler auszuschalten. Ihrem Bekunden nach dient dies der Korruptionsbekämpfung. Böse Zungen behaupten allerdings, sie sei nur nachtragend, da sie selbst an dem Gewinn wohl nie beteiligt gewesen war.

Im Jahr 2010 wird sie nach erneuten Korruptionsvorwürfen wieder abgewählt.

Es ist also nicht so leicht, dem Self-Cloning zu entkommen, wenn es sich erst einmal eingenistet hat. Selbst wenn die Stellenbesetzer überzeugt sind, nun endlich den Gegenpol zur früheren Führungsriege gefunden zu haben: Bald schlägt das Pendel zurück. Entweder kommt die neue Elite mit den alten Strukturen nicht klar und wird alsbald wieder ersetzt, oder sie kommt erstaunlich gut und schnell damit klar — indem sie sich anpasst und die früheren Muster, den alten Führungsstil übernimmt.

Um aus dem Kreislauf des Self-Cloning auszubrechen, bräuchten die einflussreichen Entscheider eine große Offenheit, Distanz zu sich selbst und zu eigenen Voreingenommenheiten. Und die Erkenntnis, dass es auch anders gehen kann. Entscheider müssen sich klar machen: Der passendste Kandidat ist nicht derjenige, der der bisherigen Unternehmenskultur am ähnlichsten ist, sondern derjenige, der genügend Ähnlichkeiten mit der bisherigen Unternehmenskultur besitzt, um sie effektiv zu führen, und gleichzeitig die vorhandenen Fähigkeiten und Mentalitäten sinnvoll ergänzt. Der Trick ist, die eigenen liebgewonnenen Annahmen nicht überzubewerten und vielleicht sogar ein bisschen Selbstironie an den Tag zu legen. Leider klappt das nicht immer.

Nicht nur an den Kaffeeautomaten und Kühlschränken der Belegschaft, auch in den Teppichetagen menschelt es. Viele Führungskräfte, die sich als Rationalisten reinsten Wassers einschätzen, neigen zu überaus emotionalen Urteilen. Da reicht schon ein „I don't like this guy" — und eine vielversprechende Kandidatur ist vom Tisch. Wer annimmt, die Grenzen des eigenen Denkens müssten auch für alle anderen gelten, handelt irrational, pauschal und selbstgefällig.

In manchen Fällen beinahe unheilbar ist die Annahme bei der nominierenden Partei, sie seien große Menschenkenner. Sie hätten ein gutes Händchen. Und viel Erfahrung. Pustekuchen: Aufsichtsräte haben gemeinhin von Personalfragen in der Führungsriege ebenso viel oder wenig Ahnung wie viele andere und liegen mit ihrem eigenen Bauchgefühl ebenso schnell daneben. Wenn das Bauchgefühl die Lufthoheit hat, besonders dann, wenn die Vorauswahl sich auf einen zu engen Personenkreis beschränkt und daher eigentlich nur noch zwischen knapp genügenden oder gar ungenügenden Kandidaten entschieden werden muss, dann sind Bruchlandungen vorprogrammiert.

Das Bauchgefühl, der Sympathiefaktor allein ist also keine verlässliche Methode, um ernstlich über die Besetzung einer hochkarätigen Stelle zu entscheiden. Es scheint aussichtsreicher, ergänzend sachliche und überprüfbare Kriterien einzubeziehen. Um diese belegbaren Qualifikationen geht es im nächsten Kapitel.

Kulissenschieber

Wie Titel und Zertifikate die Wirklichkeit zurechtlügen

Mit Schwung lenkt Dr. Jochen S. seinen neuen Sportwagen auf den für ihn reservierten Parkplatz. Die lederne Aktentasche in der Hand, tritt er mit federnden Schritten durch das beeindruckende Glasportal seiner neuen Firma, nickt der Empfangsdame zu und begibt sich zu seinem Arbeitsplatz. Der Geruch nach frischer Farbe hängt noch leicht im Büro. Jochen lässt sich in seinen Ledersessel fallen, wippt mit der Lehne nach hinten und seufzt zufrieden, bevor er den Computer hochfährt.

Vor einer Woche hat er seine Stelle als Leiter einer der beiden Forschungsabteilungen der Pharmazeutik-Firma angefangen. Seine beiden in Rekordzeit erlangten summa cum laude-Doktortitel haben das Unternehmen ebenso überzeugt wie die exzellente Beurteilung seiner Vorgängerfirma, in der er — frisch von der Uni weg — vor zwei Jahren als Assistent in der Medikamentenentwicklung begonnen hatte. Brillanter Intellekt, unermüdlicher Forschungsdrang, eine zugleich inspirierte wie systematische Arbeitsweise — die Liste der Qualitäten, die ihm sein ehemaliger Chef bescheinigte, ist lang. Ebenso beeindruckend ist die Liste an Forschungsprojekten, an denen er bereits mit großem Erfolg beteiligt war.

Ein halbes Jahr später wartet sein neuer Arbeitgeber immer noch auf verwertbare Ergebnisse seiner Arbeit. Zunächst übt man sich in Geduld, denn die Unternehmensleitung weiß, wie viele Sackgassen bei der Entwicklung neuer Wirkstoffe erkundet werden müssen, bevor der Königsweg offen ist. Dr. Jochen S. weiß denn auch immer wieder hochwissenschaftliche Begründungen vorzubringen, warum seine sorgfältigen Testreihen auch diesmal wieder ergeben haben, dass die jüngste Formel nicht signifikant wirksamer ist als bereits auf dem Markt befindliche Produkte, warum aber der neu entwickelte Ansatz allen Anlass zu Optimismus gibt...

Die Nachfragen werden häufiger und drängender. Vorsichtiges Sondieren bei seinen Mitarbeitern wird zunächst noch mit loyalen Rückmeldungen abgebügelt. Aber mit der Zeit vermehren sich die kritischen Stimmen: Dr. Jochen S. gefällt sich zwar darin, seine Mitarbeiter mit seinem Fachwissen zu beeindrucken. Voll Stolz erzählt er auch gerne, wie viele Nacht- und Wochenendschichten er im Studium und in seiner Assistentenposition eingelegt hatte, um seine beachtlichen Erfolge zu erlangen. Aber diese Anstrengungen scheinen seine Reserven aufgezehrt zu haben. Jedenfalls zeigt er bisher wenige Ansätze, mehr zu leisten als Dienst nach Vorschrift. Wenn er abends pünktlich um 18 Uhr seine elegante Lederaktentasche zusammenpackt, sind seine Mitarbeiter nur noch begrenzt motiviert, die Versuchsreihe noch am selben Tag zu Ende zu führen. Und wirklich bahnbrechende Ideen hat der Herr Doktor auch noch nicht hervorgebracht. Kein Wunder, dass es bisher kaum zählbare Ergebnisse gibt.

Gipfelpause

Studienabschlüsse mit guten Noten, Titel, absolvierte Fortbildungen, Auslandsaufenthalte, renommierte Arbeitgebernamen im Lebenslauf, ausgezeichnete Beurteilungen der früheren Arbeitsstelle: Das scheinen auf den ersten Blick verlässliche und bis zu einem gewissen Grad auch objektive Kriterien für die Auswahl eines geeigneten Kandidaten zu sein. Anders als das Bauchgefühl, das die Personalentscheider leicht in die Ähnlichkeitsfalle bringen kann, sind diese Dinge zumindest messbar, belegbar und von persönlichen Vorlieben unabhängig.

Dennoch sind sie als Entscheidungskriterium für die Stellenbesetzung nicht hinreichend tragfähig. Jedenfalls reicht ihre Aussagekraft nicht aus, um wirklich zu beurteilen, ob ein Kandidat geeignet ist oder nicht. Auch mit Top-Noten im einschlägigen Bereich, auch mit glühenden Referenzen kann eine Person für eine Stelle die falsche sein. Im Praxistest zeigt sich gelegentlich, dass sie zwar über das Potential für enorme Leistung verfügt – dieses aber nicht ausschöpft.

Woran kann eine derartige Diskrepanz liegen?

Eine mögliche Erklärung liegt in der Motivation des Neuen. Wenn er sein Hauptziel darin sah, eine gute berufliche Position zu erreichen, dann hat er all seine Kraft und sein Talent eingesetzt, um dieses Ziel zu erreichen. Im Studium, beim systematischen Erklettern der Karriereleiter hat er oder sie sein Bestes gegeben, konzentriert und mit voller Anstrengung. Jetzt ist die Frage: Sieht er oder sie die gegenwärtige Position nur als eine weitere Sprosse auf der Karriereleiter? Dann wird er sich auch hier anstrengen – und schnellstmöglich weiterklettern. Wenn er aber seine Karrierewünsche mit der gegenwärtigen Position erfüllt sieht, dann hat er keinen Antrieb mehr, sich noch großartig anzustrengen. Gerade noch so viel, dass die errungene Position nicht wieder verloren geht. Ansonsten gilt: Gipfel erreicht, Wetter gut, jetzt erst mal Pause machen und die Aussicht genießen.

Das ist an sich nicht verwerflich. Es ist eine natürliche und verständliche menschliche Verhaltensweise. Aus der Sicht des zufriedenen Stelleninhabers ist es eine rationale Nutzung seiner Ressourcen. Nur — für das Unternehmen rechnet sich das nicht. Es braucht jemanden, der sein Herzblut daran gibt, seine Aufgaben bestmöglich erfüllt. Ohne sich aufzureiben, aber mit aller verfügbaren Kraft.

Wenn aber die Motivation ebenso hoch ist wie die Qualifikation, dann müsste der Erfolg doch eigentlich garantiert sein. Ist er aber nicht.

Bedingt anwendbar

Eine hoch professionelle, millionenschwere Industrie und entsprechend viel Marketing steckt hinter Fortbildungsangeboten. Sie suggeriert Führungskräften, dass sich zum Beispiel mit dem Erwerb eines Master of Business Administration (MBA) die Türen für sie beinahe wie von selbst weit öffnen. Dem ist nicht unbedingt so, wie eine Studie der UBS schon in den späten 90er-Jahren aufzeigte. Auch aus meiner eigenen Erfahrung ist es für eine Stellenbesetzung nicht so entscheidend, wo ein Mensch einmal gelernt hat, sondern was er heute kann und hier und jetzt einzubringen vermag. Viele der mittlerweile von unzähligen Instituten angebotenen MBA-Programme sind meiner Einschätzung nach entbehrlich und bedeuten eine Verschwendung von Zeit — des Teilnehmers — und Geld — des Unternehmens. Wer ein solches Aufbaustudium durchlaufen hat, entwickelt sicher ein besseres Selbstwertgefühl und einen breiteren Horizont — gerade im Umgang mit ganz unterschiedlichen Menschen — mehr aber erst einmal nicht, denn ein MBA macht aus einem durchschnittlichen nicht zwangsläufig einen guten Manager. Eine solche Zusatzausbildung ist infolgedessen kein „Muss", sondern lediglich ein „Kann".

Oft genug wecken MBA-Programme hohe Erwartungen und peppen das Selbstbild manches Distributorenüberwachers auf, der sich von nun an für den ungekrönten Vertriebschef der Zukunft hält. Der Mittelprächtige hofft vergeblich, durch den Besuch einer möglichst renommierten Schule — wie durch einen Feenstab berührt — zu den Top-Leuten aufschließen zu können. Dabei lautet die kärgliche Wahrheit:

Eine Business School kann weder Ehrgeiz noch Entschlussfreude oder Energie und Tatendrang in einer Person erwecken oder aufbessern. Auch die Fähigkeit zur direkteren Meinungsäußerung oder eine Steigerung der inneren Unabhängigkeit gegenüber einer Mehrheitsmeinung gehen aus derartigen Nachdiplom-Lehrgängen nicht zwingend hervor. Der Denkstil ändert sich nicht wesentlich: Aus einer unkritischen Person wird kein kritischer Hinterfrager von Information, aus einem Morgen-ist-auch-noch-ein-Tag-Sager kein termingerechter Erlediger von Aufgaben. Hier überlässt eine Business School trotz mancher feedbackintensiven Programme ihre Studenten zwangsläufig sich selbst, was manches Mal zu überoptimistischen Mutmaßungen über die eigene Transformation zur Führungspersönlichkeit beiträgt. Die übergreifenden Wesenszüge einer Person sind nun mal stabiler, als man Absolventen dieser gewiss faszinierenden Institutionen glauben lässt.

Ich sehe sogar manche Nachteile im Besuch eines MBA-Studiengangs. Jede starke Business School steht für einen bestimmten Ansatz und prägt ihre Absolventen durch ihre ganz spezifischen Denkgebäude. Sie injizieren gleichsam ihre Annahmen und Problemlösungsmethoden als Schemata ins Bewusstsein ihrer Absolventen. Diese Sortimente aus Grundüberzeugungen erleichtern es dem Graduierten natürlich, sich in der Welt zurechtzufinden und zum Beispiel seine geschäftliche Entscheidungsfindung zu optimieren. Gleichzeitig erzeugen sie aber auch einen spezifisch ausgerichteten Blick auf die Welt und wirken so als Denkgrenzen, die nur wenige Absolventen mit eigenständigem Denken überwinden können. Wer mit einem derart vorgeformten Blick auf die Welt schaut, übersieht gerne jene Aspekte, die nicht in die Erwartungen hineinpassen. Spätestens dann, wenn er einmal in Kuwait oder in den Vereinigten Arabischen Emiraten eine oberste Führungsverantwortung einnimmt, wird er rasch erkennen, dass dort derart andere kulturelle Voraussetzungen gegeben sind, dass ihm sein Business-School-Know-how kaum nützlich sein wird. Die starke Fokussierung auf den letztendlich westlichen Wertekanon und entsprechende Aktions-Templates führt zu einer Verfestigung von tradierten Denkgewohnheiten — und dazu, dass man beispielsweise St. Galler Absolventen oft schon von ferne an ihrem Habitus und aus der Nähe an Denkweisen und ihren Einstellungen zu verschiedenen Fragen erkennt. Ohne eigenen Kopf, der die situativen Bedingungen richtig zu beurteilen vermag, ist letztlich aber nichts zu erreichen.

Was fürs MBA-Studium gilt, lässt sich auf viele andere Fortbildungen übertragen, mit denen Berufserfahrene die nächste Karrierestufe erklimmen wollen: Als alleiniger Nachweis für die Befähigung eines

Kandidaten genügen sie nicht. Selbst wenn sie von manchen Stellenbesetzern so angesehen werden.

Auch ein Doktor- oder Professorentitel hat Anziehungskraft — oft für diejenigen, die keinen besitzen. Wie stark seine magische Kraft ist, hängt in erster Linie von der Branche ab. Dort, wo die Geschäftstätigkeit auf naturwissenschaftlichen Forschungen basiert, in der pharmazeutischen Industrie beispielsweise, ist der Doktorgrad nach wie vor unverzichtbar. Auch Banken und, etwas weniger, Versicherungen zeigen sich bildungsgradorientiert. Das ist begreiflich, wenn man bedenkt, mit welch abstrahierter Materie sich einige Banker und Versicherer beschäftigen — wie zum Beispiel die faszinierenden Gebiete der Finanz- und Versicherungsmathematik, in denen sich das Verhalten der Marktteilnehmer wie unter dem Elektronenmikroskop zeigt. Doch was das betriebswirtschaftliche Feld und übrigens auch die großen Wirtschaftsprüfungsgesellschaften oder Anwaltskanzleien angeht, bin ich geneigt, einen Titel überwiegend für schönen Schmuck ohne echten Mehrwert zu halten. Die Frage ist doch immer, was der Bildungsgrad eines Mitarbeiters dem Unternehmen oder der Organisation tatsächlich nützt. Ist jemand schon ein besserer Manager, einfach weil er ein Dr. vor dem Namen führt? Dies ist in jedem einzelnen Fall individuell zu betrachten. Die Energie, die das Erlangen eines Titels erfordert, könnte mancher Kandidat besser in ein interessantes Projekt mit mehr Hebelkraft stecken, das verhilft schneller zum Aufstieg. Und ist als Praxiserfahrung für die Organisation, bei der der Aufsteiger als nächstes arbeitet, oft nützlicher als reines Fachwissen.

Ich habe seit vielen Jahren einen guten Geschäftsfreund, der ein Volkswirtschaftsstudium absolviert, einen Doktor gemacht und später neben ungezählten Persönlichkeits- und Führungsseminaren gar noch einen MBA draufgesetzt hat. Und was sehe ich auf seiner Visitenkarte? Nur den Namen, die Adresse, eine Telefonnummer und eine E-Mail-Adresse, sonst nichts. Kein Titel, nirgends. Das ist nicht nur Understatement mit Stil und Klasse, sondern auch Ausdruck einer ganz bewussten Entscheidung. Der Entscheidung, mit seiner Persönlichkeit und seinem konkreten Tun zu überzeugen und nicht mit Titeln.

Nun sind Kandidaten für Spitzenpositionen in der Regel keine Berufsanfänger, frisch von der Business Academy oder Universität und noch mit Eierschalenresten im Gefieder. Es braucht etliche Jahre Führungserfahrung und herausragende Leistungsnachweise, um als CEO eines internationalen Konzerns oder als Leiter der Bundeskriminalpolizei in Betracht gezogen zu werden. Es geht mir hier nicht darum, dass sich hinter exzellenten Noten und Beurteilungen ein weltfremder Wissenschaftler aus dem Elfenbeinturm verbergen könnte, obwohl auch das da und dort vorkommt. Sondern: Das, was ein Kandidat bisher gelernt hat — sei es bei Ausbildung, Fortbildung oder den bisherigen Stellen — hat oft wenig zu tun mit den komplexen und doch so konkreten Anforderungen, die sich ihm oder ihr in der neuen Position bieten. Natürlich werden Stellenbesetzer darauf achten, dass die Nachweise aus einem einschlägigen Unternehmen oder von einem Institut stammen, dessen kompetenter Hintergrund für den erforderten Aufgabenbereich bekannt ist. Dennoch können die Herausforderungen der aktuellen Situation vom Gelernten so stark abweichen, dass die bisherige Praxiserfahrung nur wenig beizutragen vermag.

Abschlusszeugnisse und Beurteilungen sind für den zukünftigen Positionserfolg eines Kandidaten nicht wirklich aussagefähig. Ja, selbst schon eine gute Beurteilung an sich muss kritisch hinterfragt werden. Denn wie ist sie zustande gekommen?

Strahlemänner

Tief in Gedanken steht Gisbert am Fenster und nippt an einer Assam-Darjeeling-Mischung, die er kürzlich von einem indischen Geschäftsfreund zugesandt bekam. Er ist etwas verwirrt, das passiert ihm nicht oft. Vor wenigen Minuten erst hat er Ole hinunter an die Drehtür begleitet und verabschiedet. Als hätte ein hochschwingendes Energiefeld den Raum verlassen, scheint das Büro nun stiller zu sein als zuvor.

Gisberts Personalchef hatte Ole ungewöhnlich wohlmeinend als nächsten Technik-Vorstand empfohlen. Er sei die absolut perfekte Neubesetzung dieses wichtigen Postens. Der Personalchef war nicht der einzige, der von Oles Fähigkeiten überzeugt war: Gisbert kennt zwei CEOs von Unternehmen, in denen Ole früher tätig war, und hält hohe Stücke auf ihr Urteil. Beide haben sehr gute Referenzen abgegeben.

Gisbert verlässt sich als Eigentümer des Unternehmens bei solch weitreichenden Entscheidungen wie der Einstellung eines Top-Managers nicht auf andere; selbstverständlich wollte er den Kandidaten selbst gründlich in Augenschein nehmen. Mit raumgreifenden Schritten und weit ausgestreckter rechter Hand war Ole auf ihn zugeeilt. Gisbert meinte geradezu eine Wärmewelle auf seiner

Gesichtshaut zu spüren. Oles Stimme war wohlklingend, herzlich, sein Ton selbstbewusst und doch mit dem richtigen Quäntchen Respekt. Er war nicht der Typ „vorlauter Amerikaner", sondern zog die sympathische Norwegerpulli-Nummer ab. Ein Abenteurer, der zu Fuß zum Nordpol läuft und von dort mit einem Blumenstrauß zurückkommt. Kein Wunder, dass der Personalchef auf diesen Kandidaten abgefahren war! Nach einem ersten Smalltalk, den er bravourös beherrschte, ging es ans Eingemachte. Auf alle Fragen, die seine bisherige Karriere und sein fachliches Know-how abklopften, antwortete er souverän und kenntnisreich. Ole war die Ruhe in Person, ein Fels in der Brandung. Nach einer Stunde verabschiedete er sich zuversichtlich.

Gisbert ist beeindruckt: Dieser Mann weiß, was er will, er ist durchsetzungsfähig, weltgewandt, klug, hat Ahnung vom Geschäft. Und doch… Irgendwie hat Gisbert kein gutes Gefühl im Magen. Nachdem Ole wieder aus seinem Büro hinaus ist, scheint es ihm, als müsse er sich von einer Art Bezauberung erholen. Er kann sich des Eindrucks nicht erwehren, dass er gerade Zeuge eines Auftritts, einer gelungenen Inszenierung geworden ist. Fast rechnet er damit, dass sich ein Vorhang über der Szene schließt und Applaus von ihm erwartet wird. Mit einem Mal erinnert er sich daran, wie er vor einigen Jahren mit seinen Kindern auf einem Jahrmarkt ein Spiegelkabinett besucht hat. Warum muss er gerade jetzt daran denken?

Gisbert wird immer unschlüssiger. Wenn er selbst vom ersten Eindruck so überwältigt war, dann vielleicht auch sein Personalchef? Der hat doch sonst immer ein gutes Händchen bewiesen mit der Auswahl der Top-Besetzungen. Kann es sein, dass sie sich beide haben täuschen lassen? Oder liegt sein eigener Missmut etwa nur daran, dass Ole ihn um mehr als um Haupteslänge überragt? Nein, er schüttelt unmerklich den Kopf.

Gisbert fragt noch einmal bei einigen Referenzgebern nach — diesmal in einem weiteren Umfeld. Und er fragt nicht nur nach Oles Profil und Fähigkeiten, sondern diesmal auch ganz konkret nach den Ergebnissen seiner Arbeit. Es ist nie so ganz eindeutig, was er da so zu hören bekommt. Was soll er davon halten? Nach mehrfachem Nachbohren stellt sich halb und halb heraus: Ole stößt offenbar viele Strategien an, kann sie aber vielleicht nicht wirklich umsetzen. Er ist ein sehr guter Kommunikator, aber möglicherweise kein ergebnisfähiger Macher. Im Krisenfall schreckt er vor harten Entscheidungen zurück und verkrümelt sich stattdessen in sein Büro.

Nun wird es Gisbert langsam klar: Vermutlich hat sich Ole vorteilhafter dargestellt, als er ist. Seine Eloquenz, sein sportliches Auftreten und seine Fähigkeit, Vertrauen zu wecken, haben seine früheren CEOs und Gisberts Personalchef zu einer überhöht positiven Beurteilung gebracht. Als Vorstand für Technologie-Management im Unternehmen wäre er aber wohl mehr ein Vorbote für Stagnation. Als Ole die Absage erhält, ist er ausgesprochen enttäuscht.

Beurteilungen sind nie hundertprozentig zuverlässig. Selbst wenn sie von einem sehr guten Menschenkenner oder einem Experten aus dem Wirkungsfeld des Kandidaten stammen, kann es sein, dass sich diese von einer strahlenden Persönlichkeit haben blenden lassen. Ein guter Selbstdarsteller kann durchschnittliche Leistungen überzeugend als brillant darstellen, kann angestoßene Initiativen als finalisierte Erfolge erscheinen lassen, oft möchte er auch hastig angelesene Stich- und Schlagwörter als profunde Fachkenntnis vorstellen.

Jeder Schüler weiß ja, worauf der Lehrer besonderen Wert legt und auf welche Aufgaben die Schüler keine Energie zu verschwenden brauchen. Genauso findet jeder Student, findet jede frischgebackene Führungskraft schnell heraus, womit er bei seinem Professor oder seinem Vorgesetzten Eindruck machen kann.

Vor solchen Manipulationen ist niemand ganz gefeit. Durch persönliche Vorlieben und Überzeugungen bildet sich bei jedem ein Wahrnehmungsfilter, der Informationen aus bestimmten Bereichen höher bewertet als andere. Wer zum Beispiel Wert auf stilsicheres Sozialverhalten legt, wird positive wie negative Beispiele aus diesem Bereich stärker wahrnehmen als einer, dem es vor allem auf wirtschaftliche Ergebnisfähigkeit ankommt. Eine reflektierte Führungskraft weiß um ihre eigenen Wahrnehmungsfilter und wird ein entsprechend relativiertes Urteil abgeben. Aber ausschalten lässt sich dieser Effekt nicht.

Verstärkt wird er noch dadurch, dass eine Führungskraft eine andere überwiegend im Berufsumfeld erlebt, in anderen Situationen seltener oder überhaupt nicht. Sie bekommt also nur einen vorselektierten Ausschnitt aus den Verhaltensweisen des anderen mit. Da ist es leichter, einander die Schokoladenseiten des eigenen Charakters oder der eigenen Fähigkeiten zu zeigen.

Wer eine Stelle zu besetzen hat, sollte deshalb die Empfehlungen und Beurteilungen, die er über einen Kandidaten bekommt, mit großer Vorsicht genießen. Es besteht immer die Möglichkeit, dass da jemand einem Blender aufgesessen ist. Oder den konjunkturellen Umständen, den politischen Rahmenbedingungen etc. Es erfordert nicht einmal aktive Selbstdarstellung, um einen Kandidaten besser dastehen zu lassen, als er eigentlich ist. Ob einer als herausragend wahrgenommen wird, hängt noch von anderen Faktoren ab als von ihm selbst.

Unter Blinden

Eine Testperson wird aufgefordert, mindestens zehn Sekunden lang ein graues Quadrat auf einer dunkelgrauen Fläche zu betrachten. Dann legt sie das Blatt weg und betrachtet das nächste: Ein graues Quadrat auf einer hellgrauen Fläche. Abschließend soll sie — ohne die beiden Blätter nebeneinander zu halten — die Frage beantworten: Welches Quadrat ist heller, welches dunkler?

Dieser Versuch ist als ein Beispiel für das Phänomen „optische Täuschungen" bekannt. Fast allen Betrachtern scheint das Quadrat auf hellem Grund dunkler — obwohl beide objektiv gemessen genau denselben Helligkeitswert besitzen. Das „Bildverarbeitungsprogramm" im menschlichen Gehirn verstärkt Kontraste. Ähnliche oder verwandte Effekte finden sich auch bei der übrigen menschlichen Wahrnehmung.

Wie die Leistungen einer Person beurteilt werden, hängt stark davon ab, in welcher Umgebung, in welchem Bezugssystem oder Kontext sie sich befindet. Der beste Schüler in einer Klasse ist derjenige, der besser ist als alle seine Mitschüler. Auch wenn er sich vielleicht in diesem Wissen sonnt und sich irgendetwas darauf einbildet, ist sein Status doch lediglich herausragend im Vergleich zu seinem Umfeld. Denn ein Schüler mit einem Notendurchschnitt von 2,0 kann in der einen Klasse Klassenbester sein, in einer anderen bei gleicher Leistung aber nur noch guter Durchschnitt. Auch die Noten selbst werden durch den Vergleich beeinflusst. Da Lehrer dazu neigen, den Notendurchschnitt innerhalb eines gewissen Rahmens zu halten, kann dieselbe Klassenarbeit in einer guten Klasse mit einer 2 bewertet werden, in einer schlechteren Klasse mit einer 1. Ob die Leistung eines Menschen als gut oder schlecht beurteilt wird, ist also immer auch davon abhängig, was seine Nebenmänner tun. Unter Blinden ist bekanntlich der Einäugige König.

Ein Mensch, der an Trisomie 21 leidet, kann im Vergleich zu Gleich-altrigen ohne Behinderung auf vielen Gebieten nicht mithalten. Das ist so. Entwickelt er im Laufe der Zeit eine gewisse Selbstständigkeit und kann als Erwachsener sogar mit nur sporadischer Betreuung im eigenen Haushalt leben oder gar ein Studium abschließen, dann ist das im Vergleich zu anderen mit gleichen Voraussetzungen, die im Heim leben oder von der Familie ein Leben lang betreut werden, eine außerordentliche Leistung.

Wie gut jemand ist, hängt aber nicht nur vom Vergleich mit den Schick-salsgenossen, Nachbarn oder Wettbewerbern ab, sondern auch davon, was er aus seinen Fähigkeiten und Talenten gemacht hat. Versucht er, mit möglichst wenig Einsatz bequem durchs Leben zu kommen, oder will er seine Grenzen immer wieder überschreiten? Macht er sich klein und unscheinbar oder weiß er, wozu er fähig ist, reizt er seine Karten voll aus und macht das Beste aus seinen Anlagen? Das erst trennt die Spreu tatsächlich vom Weizen. Talent plus Besessenheit gleich Ber-liner Symphoniker; Talent plus Normaleinsatz gleich Musiklehrer.

Der außergewöhnliche Mensch muss auf beiden Vergleichsebenen mehr aufweisen als die Benchmark: Er muss sowohl den Nebenmann als auch sich selbst permanent überflügeln. Das ist übrigens nicht zwangsläufig mit Anstrengung verbunden, sondern hauptsächlich eine Frage der Leistungs- und Wettbewerbsmotivation.

Ob die sehr gute Beurteilung, die der Kandidat vorlegen kann, wirk-lich bedeutet, dass er sehr gut ist, hängt also von zwei Dingen ab: Erstens vom allgemeinen Standard seiner bisherigen Wirkungsstätte. Und zweitens von seiner Bereitschaft, sich immer wieder selbst zu übertreffen.

Personalentscheider haben hier natürlich ein kleines Problem: Den Vergleichsstandard seiner bisherigen Wirkungsstätte kennen sie viel-leicht nur vom Hörensagen. Und wenn sie den Kandidaten zu seinen Perspektiven befragen, wird der in jedem Fall bestätigen, dass er stän-dig dabei ist, sich weiterzuentwickeln. Unabhängig davon, wie es tat-sächlich darum steht. Er wird das sozial erwünschte Verhalten bekun-den und auch zeigen.

In beiden Fällen sind die Personalentscheider auf die Einschätzung anderer Personen angewiesen, seien es frühere Dozenten und Chefs oder sei es der Kandidat selbst. So sehr sich diese Personen um Objek-tivität bemühen — sie können immer nur mit ihren eigenen Maß-stäben, anhand der ihnen eigenen Vergleichsskala messen. Und diese

Skala ist auf das neue Umfeld, die neuen Anforderungen nicht zwingend übertragbar.

Personalentscheider lassen sich von Titeln, von exzellenten Beurteilungen und guten Noten beeindrucken. Tatsächlich sind diese aber weniger aussagekräftig, als oft angenommen wird. Ja, sie geben einen Hinweis auf das Bildungsniveau und teilweise auch auf die Leistungsfähigkeit des Kandidaten. Aber eben nicht mehr als einen Hinweis. Was wirklich dahinter steckt, tritt immer erst im Praxistest zutage.

Eine naheliegende Lösung ist es deshalb, die bisherigen Leistungen der Kandidaten zu erkunden und geschaffene Tatsachen statt Lebensläufe und hübsch anzusehende Urkunden sprechen zu lassen.

Zahlen, Daten, Fakten

In der Wirtschaftswelt und im öffentlichen Dienst ist wenig bis nichts geheim. Ob ein CEO erfolgreich ist, lässt sich an den Gewinnzahlen und am allgemeinen Ansehen des von ihm geführten Unternehmens ablesen. Mancher hat zwar gute Zahlen, aber der Brancheninsider weiß oft, dass es sich dabei um Strohfeuer oder die Auswertung bereits verblichenen Mehrwerts handelt. Ob der Projektleiter eines öffentlichen Bauprojekts erfolgreich ist, lässt sich daran ablesen, ob innerhalb des veranschlagten Zeitraums, im vorgesehenen Kostenrahmen das Gebäude steht. Man wird auch wissen, wie sich die Baufirma in früheren Projekten geschlagen hat. Mit etwas Rechercheaufwand können Entscheider also herausfinden, wie erfolgreich ein Kandidat seine bisherigen Aufgaben gelöst hat. Natürlich müssen jeweils noch die Umstände dazu in Bezug gesetzt werden — die Wirtschaftslage, die Komplexität der Aufgabe, äußere Katastrophen oder ihren Aufgaben nicht gewachsene Partner — mit denen der Verantwortliche zurecht kommen musste. Vor dem Hintergrund dieses Wissens aber bieten die tatsächlichen Arbeitsergebnisse ein alles in allem objektiviertes Bild.

Ein weiteres objektiv messbares Kriterium ist die Jobwechselrate. Was hier typisch, was ein Anzeichen für einen Überflieger und was für einen eher unsteten Vogel ist, ist zwar auch konjunktur- und berufsgruppenabhängig. Als Faustregel kann man sagen, dass es in dynamischen, marktführenden Unternehmen in Sales und Marketing durchaus üblich ist, nach zwei bis drei Jahren bereits die Stelle zu wechseln; im Finanzbereich und der Produktion sind tendenziell längere Zyklen von fünf bis sieben Jahren normal. Für Vorstände und Geschäftsführer ergab eine Studie des Instituts für Mittelstandsforschung Mannheim aus dem Jahr 2010 eine durchschnittliche Verweildauer von 6,2 Jahren in Unternehmen im Streubesitz und 8,3 Jahren in Familienunternehmen. Diese Zahlen entsprechen durchaus der praktischen Erfahrung.

Generell gilt: Nach zwei bis drei Jahren auf einer Stelle werden die Ergebnisse einer Führungskraft ausgesprochen messbar. Wer länger bleibt, hat wahrscheinlich gute Ergebnisse geliefert. Wenn einer seine bisherigen Stellen in der Regel nach kürzerer Zeit gewechselt hat, kann das mehrere Ursachen haben.

Ein Wechsel bereits nach drei Monaten bedeutet häufig, dass die Leistung oder die Chemie einfach nicht gestimmt hat. Meinungsverschiedenheiten mit den übrigen Top-Leuten sind eskaliert, oder das Auftreten des Neuen passte ganz und gar nicht in die vorhandene Kultur. Das muss nicht unbedingt ein schlechtes Vorzeichen für die nächste Stelle sein. Es kann zumindest darauf hindeuten, dass der Kandidat seinen eigenen Kopf und seinen eigenen Stil hat — ob der mit der Kultur der Organisation, die ihn anwerben will, kompatibel ist, wird sich beim persönlichen Aufeinandertreffen wahrscheinlich schnell zeigen.

Wenn der Wechsel nach einem Jahr stattfand, gibt es mehrere Deutungsmöglichkeiten: Entweder der Kandidat ist ein Mittelstreckenläufer; das Kontrollgremium war aber extrem ungeduldig und wollte sofort Ergebnisse sehen. Oder der vom Neuen eingeschlagene Kurs stellte sich schon im ersten Geschäftsjahr als völliger Holzweg heraus.

Wenn der Kandidat allerdings seine bisherigen Stellen immer nach zwei Jahren gewechselt hat, obwohl er in einem eher mittel- bis langzyklischen Bereich tätig ist, lässt das durchaus einen unvorteilhaften Schluss zu: Die Entscheider im Unternehmen haben ihm eine faire Chance gegeben zu beweisen, was er draufhat. Aber er konnte die erforderlichen Ergebnisse einfach nicht liefern.

Die Stellenbesetzer haben nun also doch eine Handvoll objektiver, direkter Kriterien für die Leistungsfähigkeit eines Kandidaten im realen Berufsleben. Oder?

Zerrspiegel

Leider ist auch hier oft nichts so eindeutig und unbezweifelbar, wie es scheint. Selbst gut begründbare Erfolgszahlen oder Innovationsprojekte lassen bei genauerem Hinsehen einigen Interpretationsspielraum zu. Da mag ein Unternehmen, für das der Kandidat verantwortlich war, innerhalb seiner Zeit dort tatsächlich gute und stetige Gewinne erwirtschaftet haben. Das war aber nicht eigentlich das Verdienst dieses CEO, sondern er erntete die Früchte der langfristigen Aufbauarbeit seines Vorgängers. Oder der Verantwortliche für den herausragenden Erfolg war nicht dieser Geschäftsführer, sondern ein bestimmter Abteilungsleiter. Da mag die immer bessere Versorgung der Bevölkerung mit Kinderkrippenplätzen auf einen Rückgang der Geburtenquote zurückzuführen sein. Da mag die Recyclingquote eines Abfallwirtschaftsverbands stark angestiegen sein, nur weil neuerdings Müllverbrennung als „thermisches Recycling" gewertet wird.

Oft liegt es im Interpretationsspielraum des Einzelnen bzw. seines Headhunters, welchen Anteil an einem Erfolg er sich selbst zuschreibt und welchen seinem Team oder den Umständen. Die Grenzen zwischen korrekter Selbstzuschreibung, menschlich begreiflicher Selbsttäuschung und bewusster Fremdtäuschung sind hier fließend.

Hin und wieder begegnen mir echte Betrüger. Das sind Menschen, die bewusst und vorsätzlich falsche Informationen ins Spiel bringen und damit die Hoffnungen ihrer Gesprächspartner aktiv und treffsicher manipulieren. Sie behaupten beispielsweise, über exzellente und kostengünstige Kontakte zu Lieferanten zu verfügen, und später stellt sich heraus, dass es diese Lieferanten nicht mehr gibt oder diese eigentlich insolvent sind bzw. der Kandidat an ihnen über Strohmänner beteiligt ist. Oder sie erzählen, dass schon einmal vorsorglich drei Offerten an potentielle Kunden verschickt wurden — doch die Offerten gibt es nur in der Fantasie des Kandidaten — und die angeblichen Kunden ebenso. Für solche Zeitgenossen reicht es, schon einmal am Hauptsitz von Nestlé am Genfer See vorbeigefahren zu sein, um zu behaupten, man sei bei Nestlé gewissermaßen persönlich akkreditiert. Im Einzelfall ist das nur schwer nachzuprüfen. Ein Schwindler wird aber nicht nur bei einer einzigen Gelegenheit die Tatsachen beschönigen und sich ungerechtfertigter Weise ins Rampenlicht stellen. Schwindler lügen notorisch und systematisch. Früher oder später fällt es auf. Ist der Argwohn erst einmal geweckt, ist der Hochstapler oft schnell enttarnt. Nur große Betrüger haben eine beinahe lückenlose Tarnung, wie etwa der ehemalige New Yorker Finanzbroker „Bernie" Madoff, der vermutlich größte Betrüger aller Zeiten, der 65 Milliarden Dollar verzockte. Das wirklich geniale Wirtschaftsdelikt allerdings wird nicht entdeckt, kaum jemand kann es sich überhaupt vorstellen. Es ist das perfekte Verbrechen. Die über Jahrzehnte abgelaufene Heroisierung gerade solcher Personen im Hollywood-Film finde ich übrigens fragwürdig.

Die Trickbetrüger und Heiratsschwindler unter den Kandidaten suchen nicht die Heimlichkeit, sie ziehen sich nicht zurück, um nicht erkannt zu werden. Ganz im Gegenteil: Sie setzen vor allem auf Zuneigung, auf Sympathie. Damit gelingt es ihnen, von ihren nicht immer ganz säuberlichen Geschäften abzulenken. Solche Situationen erinnern an den klassischen Fall vor Gericht, wenn der Richter eine vom Heiratsschwindler geprellte Frau fragt, ob es ihr denn nicht seltsam vorgekommen sei, dass ständig Geld von ihrem Konto abgeflossen sei. Worauf sie antwortet: „Das schon, aber er war doch immer so nett." Es ist nun mal so: Wenn Menschen uns sympathisch sind, lassen wir uns eher betrügen.

Zahlen, Daten und Fakten, selbst vorgewiesene und glaubhaft berichtete Erfolge sind nur bedingt aussagekräftig. Ein wenig zuverlässiger als Titel und Noten sind sie, aber immer noch keine Gewähr dafür, dass der Kandidat die Herausforderungen der neuen Aufgabe ähnlich gut oder besser meistern wird. Sie treffen nicht den Kern dessen, was nötig ist, sie erfüllen noch nicht zwangsläufig das Kriterium.

Worauf kommt es denn nun wirklich an?

Abseits von Standardanforderungen

Der Jazz-Trompeter Miles Davis war nicht perfekt. Seine Technik war bei Weitem nicht so virtuos wie die seiner berühmten Zeitgenossen, zum Beispiel Dizzy Gillespie oder Freddie Hubbard. Er spielte relativ langsam, konnte gar nicht schneller. Aber er ließ sich davon nicht beirren und machte sein langsames Spiel zunächst zu seinem ganz persönlichen Stil und später zu seinem Markenzeichen. Aus einem gegebenen Nachteil einen Vorteil machen, das war sein Kniff. Was wäre geschehen, hätte ein akribischer Lehrer ihn wegen mangelnder Perfektion daran gehindert weiterzuspielen! Oder wenn seine Eltern ihm gesagt hätten: „Junge, du kannst das nicht, werd' was Rechtes, zum Beispiel Steuerberater." Das Gegenteil war der Fall: Sein Vater, ein gut situierter Zahnarzt, machte ihm klar, dass es das

Wichtigste sei, die Dinge genauso zu machen, wie sein Sohn es für richtig halte. Danke, Daddy! Ohne ihn wäre der Welt vielleicht einer der größten Jazzmusiker verloren gegangen.

Die großen Stärken von Miles Davis waren seine stete Offenheit für Neues, seine Bereitschaft, sich immer wieder auf Experimente einzulassen und sich mit den neuesten Musikrichtungen auseinander zu setzen, und sein jahrzehntelanges Engagement in der Förderung nachrückender Talente. Er entwickelte den Jazz ständig weiter, prägte gleich mehrere Stile, und aus seinen Bands gingen viele der größten Jazz-Musiker ihrer Zeit hervor. Das ist sehr viel mehr, als ein handwerklich perfekter Trompeter, der Zweiunddreißigstel-Noten spielt, der Welt je hätte geben können.

Genies fallen definitiv aus dem Raster. Oft können sie nicht zwingend die Standardanforderungen erfüllen — dafür zeigen sie aber herausragende Qualitäten, die sonst niemand hat. Ein Paradebeispiel dafür ist Steve Jobs, der bekannteste aller Studienabbrecher in Unternehmensführung, dessen Intuition und Detailversessenheit Apple groß gemacht hat. In Deutschland kann sich nur ein Zehntel der Top-Manager rühmen, es auch ohne Studium in den Vorstand eines Dax-Konzerns geschafft zu haben, darunter der bisherige Telekom-Chef René Obermann. Tendenz fallend: In der jüngeren Managergeneration haben nur noch 5 Prozent nicht studiert. Und das finde ich schade. Denn Selfmademen und Quereinsteiger haben oft einen ungewöhnlichen Blickwinkel auf die Dinge, der ihnen und den von ihnen geführten Unternehmen oder Organisationen große Vorteile bietet. Und sie verfügen über zähe Willenskraft — sonst hätten sie es niemals trotz ihrer Startnachteile bis an die Spitze geschafft.

Auch wenn ein Kandidat bei den formalen Kriterien wie Ausbildung, Beurteilungen und Leistungsnachweise nicht das vorzuweisen hat, was der Norm entspricht, kann er für eine Spitzenposition geeignet sein. Manchmal ist eine unkonventionelle Lösung für die Stellenbesetzung sogar das Beste. Warum muss es immer ein Wirtschaftswissenschaftler oder Ingenieur für die Unternehmensführung sein? Warum dominieren in der Politik Juristen? Es kann doch sein, dass ein Theologe sich als zupackender Leiter des Auswärtigen Amts erweist, weil seine hohe kommunikative Begabung Gold wert ist. Oder dass die Migrantentochter als Unternehmensberaterin einen klareren Blick für gefährliche wirtschaftliche Konstellationen aufweist als einer, der in seinem VWL-Studium an einer deutschen Universität mit den in der Regel anzutreffenden Lehrmeinungen geprägt wurde. Ich sage nicht, dass ein Seiteneinsteiger in jedem Fall der Beste ist; aber es lohnt sich, auch abseits der Standard-Karrierewege geeignete Persönlichkeiten zu suchen.

Öfter wissen solche Seiteneinsteiger nicht einmal selbst, welch wertvolles Potential in ihnen schlummert.

Unambitioniert

Bodenständig, fast schon hemdsärmelig steht Jean-Christophe vor mir. Sein Unternehmen hat ihn als letzten von vier infrage kommenden Kandidaten zu mir ins Assessment geschickt, damit ich prüfe, ob er sich als Leiter des europäischen Corporate Centers eignet. Für solche Positionen sind hervorragende Finanzleiter gefragt, kenntnisreich und detailfähig. Was mir als Erstes an Jean-Christophe auffällt: Er ist von der Situation völlig unbeeindruckt. Und: Er schiebt keine Aufmerksamkeit heischende Welle vor sich her. Interessant!

Im Laufe des Tages wird es immer spannender: Ich lerne Jean-Christophe als einen der unabhängigsten Menschen kennen, die mir bisher begegnet sind. Meinungsträger und Seilschaften interessieren ihn nicht die Bohne. Er bleibt immer sachorientiert, unbeirrt hält er an seiner Meinung fest, kritisiert ohne falsche Rücksicht auch seinen CEO, wenn er es für sachdienlich hält — Opportunismus ist ein Fremdwort für ihn. In seinem Unternehmen ist er gefürchtet, denn keine noch so kleine Unsauberkeit lässt er durchgehen. „Mal ein Auge zudrücken" kommt in seinem Wortschatz nicht vor. Kompromisslos sieht er nie die Einzelinteressen, sondern immer nur das große Ganze. Er ist auf seine Art gnadenlos, und wenn ihm einer frech kommt, kann er richtig eklig werden. Jean-Christophe sieht aus wie der Mann vom Würstchengrill um die Ecke. Als Europa-Chef der Finanzabteilung würde er aber jeden Spesenritter und vielleicht auch den einen oder anderen Mafioso knacken.

Das Interessante daran: Jean-Christophe ist überhaupt nicht karriereorientiert — ganz im Gegenteil. Ihm ist gar nicht bewusst und völlig egal, ob und wie gut er ist. Dabei wäre der Mann pures Gold für sein Unternehmen. Ein unbezwingbarer Kämpfer für das Wirtschaftlichkeitsprinzip. Mein Fazit: Für die Stelle ist Jean-Christophe perfekt. Als ihm der Job dann auch wirklich angeboten wird, bleibt er sich treu und sagt nur: „Na gut, dann mach ich das eben."

Noch weiter nach oben wird Jean-Christophe, so wie er ist, vielleicht nicht kommen — weder mit noch ohne Coaching. Denn spätestens auf Vorstandsebene ist eben doch mehr als nur eine geradezu besessene Orientierung an der Sache gefragt: Diplomatie, Repräsentativität, Umgangsformen, reflexives und politisches Denken, ein auch ansonsten breiter Horizont. Aber Jean-Christophe ist ein Mann wie ein starker, dunkelroter Bordeaux-Wein, der sich in den Tiefen eines Weinkellers langsam entwickelt hat und mit jedem Jahr immer noch ein bisschen besser wird. Er ist einer, dessen staubiges Etikett auf den ersten Blick gar nicht erkennen lässt, welch guten Tropfen man hier vor sich hat. Und in dem noch eine ganze Menge Potential schlummert. Das Beste ist, dass ihn dies überhaupt nicht interessiert. Er wird all mein Reden mittlerweile vergessen haben, auch wenn unser Gespräch noch gar nicht so lange zurückliegt.

Mir ist aber auch schon, oft und traurig genug, der gegenteilige Fall begegnet: Der, dass eine Person belegbar hohe Qualifikationen und Fähigkeiten aufweist. Und sich für die zur Diskussion stehende Position trotzdem nicht eignet.

Äpfel und Birnen

Susanne ist eine exzellente Managerin, die sich große Verdienste in den Bereichen Marketingleitung und Prozessmanagement erworben hat. Für beide Bereiche muss man einiges an Exaktheit und konzeptionellen Qualitäten mitbringen. Im Marketing zum Beispiel geht es um eine konsequente Handhabung der einmal gewählten Markenstrategie — das einheitliche Erscheinungsbild weltweit muss in allen Läden der Gruppe konsequent durchgesetzt werden. Nicht dass jeder kleine Ladenbauer das Markenkonzept individuell interpretiert und die Firmenfarben einmal rot und einmal golden ausfallen! Und im Prozessmanagement braucht man geradezu ingenieurhafte Exaktheit: Wie viel Ware müssen wir produzieren? Wann und wohin die Ware in Bewegung setzen, sodass das Produkt zur rechten Zeit im Regal des Einzelhändlers bzw. im Fachhandel liegt? In beiden Bereichen hat Susanne überzeugende Arbeit geleistet, mehr als nur einmal die Kohlen aus dem Feuer geholt und dem nordeuropäischen Bereich in manchem Quartal die Marge gerettet. Sowohl ihr Umfeld als auch sie selbst empfinden, dass es für sie Zeit ist, eine umfassendere Position zu übernehmen. Ihr Mentor drängt sie, sich als Vertriebsleiterin zu bewerben. Das sei ein besseres Sprungbrett als Marketing.

Sie bewirbt sich also konzernintern, und da ihre Fähigkeiten und Verdienste unbestritten sind, bekommt sie die nationale Vertriebsleitung für Deutschland.

Marketing und Vertrieb sind Schwesterdisziplinen, aber es sind ungleiche Schwestern. Bald stellt sich heraus, dass Susanne im Vertriebsbereich beachtliche Schwierigkeiten hat. Die National Key Accounts, die wichtigen Großkunden, müssen zugleich resolut, einfühlsam und flexibel geführt werden — und nicht nur gut organisiert. Auch mit den hartgesottenen Jungs aus der Feldorganisation, die zum Teil seit 20 Jahren die Bundesautobahnen täglich rauf- und runterrasen, wird sie nicht recht warm. Zu wenig versteht sie die soziale Situation und Lebenslage dieser unermüdlichen Mitarbeiter, die vom Kunden reihenweise Nasenstüber kassieren und zwischendurch menschlich immer wieder aufgefangen und motiviert werden müssen, um erneut die Straße unter die Reifen zu nehmen. Susannes streckenweise kühles und sachorientiertes Auftreten bringt Großkunden und Außendienstler gegen sie auf, mehr und mehr muss sie gegen Widerstände ankämpfen. So reibt sich die gestandene Frau an der Aufgabenstellung „Nationale Vertriebsleitung" auf. Die unterstellten Hierarchien blicken gebannt und nicht ohne Mitgefühl zu — ohne wirklich helfen zu können, denn wohlmeinende Kritik und Ratschläge werden von Susanne nicht selten schroff abgewehrt. Die Konzernleitung will ihr aus Respekt vor ihren bisherigen Leistungen keine Entscheidung aufdrängen. Stattdessen warten alle stillschweigend darauf, dass bei der begabten Nachwuchsmanagerin der unter derartigen Umständen beinahe unvermeidliche Burnout eintritt und sie zumindest mit Anstand abgelöst werden kann.

Auf der Suche nach Mr. und Mrs. Right für Top-Positionen gilt es manchem als Erfolg versprechend, verdiente und gute Manager aus der einen Branche auf eine entsprechende neue Position in einer ihnen unvertrauten Branche zu setzen. Einem Manager, der ein Unternehmen in einer Branche zum Erfolg geführt hat, trauen viele Entscheider zu, dieses Erfolgskonzept auch auf eine ganz andere Branche übertragen zu können. Aber selbst innerhalb derselben Branche, sogar desselben Unternehmens kann ein Wechsel des Aufgabenschwerpunkts schon viel bisherige Erfahrung in ihrem Wert dramatisch reduzieren. Weil es eben nicht nur aufs Handwerkszeug ankommt.

Die Methode, mit der eine Spitzenkraft in einer Position große Erfolge erzielt, muss in einer anderen noch lange nicht funktionieren. Führungsstil, Strategie, das Maß an Risikobereitschaft, Umgangsformen, Zeithorizont — je nach Umfeld und Situation sind sehr verschiedene Ausprägungen dieser Parameter gefragt. Sicher lassen sie sich innerhalb eines gewissen Rahmens erlernen und verändern. Aber der erreichbare Rahmen, die mögliche Bandbreite hängt auch von der Persönlichkeit der Führungskraft ab. Die ist im Erwachsenenalter nicht mehr derart veränderbar.

Gerade wenn eine Führungskraft mit ihrer Art bisher überaus erfolgreich war, wird es ihr schwerfallen einzusehen, dass sie ihren Stil grundsätzlich verändern sollte. Wenn der Erfolg in der neuen Situation geringer ausfällt, wird das zunächst mit statistischen Schwankungen erklärt, und Durchhalteparolen unterschiedlichster Couleur werden ausgegeben. Es ist ein Glücksfall, wenn dann ein größerer Fehlschlag die Führungskraft oder die übrigen Verantwortlichen alarmiert und darauf hinweist, dass etwas nicht stimmt. Wenn der Abstieg schleichend und allmählich einsetzt, wird er oft erst dann registriert, wenn es zu spät ist — und nichts anderes übrig bleibt, als eine neue Kraft auf die Stelle zu holen.

Belegbare Erfolge von früheren Positionen können daher zwar als deutlicher Hinweis und Vorbote dafür gelten, dass ein Kandidat gute Fähigkeiten besitzt. Ob er diese aber auch in der neuen Position einbringen kann, steht auf einem anderen Blatt.

Aber wenn die Fähigkeiten genau zum neuen Aufgabenbereich passen, dann müsste ein Personalentscheider doch davon ausgehen können, dass ein Kandidat geeignet ist. Oder?

Der entscheidende Faktor

Roger wurde von seinen Kollegen und Vorgesetzten als absolut fähiger Controller beschrieben. Er beherrschte das Reporting im Schlaf, Zahlen las er wie andere Literatur. Unter seiner Führung waren die Ergebnisse seiner Abteilung tadellos. Deshalb erwog die Geschäftsleitung, ihn in ihre Reihen aufzunehmen. Doch dieselben Personen, die seine fachlichen Fähigkeiten so hoch lobten, empfanden ihn in der persönlichen Zusammenarbeit als eine Art Charakterschwein. Schwerer in der Waagschale wog, dass Roger für seinen Vorteil praktisch über Leichen ging. Wer ihm in die Quere kam, wurde von ihm beharrlich hintergangen, wer ihn — absichtlich oder unabsichtlich — kritisierte, konnte sich am nächsten Morgen auf die Verbreitung übler Gerüchte einstellen. Normale, anständige Menschen waren diesem ausgekochten Charakter nicht gewachsen. Sie konnten sich seine Skrupellosigkeit nur ansatzweise vorstellen. Wenn sie merkten, was vor sich ging, waren sie oft schon kaltgestellt.

Nun stellte sich der vierköpfigen Geschäftsleitung, insbesondere den Vorsitzenden, die Frage: Können wir einen solchen Soziopathen erfolgreich in den Vorstand einbetten? Mit seinen fragwürdigen Umgangsformen hätten sie sich vielleicht noch arrangieren können. Sie trauten sich auch zu, mit vereinten Kräften Rogers ungeheuren Expansions- und Machtdrang im Zaum halten zu können. Doch was würde passieren, wenn sie mal nicht direkt vor Ort wären? Was wäre zu erwarten, wenn er allzu lange mit den Eigentümern zusammenkommen würde? Und was für eine Machtkonstellation würden sie dann bei ihrer Rückkehr vorfinden?

Nach verschiedenen Aufs und Abs und einer quartalsweisen Vertagung des Problems entschlossen sie sich, dieses Risiko letztendlich nicht einzugehen. Ein Mensch wie Roger kann nur mit größten Bedenken auf eine Position mit weitgehenden Machtbefugnissen gesetzt werden und müsste dann einem dauerhaften und gründlichen Monitoring unterworfen werden. Dann wäre man vor seinen fiesen kleinen Schlichen und immer wieder fallen gelassenen Stinkbomben vielleicht einigermaßen sicher gewesen. Die unbestritten exzellente und von allen bewunderte fachliche Könnerschaft wurde hier durch die wirklich mangelhafte Sozialkompetenz und eine grenzwertige zwischenmenschliche Unverbindlichkeit genullt. Einige Monate später wurde das Unternehmen bei der externen Suche nach einem sehr guten Finanzchef mit ganz überwiegend normalen charakterlichen Eigenschaften fündig.

Natürlich fällt das Dulden eigentlich inkompatibler und problematischer Charaktere in einem Unternehmen umso leichter, je eher ihre Arbeitsergebnisse den Erwartungen entsprechen. Um einen Manager zu verabschieden, der sachlich ausgezeichnete Resultate bringt, muss der Leidensdruck schon sehr hoch sein. In dem Moment, in dem ein Aufsichtsorgan eines Unternehmens aber bemerkt, dass einer eine feine Blutspur hinter sich herzieht oder gar mit illegalen Methoden arbeitet, kann es nicht anders, als sofort zu reagieren. Die Erkenntnis versetzt in die Pflicht zu handeln, die Mitglieder des Aufsichtsgremiums können über das Gewusste nicht mehr hinwegsehen, da sie ansonsten ihre eigenen Pflichten verletzen. Was nützen gute Quartalszahlen, wenn die Belegschaft nicht zur Ruhe kommt oder ein paar Monate später ein schockierender Skandal die Marke und das Kundenvertrauen in den Abgrund reißt? Bevor man von Abhöraffären seines Unternehmens aus dem Radio erfährt oder der Vorstand von Steuerermittlern im Vorgarten seines Hauses öffentlich abgeführt wird, verzichtet man lieber auf die Zusammenarbeit mit dem Risikokandidaten. Das ist problematischer, als es sich anhört, da ja der Betreffende fachlich eigentlich einen exzellenten Job macht und man oft keinen Ersatz hat.

Mit manchen Managern ist es wie mit übermäßig risikofreudigen Formel-1-Fahrern. Auf der Geraden drehen sie den Motor hoch bis übers Limit. Dann gelingt ihnen ein riskantes Überholmanöver, ein Konkurrent sieht nur noch eine Staubwolke. Gratuliere, einen Rang gutgemacht. Sekunden später fliegt ihnen ihr Motor in einem hellen Feuerball um die Ohren. Dem Zuschauer gefällt das, aber der Rennstall hat ein Auto weniger und ist ausgeschieden.

Was nützt die tollste Leistung, wenn danach alles in Trümmern liegt? Beim Führen eines Unternehmens geht es nicht allein um Fähigkeit, Willen und Durchsetzungskraft. Es geht auch darum, sich schnell in eine Gemeinschaft zu integrieren, auch wenn man ein Anführer ist. Gerade dann. Ein guter Leader hört zu, geht auf andere ein, löst Konflikte in der Gruppe. Führen heißt nicht nur anweisen, sondern sich auch hinter seine Leute stellen.

Was für eine Top-Position in letzter Konsequenz am meisten zählt, ist also die vielbeschworene Persönlichkeit und, mit einem vielleicht altmodisch anmutenden Wort benannt, der Charakter: Wie zielstrebig, wie flexibel, wie ambitioniert ist der Kandidat? Gelingt es ihm, in einer komplexen Sachlage mit seriöser Methodik schnell einen brauchbaren Überblick zu gewinnen? Ist er in der Lage, andere von seinem neuartigen Vorgehensvorschlag zu überzeugen, ohne sie zu sehr vor den Kopf zu stoßen und damit in ihrem Innersten zu kränken? Ist er aufnahmefähig für konstruktive Kritik und werthaltige Anregungen, ohne sich wie ein Blatt im Wind hin- und hertreiben zu lassen oder ätzend und pauschalisiert zurückzugeben? Wie trifft er anspruchsvolle Entscheidungen? Wie reagiert er in einer veritablen Krise? Wie steht es um seine real existierende Sozialkompetenz?

All diese Eigenschaften und Facetten zeigen sich nicht in Titeln und Zeugnissen. Nachweisbare frühere Erfolge und das Urteil der Umwelt sind da schon etwas ergiebiger: Sie können Hinweise auf die Persönlichkeit geben. Aber eben nur Hinweise, die gründlich überprüft werden müssen, bevor sie als gültig erachtet werden können. Wie aber überprüft man derartige Hinweise? Persönlichkeit lässt sich mit Bordmitteln nicht exakt messen und belegen. Es ist also für die Personalentscheider nicht so einfach, objektiv festzustellen, ob der Kandidat die für diese Position erforderlichen oder gefürchteten Charakterzüge aufweist.

Läuft es doch wieder auf eine Bauchentscheidung, den subjektiven Eindruck heraus? Auf die persönliche Begegnung, nach der der Daumen mutwillig oder intuitiv nach oben oder unten geht?

Nein. Dass das keine brauchbare oder gültige Methode für Personalentscheidungen ist, steht ja bereits fest. Zum Glück gibt es eine dritte Alternative. Denn auch wenn sich Persönlichkeit nicht wiegen oder abzählen lässt, gibt es doch Methoden, sie einzuschätzen. Differenziert, fundiert und verlässlich. Man muss sie nur anwenden.

Dampfplauderer

Die Dummheit der Beratungsresistenz

Da die Persönlichkeit einer Top-Führungskraft infolge ihrer umfassenden Entscheidungsbefugnis — Unterschrift zu zweien oder sogar Alleinunterschrift — eine entscheidende Rolle spielt, muss es in einem Auswahlverfahren auf oberster Führungsstufe nebst viel anderem auch darum gehen, diese Persönlichkeit möglichst genau zu beschreiben, richtig einzuordnen und im Hinblick auf die konkrete Position zutreffend zu bewerten. Wie können der Charakter eines Menschen, seine Werte und Ziele, seine Stärken und Schwächen erkannt werden, bevor diese Person eine autonome Machtstellung einnimmt, die auch für die berufenden Parteien beinahe nicht mehr wieder rückgängig zu machen ist? Wie ist die künftige Dynamik dieser Persönlichkeit zu beurteilen? Lassen sich auch in die Zukunft weisende Verhaltenstendenzen eruieren, eingrenzen, antizipieren?

Seit es Menschen gibt, versuchen wir uns gegenseitig anhand irgendwelcher Anhaltspunkte oder Merkmale einzuschätzen. Dies geschieht in unserem Alltag laufend, und in alltäglichen Situationen reichen unsere kurzen Checks für die Situationsgestaltung völlig aus. Aber immer dann, wenn es ernst wurde: Partnerwahl, Berufswahl, Bevollmächtigung mit höheren geistlichen, weltlichen oder militärischen Ämtern, kannte jede Zeit ihren eigenen Lackmustest. Einige Zeit galt zum Beispiel die Physiognomie als Methode der Wahl. Insbesondere ab dem 17. Jahrhundert wurde die Ausprägung des Gesichts mit Charaktereigenschaften assoziiert: Die fliehende Stirn diente als Indikator für Dummheit, das angewachsene Ohrläppchen als Zeichen für kriminelle Energie. Ein paar Generationen später etablierte sich die Grafologie, die Interpretation der Handschrift, als anerkannte Methode der Persönlichkeitsanalyse. Merkmale wie die Größe der geschriebenen Buchstaben, ihre Neigung zur einen oder anderen Seite, das Verhältnis von Groß- zu Kleinbuchstaben sollten den Charakter des Schreibers zuverlässig zutage treten lassen. Methoden, die heutzutage bei den meisten Profis nur noch Achselzucken hervorrufen.

Anfang des vergangenen Jahrhunderts verlegte sich dann die Psychologie vorwiegend auf die Analyse des menschlichen Verhaltens. Aufgrund des beobachtbaren Verhaltens eines Menschen wollten die Forscher schließlich auch auf seine Motivation zurückschließen. Aber auch nach langen Jahrzehnten intensiver Forschung ist es noch immer unmöglich, Verhalten in letzter Konsequenz auf konkrete psychische Gegebenheiten und individuelle Wesenszüge zurückzuführen. Immerhin: Diese Vorgehensweise ist als Zugang zu den treibenden Kräften eines Menschen nicht völlig gescheitert, sodass wir uns heute teilweise darauf verlassen können.

Eine der jüngeren Entwicklungen auf dem Gebiet der wissenschaftlichen Persönlichkeitsanalyse ist die Humangenetik. Anhand eines Haars, einer Haut- oder Speichelprobe eines Stellenbewerbers wollen Wissenschaftler nicht nur Erkenntnisse über mögliche Krankheiten und sein maximales Lebensalter gewinnen, sondern auch seine Persönlichkeit ein Stück weit voraussagen. Doch Veranlagung heißt noch lange nicht Ausprägung — eine prognostizierte Krankheit kann, muss aber nicht zum Tragen kommen. Bereits im Jahr 1997 wurde in dem Science-Fiction-Film Gattaca genau diese Problematik thematisiert: Ein junger Mann möchte Astronaut werden, wird aber aufgrund seiner schlechten genetischen Disposition nicht zur Ausbildung zugelassen. Mit seinen Genen sei ein früher Herztod wahrscheinlich, die teure Ausbildung würde sich also nicht lohnen. Doch sein Drang, in den Weltraum zu fliegen, ist unstillbar. Indem er mit einem anderen jungen Mann, der zwar genetisch einwandfrei, aber seit einem Unfall querschnittsgelähmt ist, einen illegalen Deal eingeht, erreicht er sein Ziel. Der Aufwand, den beide betreiben, um ihr Geheimnis zu wahren, ist angesichts eines perfekt durchorganisierten Überwachungsstaates beispiellos. Doch wo ein Wille ist, ist immer auch ein Weg.

Kurz: Vieles, was heute in der Humangenetik und der Hirnforschung technisch möglich ist oder in Kürze möglich sein wird, ist ethisch abzuwägen bzw. fragwürdig. Alles in allem sind die gesetzlichen Bestimmungen für Gentests bei Kandidaten sehr streng und weder Personalberater noch Assessment-Experten haben bisher größere Ambitionen entwickelt, einen solchen Test ernsthaft durchzuführen.

Der Gentest wäre auch wenig aussagekräftig hinsichtlich Motivation, Engagement und konkretem künftigem Verhalten eines Kandidaten. Ganz abgesehen von seinen nur ihm eigenen konzeptionellen oder zwischenmenschlichen Fähigkeiten. Würden lediglich seine Gene geprüft, müsste er ja nichts tun, außer eine Speichelprobe zu liefern und auf die positive oder negative Entscheidung zu warten. So würde man im Hinblick auf Bewerber für das Top-Management Schicksal für sie spielen — eine absurde Situation, die die Mitwirkungsmöglichkeit des Kandidaten in unzulässiger Weise herabsetzen würde. Und wohl vor allem solche Kandidaten anziehen würde, die damit zufrieden sind, abzuwarten, was kommt. Und eben das können wir für die

Top-Positionen der Unternehmen zwar gelegentlich, aber in der Regel gerade nicht brauchen. Viel nützlicher und stärker als Schicksalsgläubige sind tatkräftige Entscheider, die Zukunftspläne erarbeiten und überzeugt sind, dass sie durch ihr Handeln ein gewünschtes Ergebnis auch erzielen können.

Untaugliche Verfahren zur Feststellung der Persönlichkeit gibt es viele. Zum Glück gibt es auch vergleichsweise zuverlässige Methoden: psychologische Tests, Übungen, Interviewverfahren etc. Sie haben sich in Stellenbesetzungs- und Potentialfeststellungsverfahren bewährt — wenn sie denn zur Anwendung kommen.

Skalierbar

Das Minimalverfahren bei einer Stellenbesetzung läuft so: Anzeigen im Internet, Sichten des Bewerbungseingangs, Lektüre des Lebenslaufs, Bildung einer kleinen Vorauswahl geeigneter Kandidaten, kurze Befragung des favorisierten Anwärters durch Personaler und Entscheider, Unterbreiten eines Angebots, Abschluss des Arbeitsvertrags. Wenn das Verfahren professionell und zügig durchgeführt wird, ist es sehr effizient und für geringe bis mittlere Qualifikation erfordernde Stellen bestens geeignet.

Bei anspruchsvolleren Positionen ist das Standardverfahren: Formulieren eines Anforderungsprofils, Stellenanzeigen, Lektüre des Lebenslaufs und der Zeugnisse, Vorauswahl, mehr oder weniger strukturierte, etwas längere Befragung des Anwärters durch Personaler und Entscheider, Sondierung des Ansehens in der Branche, Unterbreiten eines Angebots …

Wer jemanden für eine gehobene Position sucht, wird sich in der Regel die Mühe machen, das verbesserte Standardverfahren anzuwenden: Lektüre und Analyse des Lebenslaufs und der Zeugnisse, strukturierte Befragung des Anwärters durch Personaler und Entscheider anhand einer Fragenliste, die auf die Position zugeschnitten wird, Einholung von zwei bis drei Referenzen, Nutzung eines Online-Persönlichkeitstests mit Auswertefunktion und — je nach Wunsch — rund zwanzig- bis fünfzigseitigem Bericht, Sondierung des „Branchentalks", Angebot …

Wer beim Auswahlverfahren eine noch höhere Trefferquote anstrebt, setzt noch einen drauf und setzt ein Assessment-Center ein: eine etwa halb- bis ganztägige persönliche Begegnung mit dem oder den Kandidaten mit intensiven Kennenlern- und Beobachtungsmethoden. In einem Assessment-Center arbeiten Entscheider und/oder Berater in einem überschaubaren Zeitabschnitt daran, aus den zur Verfügung stehenden Anwärtern den Fähigsten, Geeignetsten oder ganz einfach Passendsten für eine neu zu besetzende Position herauszudestillieren. Es handelt sich dabei um eine sehr gut strukturierte persönliche Begegnung mit dem oder den Kandidaten, die gültige Schlüsse ermöglicht.

Wie das Assessment-Center abläuft, ist je nach Aufgabenstellung sehr unterschiedlich. Geht es um die Vergabe von einem Dutzend Trainee-Stellen, kann es vorkommen, dass sich in einer Aula hunderte Bewerber drängeln, aus denen in einem standardisierten Verfahren ausgesiebt wird. In Diskussionsrunden und bei der Bewältigung von gemeinschaftlich zu lösenden Aufgaben mit einer dann verkleinerten Auswahl wird beobachtet, wer sich wie stark einbringt, wie das Sozialverhalten ist, wer in Führung geht oder eine Moderatorenrolle einnimmt etc.

Wenn jedoch eine Top-Position besetzt werden soll, ist ein Gruppen-Assessment unter heutigen kulturellen und juristischen Standards völlig undenkbar. Man kann unmöglich den Chef der Deutschen Bank gegen den UBS-Konzernchef — gar noch in einer führerlosen Gruppendiskussion vor auch noch so hochrangigen Beobachtern — antreten lassen. Auch verbietet die ausgesprochen exponierte Stellung von Top-Kandidaten, sie unter zehn oder 15 Zeugen zu testen oder gar an ihre Grenzen zu bringen, indem man sie auf die Probe stellt. Schließlich darf ein hochrangiger Kandidat, der sich auf einer Teilstrecke zu einer anderen namhaften Position befindet und dort nicht ankommt — was der wahrscheinlichste Fall ist —, auf seinem aktuellen Posten wegen seiner Bewerbung keinen Schaden nehmen. Katastrophal wäre auch, wenn die Öffentlichkeit von seiner Wechselwilligkeit Kenntnis nehmen könnte, denn dies würde seinem heutigen Arbeitgeber schweren Schaden zufügen können.

Schon für gehobene mittlere Positionen wird bereits ein individuelles Assessment mit nur einem Kandidaten pro Termin durchgeführt. Dabei füllt der Kandidat einen Persönlichkeitsfragebogen aus, anhand dessen seine Selbsteinschätzung deutlich wird. Diese wird in einem strukturierten Interview durch erfahrene HR-Professionals und Wirtschaftspsychologen überprüft. In anspruchsvollen sprach- und datenlogischen Testverfahren kann das intellektuelle Profil eingeschätzt werden. Das Ergebnis des Ganzen ist dann ein tabellarisches oder in Fließtext gehaltenes Gutachten, in dem Stärken und

Schwächen sowie Persönlichkeitsmerkmale des Kandidaten zusammengefasst werden.

Klingt vertraut? Klingt gut? Das ist es auch — im Vergleich zu einem weitgehend unstrukturierten Vorgehen bzw. zum Standardverfahren. Meiner Überzeugung nach ist es aber längst nicht gut genug. Das sind geeignete Methoden, um einen Abteilungs- oder Bereichsleiter einzustellen, nicht aber einen CEO. Dort sind die Ansprüche an die Persönlichkeit exponentiell höher und deshalb auch die Ansprüche ans Such- und Auswahlverfahren.

Die Unterschiede zwischen normalem und Top-Arbeitsmarkt beginnen schon damit, dass beim Stellenbesetzungsverfahren für Spitzenpositionen erhebliche politische Rücksichten erforderlich sind, falls die Stelle nicht intern besetzt werden kann. Ein namhaftes Unternehmen kann nicht direkt auf die Führungskräfte der Konkurrenz zugehen und sie fragen, ob sie möglicherweise die Stelle wechseln wollen, ohne sich unmöglich zu machen oder im anderen Unternehmen gravierendste Verstimmungen auszulösen. Derartige Vorgehensweisen gelten als unseriös und werden als massiv rufschädigend eingestuft. Daher wird ein Headhunter eingeschaltet, der in einem mehrstufigen Verfahren geradlinig und diskret die Wechselbereitschaft verschiedener Anwärter abtastet. Die meisten Headhunter legen sich über die Jahre hinweg eine Datenbank mit den Lebensläufen der Top-Leute an, die ihnen bereits früher einmal angedeutet haben, an einer Veränderung Interesse zu haben. Natürlich gehen die Headhunter gelegentlich auch aktiv auf diese Personen zu, um sie auf Karrierechancen hinzuweisen.

Outet sich jemand als Interessent für einen Wechsel, ist das dann aber erst der Anfang. Auch wenn schließlich zwei bis drei Schlusskandidaten gefunden sind, ist wesentlich mehr nötig als die üblichen Assessment-Methoden, um zum Beispiel Entschlusskraft oder Umsetzungsfähigkeit zu testen und den kulturellen Fit der Persönlichkeit zum rekrutierenden Unternehmen treffend einschätzen zu können. Dabei gibt es eine scharfe Trennlinie der Methoden für Standard- oder Spitzenpositionen-Assessment. Es ist einfach so: Je anspruchsvoller und exponierter die Position, desto anspruchsvoller das Assessment-Verfahren und desto höher qualifiziert die Berater. Der betriebene Aufwand ist skalierbar.

Fünf Schippen drauf

Ein fachlich nachhaltiger Assessment-Prozess für oberste Führungspositionen beginnt schon lange im Vorfeld: Die Assessoren müssen die Entwicklung ihres Kundenunternehmens in den Wirtschaftsmedien und durch den persönlichen Gedankenaustausch verfolgen. Die exakten und oft nicht leicht zu beschreibenden Anforderungen an den Kandidaten, die Situation des Unternehmens und die dort vorherrschende Kultur werden im Rahmen eines solchen Mandats eigens an den Primärquellen erhoben und definiert. Nur so lassen sich geschäftliche Themenstellungen, entsprechende Übungen, Fragen, Untersuchungen auf Feinmaß schneidern und feststellen, welche Assessorenpersönlichkeiten an dem konkreten Verfahren überhaupt teilnehmen sollten. Eine bewährte Kombination, wenn es um Top-Unternehmenspositionen geht, ist beispielsweise ein Wirtschaftspsychologe und ein Wirtschaftspraktiker, in der Regel ein ehemaliger CEO oder CFO; je nach Tätigkeitsschwerpunkt werden aber auch fachlich anders ausgerichtete vormalige Führungskräfte als Assessoren sinnvoll sein, die sachkundige Fragen zu stellen verstehen und die Antworten der Anwärter überhaupt richtig einordnen und interpretieren können. Wichtig ist, dass die Assessment-Berater dem Kandidaten auf Augenhöhe begegnen können, also über einen vergleichbar hohen Bildungsstand und Umgangsformen verfügen und entsprechend souverän bzw. unaufdringlich aufzutreten verstehen. Ansonsten werden sie vom Kandidaten nicht als ebenbürtige Partner akzeptiert und können nicht damit rechnen, dass er in relevanter Weise Aufschluss über sich gibt und nicht einfach Katz und Maus mit ihnen spielt.

Entscheidend ist auch die Erhebung von Daten direkt an der Quelle, d.h. beim Kandidaten selbst. Man kann hier von Daten erster Güte sprechen, die sich von Daten zweiter Güte — den Statements Dritter zum Kandidaten — qualitativ deutlich unterscheiden. Eine Selbsteinschätzung der Persönlichkeit und zum Beispiel sprach- und datenlogische Tests finden bereits vorab online statt und dienen als grundlegende Datenbasis zum eigentlichen Assessment.

In dieser persönlichen Begegnung wird dann in detaillierten Übungen, Verhandlungssituationen und Interviews die Eignung und Persönlichkeit des Kandidaten systematisch und ohne allzu großen Zeitdruck exploriert. In meiner eigenen fachlichen Praxis gehe ich dabei zum Beispiel anhand einer Prüfliste mit über 60 einzelnen Kriterien vor, die unter anderem die Bereiche Leistungsfähigkeit, Integrität und Kommunikationsfähigkeit umfassen, die sich in Praxis und Wissenschaft im Lauf der Jahrzehnte für den Führungserfolg als relevante

Indikatoren (sogenannte Prädiktoren, d.h. Vorhersagegesichtspunkte) herauskristallisiert haben. Andere Assessment-Dienstleister haben ihre jeweils eigenen Prüflisten und Vorgehensweisen – und natürlich schwört jeder auf seine eigene Methodik. Sie können sich vorstellen, dass ein Gespräch zwischen zueinander in Konkurrenz stehenden Assessment-Dienstleistern nicht immer ganz einfach ist und ein überaus amüsantes Gipfeltreffen frei nach dem Motto „Sigmund Freud analysiert C.G. Jung bzw. Sherlock Holmes filzt Kommissar Maigret" werden kann. Etiketten und Überschriften sagen zunächst nur wenig aus. Zur Dimension Leistungsfähigkeit zählen beispielsweise Entscheidungsfähigkeit und die zur Verfügung stehende körperliche Energie für den Job. Zu Integrität gehören Ehrlichkeit, Vertrauenswürdigkeit, Selbstvertrauen, Eigenständigkeit und Fähigkeit zum partnerschaftlichen Umgang mit anderen. Die Kommunikationsfähigkeit wird in den vergangenen zwei Jahrzehnten immer bedeutender. Sie beinhaltet zunächst etwas beinahe trivial Anmutendes: die Fähigkeit, sich klar und verständlich auszudrücken. So grundlegend das auch sein kann – nicht alle Führungskräfte verfügen über diese Fähigkeit, was immer wieder überraschend ist. Zur Kommunikation gehört natürlich noch vieles mehr, zum Beispiel das Geschick, zur rechten Zeit die rechten Worte zu finden, die Sensibilität, auf die Gesprächspartner eingehen zu können, sowie die erfreuliche und mehr und mehr unerlässliche Eigenschaft, kein grässlicher Langweiler zu sein. Umso besser, wenn der Kandidat auch noch über eine kongruente Körpersprache, Öffentlichkeits- und Bühnenreife und die Fähigkeit zur Visualisierung verfügt. Diese Begriffe klingen auch für mich oft etwas standardisiert – es handelt sich bei all diesen Themen aber um weit mehr als Schlagworte und marketingtechnischen Jargon – es ist ein durch und durch ernster und verantwortungsvoller Prozess für alle Beteiligten unter der jeweiligen Überschrift dieser Verhaltensbereiche.

Der genaue Ablauf eines solchen individuellen Executive Assessment ist variabel, je nach Zielsetzung und Personenkonstellation von Assessoren und Kandidat. Aus der Erfahrung heraus hat sich folgendes Vorgehen bewährt:

Zunächst wird der Kandidat gebeten, seine Biografie zu präsentieren. Damit ist keine Litanei der einzelnen Stationen seines Werdegangs gemeint, sondern eine mehr oder weniger offene Diskussion der Ups and Downs seiner bisherigen Laufbahn im Anschluss an die Präsentation. Besonders interessant sind hier Situationen oder Lebensphasen, in denen es nicht ganz so rund gelaufen ist. Wie ist der Kandidat damit umgegangen, wie hat er die Probleme gelöst oder vielleicht auch die damit verbundene (Selbst-)Infragestellung bewältigt? Das Berufsleben eines Top-Managers besteht nicht aus einem bunten Strauß aus Harmonie und Perfektion, sondern überwiegend aus scharfem Wettbewerb, Schlammpackungen von Widerständen, Hindernissen, verletzenden und oft geradezu brutalen Anfeindungen und Misserfolgen. Viele entwickeln sogenannte „Streetfighter"-Qualitäten. Es stellt sich früher oder später heraus, inwiefern das Selbstbild des Gastes mit dem Fremdbild der Assessoren übereinstimmt oder in welcher Hinsicht ein Kandidat seine Geschichte vielleicht zu sehr zu seinen Gunsten interpretiert. Kurzum: Unterscheidung zwischen Anspruch und Wirklichkeit.

Auf die Präsentation folgt ein dreistündiges strukturiertes Interview im Vier-Augen-Prinzip, in dem die Assessoren konkrete und beweiskräftige Beispiele aus der Berufspraxis des Kandidaten sammeln, verbunden mit einer infolge zunehmender Schwindeleien oft auch forensisch abgesicherten Aussageanalyse hinsichtlich der Glaubwürdigkeit der abgegebenen Informationen. So weit ist es heute gekommen!

In Rollenspielen, zum Beispiel einer besonders vertrackten Verhandlungs- und Entscheidungssituation, muss der Kandidat live und beobachtbar seine Fähigkeit, diese erfolgreich zu bewältigen, unter Beweis stellen. Ausgewertet werden seine Antizipationsfähigkeit angesichts des gegebenen Dilemmas, seine Stärke in Verhandlungen, sein Umgang mit Überraschungen und Stresssituationen, seine Schlagfertigkeit und sein Einfallsreichtum, aber auch seine Fähigkeit, einen angenehmen Ton zu wahren, wenn in der Sache hart verhandelt wird. Hier ergeben sich auch einige Hinweise zur Belastbarkeit des Kandidaten.

Eine weitere Übung prüft beispielsweise die Fähigkeit des Kandidaten, Sachverhalte richtig zu erkennen, diese korrekt zu analysieren und ausgewogen zu beurteilen. Er erhält eine Unternehmens-Fallstudie — es handelt sich dabei um einen aus der Wirklichkeit entlehnten, anonymisierten geschäftlichen Vorgang — und muss sich aufgrund der Aktenlage in kurzer Zeit einen Überblick verschaffen. Die Akten enthalten eine Vielzahl an Daten, Fakten und auch E-Mails und sind zunächst einmal ein hübsch ungeordnetes Konvolut. Anhand seiner Einschätzungen und Bewertungen erkennen wir die Fähigkeit des Kandidaten, die Hauptprobleme in einer vernünftigen Zeitspanne zu erfassen und in teilweise etwas wirre Verhältnisse analog dem operativen Alltag im Unternehmen eine ziel- und umsetzungsorientierte Struktur zu bringen. Auch hier trennt sich die Spreu vom Weizen. Wer ein Unternehmen führt, muss eigenständig analysieren und denken können. Er muss zwingend die Fähigkeit besitzen, weitgehend selbstständig Vorgaben zu erteilen, und darf nicht zu sehr vom Urteil Dritter abhängen. Dies bedeutet unter anderem, Ursachen von Problemen treffsicher zu erkennen, schnell einen verlässlichen Überblick zu gewinnen und rasch Klarheit in ein vielschichtiges und komplexes Geschehen zu bringen. Der Kandidat muss die Bedeutung der jeweiligen Zahlen und Fakten erfassen, bewerten und die richtigen Schlüsse daraus ziehen können. Er kann entweder analytisch denken und entsprechend handeln — oder auch nicht.

Im Assessment offenbart sich auch, ob jemand in einer der Königsdisziplinen, der Entscheidungsfindung, punkten kann oder nicht. Wie jemand angesichts der Problemstellung argumentiert, sagt viel über seine Führungsfähigkeiten aus. Stellt er drei Lösungsansätze parallel vor und entscheidet sich unter guten Argumenten für einen davon, oder fasst er einfach in den Zylinder und sagt: „Dann machen wir das hier", oder bleibt er eine ergiebige Stellungnahme und Antwort überhaupt schuldig? Das Prinzip Hoffnung hilft hier nicht mehr weiter, weder für die vergleichsweise kurze Fallstudie im Assessment noch für die großen Entscheidungen im realen Berufsleben. Ich erlebe oft, dass hervorragende Analytiker in eine Art Paralyse verfallen, wenn es darum geht, zu Entscheidungen überzugehen, Maßnahmen zu ergreifen und diese dann konsequent zur Durchführung zu bringen. Damit bestätigt sich aus einem weiteren und diesmal ziemlich objektiven Blickwinkel heraus der Eindruck, dass derjenige kein wirklicher Macher, kein echter Anführer, kein Anwärter von strategischem und operativem Vorstandsformat ist.

Sodann wird der ebenfalls sehr wichtige Teil der geschäftsstrategischen Herausforderungen in der avisierten Position diskutiert. Der Kandidat, der sich hierüber oft schon Gedanken gemacht hat — manchmal aber auch noch recht gedankenlos ist—, wie er das Unternehmen künftig zu führen gedenkt, kann jetzt seine Umstellungen im Geschäftsmodell, seinen ungefähren Businessplan, seine Stoßrichtung in der Strategieformulierung, die Impulse für die Organisation, Ansätze zu einer Kostenreduktionsstrategie und eine Art „180-Tage-Plan" präsentieren und im Gespräch deutlich machen.

Am Ende des Tages werden die Ergebnisse sämtlicher Übungen von den Assessoren einzeln und im Team ausgewertet. Ein schriftliches Gutachten wird erstellt. Das Gutachten enthält eine Standortbestimmung sowie eine anforderungsbezogene Entwicklungsplanung hinsichtlich der nächsten zwei Jahre für den Kandidaten. Der Bericht wird mit dem Kandidaten besprochen, und dieser kann seine Einschätzung zum Ergebnis äußern und gegebenenfalls gegen bestimmte Zuschreibungen Einspruch erheben. Er wird angehört, hat jedoch kein Vetorecht. Abschließend geben die Assessoren gegenüber dem rekrutierenden Unternehmen eine verbindliche Stellungnahme ab, ob sie den Kandidaten für die zur Diskussion stehende Position empfehlen, mit Vorbehalt empfehlen oder nicht empfehlen.

Jeder Assessment-Provider nutzt eine etwas andere Palette an Methoden oder wählt einen anderen zeitlichen Ablauf. Denn Assessoren haben unterschiedliche fachliche Neigungen, sie gehören oft auch unterschiedlichen wissenschaftlichen Fachrichtungen an. Darüber hinaus haben sie ihre eigenen diagnostischen Erfahrungen und Überzeugungen, die sich einer oft über Jahrzehnte erstreckenden beruflichen Praxis verdanken. Wichtig ist, dass die wesentlichen Fähigkeiten und Persönlichkeitsmerkmale sowie die Motivation des Kandidaten sowohl im Selbst- wie im Fremdbild erhoben und im Hinblick auf die konkrete Position richtig interpretiert werden. Professionelle und erfahrene Assessoren verstehen sich darauf, innerhalb eines Tages ein umfassendes, detailliertes und wissenschaftlich belegbares Bild von einer Persönlichkeit und ihrer managementtechnischen Effizienz zu gewinnen. Sie verstehen sich auch darauf, die weitaus schwierigere Aufgabe der richtigen und fairen Bewertung des Kandidaten auf nachvollziehbare, überprüfbare und verständliche Weise vorzunehmen und ihre Stellungnahme in einem mündlichen Gutachten gegenüber den Gremien des Unternehmens zu begründen und zu vertreten. Meine letzten Sätze lassen es bereits anklingen: Ich gehe davon aus, dass in der Regel das Assessment von einem externen, professionellen und unabhängigen Anbieter durchgeführt werden sollte. Eine derartige Bewertung kann unmöglich durch künftige interne Mitarbeiter eines CEO, CFO oder anderen Vorstandsmitglieds durchgeführt werden. Für die spätere Zusammenarbeit ist es unerlässlich, dass manche Daten zu seiner Person auch mehr oder weniger wie ein Staatsgeheimnis behandelt werden.

Nicht zu schaffen?

Ein immer wieder heiß diskutiertes Thema ist der Faktor Zeit. Über die Besetzung von Top-Positionen in der Wirtschaft entscheiden Top-Leute. Geht es um Vorstandspositionen, dann gibt es häufig einen Personalausschuss, dem häufig der Aufsichtsratsvorsitzende vorsteht. Derartige Ausschüsse bestehen idealerweise aus drei Mitgliedern, oft Inhaber von Top-Positionen auch bei anderen Unternehmen. Werden Positionen unterhalb des Vorstands besetzt, dann sind in der Regel der jeweilige Vorstand sowie die ihm zugeordnete Human-Ressources-Leitung für diese Entscheidung verantwortlich. In eigentümergeführten Unternehmen ist zusätzlich in der Regel die Einschätzung und Zustimmung des Eigentümers einzuholen. Im Falle von Gründerunternehmern laufen in den meisten Fällen bei ihm oder ihr praktisch sämtliche Fäden zusammen.

Viele diese Spitzenkräfte haben einen enormen Arbeitsdruck. Um sich mit einer Handvoll Kandidaten jeweils einen halben oder ganzen Tag lang zu beschäftigen, müssten sie beinahe eine halbe Arbeitswoche aufwenden. Viele glauben, sich mit Rücksicht auf ihre übrigen Aufgaben nicht so viel Zeit nehmen zu können.

An dieser Stelle wäre es ein Einfaches, eine Diskussion über die richtige oder falsche Prioritätensetzung zu beginnen und über manche Personalentscheider herzuziehen. Aber Besserwisserei und People-Bashing sind gerade in diesem komplexen Gebiet weder zweckmäßig noch zielführend. Schließlich nimmt sich die höchste Entscheidungsmacht im Staat, der Bürger, im Allgemeinen noch weniger Zeit, um über die Besetzung der allerwichtigsten Positionen zu entscheiden. Jedenfalls habe ich den Eindruck, dass bei Wahlen einige mit nicht viel mehr Informationsgrundlage entscheiden als der, welcher Kandidat auf den Wahlplakaten das sympathischste Lächeln zeigt und welche der Parteiparolen am wenigsten absurd klingt. Die laufende mediale Berichterstattung wird vielleicht noch verfolgt, Parteiprogramme, Bücher oder Biografien der Kandidaten lesen bereits nur wenige — geschweige denn, dass sie sich wirklich die Mühe machen, in eine andere Stadt zu fahren, um den oder die Kandidatin bei einer Veranstaltung persönlich zu erleben. Immerhin werden die Fernseh-Rededuelle der Spitzenkandidaten verfolgt, bei denen Auftreten und Redebeiträge allerdings von einem Team von Beratern, Coaches, Stylisten und Ghostwritern bis ins letzte Detail durchgeplant wurden und vom authentischen Verhalten des Kandidaten nur noch ein kleiner Teil zum Vorschein kommt. Selbst diese stark gefilterte Informationsquelle wird nicht gerade umfassend genutzt: Bei den Bundestagswahlen 2009 sahen sich 14,2 Millionen Zuschauer das Fernsehduell der beiden Kanzlerkandidaten an — gerade einmal ein Viertel der 62,2 Millionen Wahlberechtigten. 6,7 Millionen nutzten den Wahl-O-Maten, der im Internet in weniger als zehn Minuten errechnet, welche der Parteien in zentralen Fragen am besten mit der politischen Meinung des Nutzers übereinstimmt. War den übrigen Wählern dieses Werkzeug zu plump, oder wollten sie nicht einmal diese zehn Minuten in ihre Entscheidung investieren? Ich befürchte Letzteres.

Aber selbst wenn die Entscheider entschlossen sind, viel Zeit in die sorgfältige Besetzung der Top-Positionen zu investieren: Ihre Kernkompetenz liegt oft in einem anderem Aufgabenbereich. Das ist das zweite Handicap bei internen Evaluierungsprozessen. Der Vorstandsvorsitzende eines großen Unternehmens steht — das ist allerdings je nach Unternehmensgröße sehr unterschiedlich — vielleicht alle ein bis zwei Jahre vor der Herausforderung, einen Top-Manager freizuschalten oder abzulehnen. Das bedeutet: Kandidaten fundiert einzuschätzen gehört nicht zu seinen Kernaufgaben. Er kann unmöglich über auch nur ein teilweises, geschweige denn das gesamte Handwerkszeug an Übungen, Gesprächsmethoden und psychologischer Evaluation verfügen, das ein hauptberuflicher Assessor hat.

Hinzu kommt: Jedes Assessment, jeder Eignungstest ist ein Vergleich. Die meisten Vergleiche basieren auf Erfahrung mit Vergleichspopulationen, auf Referenzgrößen, auf dem guten oder schlechten Beispiel auch und gerade einzelner Anderer. Je mehr Erfahrung, d.h. Referenzpersonen vorhanden sind, desto einfacher, sicherer und aussagekräftiger wird der Vergleich. Ein Personalchef in einem Unternehmen, das alle Jahre eine Top-Führungskraft einstellt, hat nur eine eingeschränkte Möglichkeit, die aktuellen Kandidaten zu vergleichen. Er ist in der Lage, aus den dreien, die vielleicht zur Verfügung stehen, den Besten herauszufiltern. Ob dieser aber dann auch einem Vergleich mit jenen standhalten würde, die gerade nicht in seinem Büro sitzen und dringendst dort sitzen sollten, das weiß er nicht. Erst wenn umfassend geklärt ist, was der Führungskräftemarkt hergibt — und was nicht —, kann eine vielversprechende Auslese des geeignetsten Kandidaten beginnen.

Die Auswahl des Einen unter Vielen funktioniert im Prinzip nach dem Weber-Fechner-Gesetz, das der Psychologe Ernst Heinrich Weber 1834 aufstellte, der Physiker Gustav Theodor Fechner 1860 überarbeitete und in jene Form brachte, die heute in jedem Psychologie-Lehrbuch steht. Es beschreibt die sogenannte „just noticeable difference": den gerade noch merklichen Unterschied bei Sinneswahrnehmungen. Dieses Gesetz beschreibt zum Beispiel, ab wann man bemerkt, dass ein in der Hand gehaltener Gegenstand schwerer ist als ein anderer, nämlich erst ab einem Gewichtsunterschied von 2 Prozent. Ein Sack Kartoffeln, der 10 Kilogramm wiegt, ist demnach erst dann merklich schwerer als ein anderer, wenn er 200 Gramm mehr auf die Waage bringt. Genauso ist es mit dem Sehen, dem Hören und dem Riechen und eben auch mit der vergleichenden Beurteilung von Kandidaten für Spitzenpositionen. Gefragt ist meistens derjenige, der im Vergleich zum Rest mehr und relevantere Fähigkeiten mitbringt. Das gilt überall dort, wo besondere und singuläre Leistungen erbracht werden. Nur geübte Dirigenten von Weltklasse haben in hunderten oder tausenden von Proben und Konzerten die notwendige Erfahrung erworben, einen solchen merklichen Unterschied zum Beispiel aus den Wiener oder Berliner Philharmonikern früher und eindeutiger als andere herauszuhören. Aber auch für sie gibt es, wie für jeden Menschen, eine absolute, nicht unterschreitbare Wahrnehmungsgrenze. Ein Berater, der schon tausende Assessments mit Managern unterschiedlichster Branchen aus mehr als 30 Industrienationen geführt hat, kann ständig Vergleiche mit Top-Leuten aus der ganzen Welt ziehen. Mit Hilfe dieses nach und nach angewachsenen Maßstabs kann er eine Verhaltensweise, ein Persönlichkeitsmerkmal oder einen Wesenszug einer Person auf vergleichsweise breiter Basis ins Verhältnis setzen.

Ein Beispiel: In einem Assessment zeigte sich ein Kandidat als kühler und zurückhaltender Charakter. In seinem beruflichen Umfeld wurde er jedoch als jemand angesehen, der vorbildlich auf Offenheit und Zusammenarbeit setzt. Gemessen an seinen Kolleginnen und Kollegen im Unternehmen mochte das vielleicht stimmen. Im Vergleich mit Führungskräften in vergleichbaren Positionen in vergleichbaren Unternehmen war er aber deutlich unterdurchschnittlich teamfähig. Das war er aber vor allem auch im Hinblick auf das Unternehmen, für das er im Assessment kandidierte. Das alles war für den Kandidaten selbst überraschend, aber gleichzeitig ein wertvoller und willkommener Ansporn für ihn, an diesem Thema zu arbeiten.

Da viele Entscheider weder die Zeit noch die Erfahrung haben, um die Persönlichkeit eines Kandidaten im Hinblick auf das Benchmarking richtig einzuschätzen, ist es für viele zielführend, sich in dieser Hinsicht professionell beraten zu lassen.

Oft passiert das auch — Spitzenkräfte verstehen sich darauf, Aufgaben zu delegieren, die andere besser, schneller oder günstiger erledigen können als sie selbst. Nur leider legen gerade bei der Personalsuche einige mehr Wert auf das „schneller und günstiger" als auf das „besser". Sie lassen sich von Headhuntern und Assessoren beraten — aber oft in einer Art Bonsai- oder Discountversion.

Dieser vermeintlich glattere Weg ist zu kurz gesprungen.

Hindernisparcours

Ein Grund für die Zurückhaltung ist oftmals schlicht das Pekuniäre. Selbst Global Player beauftragen gar nicht so selten keinen besonders guten Headhunter und keinen besonders guten Assessment-Consultant, weil sie an diesem Punkt sparen wollen. Weltklasseunternehmen engagieren Feld-Wald-und-Wiesen-Berater, und diese schleppen ihnen eine Feld-Wald-und Wiesen-Führungskraft herbei. Es ist ein eigentümlicher Verhältnisblödsinn. Hinter dieser Form von Beratungsresistenz steckt oft nichts anderes als falsch verstandene Kostenorientierung. Man scheut sich, Headhunterrechnungen in Höhe von 250.000 Euro abzuzeichnen, auch wenn über das Wohl und Wehe eines 340.000-Mitarbeiter-Unternehmens entschieden werden muss, das mehr als 80 Milliarden Euro Umsatz macht.

Etablierte und bewährte Headhunter erhalten rund ein Viertel bis ein Drittel des künftigen Jahresgehalts der gewechselten Person. Seriösere Search-Consultants arbeiten lieber mit einem Festhonorar, sie wollen nicht als schnöde Provisionsjäger gesehen werden, sondern auf gleicher Augenhöhe beraten. Natürlich ist die Höhe des Festhonorars abhängig von der zu besetzenden Position. Bei einer guten Assistentin werden 10.000 Euro fällig, beim gehobenen Manager sind es etwa 100.000 Euro, bei absoluten Top-Positionen können es schon einmal mehr als 250.000 Euro sein. Dazu kommt dann noch das Honorar fürs Assessment, das etwa 3 bis 7 Prozent des Jahresgehalts der zu besetzenden Position beträgt. Insgesamt müssen Unternehmen also für eine fachlich optimal begleitete Neubesetzung etwa 35 bis 40 Prozent des künftigen Jahresgehalts rechnen.

Da wird schon mal kräftig geschluckt. Vor allem, wenn die Entscheider im Unternehmen grundsätzlich der Auffassung sind, dass Beratung generell nicht viel wert sein kann. Dass sie selbst das doch genauso gut und zudem noch deutlich günstiger erledigen könnten — wenn sie nur die Zeit dafür hätten.

In überschaubaren Fällen kann diese Einschätzung durchaus richtig sein, unter immer komplexeren Rahmenbedingungen ist sie aber meist einfach falsch. Die Wirtschaftsmedien künden täglich von solchen Fehlbeurteilungen. „Nach drei Monaten ausgeschieden wegen unterschiedlicher Auffassungen über die Strategie" u.ä.m. Die Personalentscheider vertrauen dennoch auf ihre eigene intuitive Beurteilung der Bewerber und glauben, ihr Bauch sei intelligenter als ihr eigener Kopf, kompetenter als ihre Gremien und cleverer als ein erfahrener externer Assessment-Berater, der derartige Prozesse über Jahrzehnte mehrmals wöchentlich absolviert. Dabei haben sie meist weder genug Zeit noch überhaupt Interesse, um eine wirklich auf eine breite Informationsbasis abgestützte Personalentscheidung vorbereiten zu können. Sie sind in Fragen der Auswahl von Führungskräften auch nicht gewohnt, zwischen dem zu unterscheiden, was sie nur annehmen und glauben, und dem, was in einem kontrollierten Prozess der Datenerhebung und -auswertung bewiesen werden kann.

Verstärkt wird dieses Misstrauen gegenüber den Fähigkeiten der Berater durch die Überzeugung, dass ein Externer nicht wirklich wissen kann, was für ein Mindset im Unternehmen eigentlich gefragt ist. Um ihm das richtig darzulegen, so die Argumentation, müsste das Personalgremium so viel Zeit aufwenden, dass es genauso gut selbst die Kandidaten unter die Lupe nehmen kann.

Dazu kommt die Sorge, externe Berater könnten den Entscheidern einen Kandidaten aufdrängen, den diese nicht möchten. Oder andersherum deren Favoriten — horribile dictu — als ungeeignet einstufen. Dass jemand, der für das Wohl und Wehe eines großen Unternehmens, einer Behörde, einer Nichtregierungsorganisation verantwortlich ist, eine wichtige Personalentscheidung nicht jemand anderem überlassen darf, ist klar. Natürlich besitzen die Berater keine wirkliche Entscheidungsmacht und das Personalgremium kann sich immer gegen deren Empfehlung entscheiden. Dies muss es auch von Zeit zu Zeit tun. Das führt dann aber meistens zu internen Diskussionen und sollte gut begründet sein, zum Beispiel durch ein Gegengutachten.

Hinzu kommt ein grundsätzliches Misstrauen gegenüber der Motivation der Berufsgruppe der Headhunter: Als Verkäufer ihrer Kandidaten, so vermuten die Personalentscheider, neigen diese dazu, die Vorzüge groß- und die Nachteile kleinzureden und den Leistungsausweis des Kandidaten lieber nicht allzu sorgfältig zu überprüfen.

Tatsächlich gibt es wie in jeder Branche schwarze Schafe, die diese Sorge bestätigen. Manche Dienstleister servieren ihren Kunden laufend die gleichen schrägen Kameraden auf dem Silbertablett, nicht gar zu selten diejenigen, die andernorts schon tüchtig versagt haben. Einige Headhunter bilden bisweilen unsägliche Seilschaften, die dafür sorgen, immer gut im Geschäft zu bleiben, ohne ihren Kunden wirklich weiterzuhelfen. Es ist ein ähnlicher, sich selbst perpetuierender Mechanismus wie bei manchen Ärzten: Je kränker die Klientel, desto mehr Geschäft für den Arzt. Warum also komplett heilen? Am Leben erhalten reicht doch.

Derartige Headhunter mit zweifelhafter Berufsethik gibt es — vielleicht sogar etwas mehr als in anderen Berufsgruppen. Und selbstverständlich kann es vorkommen, dass der Headhunter oder Assessor sich in einem Kandidaten täuscht.

So durchdacht ein Assessment-Szenario auch sein mag und so umfassend es die Person des Kandidaten erkundet — es ist immer nur ein Ausschnitt, eine Stichprobe der Realität, die nicht alle Eventualitäten und Aspekte berücksichtigen kann. Beispielsweise könnte der Assessor negative Eigenschaften oder auch Mängel an Fähigkeiten des Kandidaten in subjektiver Gewichtung mit anderen, guten Eigenschaften sehenden Auges als Nebenaspekt in den Hintergrund stellen. Dieses passiert nicht gar so selten, wenn der Assessor vom Headhunter bezahlt und von ihm infolgedessen teilweise finanziell abhängig ist. Wenn sich dieser Mangel dann später als schädlich entpuppt, war die Expertise dennoch eine Fehleinschätzung. Einem unabhängigen Assessor passiert das natürlich seltener, obwohl es vermessen wäre, zu behaupten, es passiere ihm nie.

Selbstverständlich können die Auserwählten auch bei einer zutreffenden Expertise später auf ihren Führungspositionen immer noch scheitern. Aus Gründen, die außerhalb der Beurteilungs- und Testsituation liegen. Dazu zählen unerkannte Krankheiten, bei denen der Kandidat seine ursprüngliche Leistungsfähigkeit verliert. Oder Neuorientierungen im Leben, etwa wenn eine Person plötzlich religiös wird und ihre Berufung darin erkennt, nun die Wasserversorgung auf dem Balkan aufzubauen. Oder eine neue Frau, ein neuer Mann tritt in ihr Leben und verändert ihre Wertvorstellungen und damit ihre Bereitschaft, ihr Leben ganz in den Dienst eines Unternehmens zu stellen. Ich habe auch schon gehört, dass Manager nach dem Besuch des Kinofilms „Eat Pray Love" von Ryan Murphy unbedingt ein Sabbatical machen wollen. Die letztlich handlungswirksamen Faktoren des realen Lebens kann niemand vorwegnehmen. Gelegentlich hatte der Kandidat auch von Anfang an eine gänzlich andere, völlig undurchschaubare persönliche Agenda. Er sah seine Zukunft vielleicht doch eher im Blockhaus in Schweden, auf einem abgelegenen Weingut in Südfrankreich oder in einer wunderschönen Wohnung mit Blick auf den Bodensee. Vielleicht träumt er auch davon, ein Hotel aufzumachen und tut dies, sobald er ein Hotel übernehmen kann. Solche Wunschträume sind die interessantesten und geheimsten und kein Mensch muss oder soll diese mit anderen Menschen teilen, auch nicht mit dem Assessor. Hundertprozentige Sicherheit wird es nicht geben.

Das Zögern von Personalgremien gegenüber Headhuntern und Assessoren ist also nicht völlig unbegründet. An all diesen Argumenten ist etwas dran. Aber nicht genug. Im Vergleich zur Bedeutung der Aufgabe sind die Gründe zweitrangig.

Der Preis des Misstrauens

Selbstverständlich kann es mal passieren, dass ein Headhunter nicht den idealen Kandidaten liefert, dass ein Assessoren-Team aus der vorhandenen Auswahl denjenigen empfiehlt, der sich später als nicht völlig befriedigende Besetzung herausstellt. Deswegen gänzlich auf externe Beratung zu verzichten, entspricht aber derselben Logik, mit der ein schwer Herzkranker sich weigert, zum Arzt zu gehen, weil er in der Zeitung vom Behandlungsfehler irgendeines Äskulapjüngers gelesen hat. Mit Beratung kann die Kandidatensuche schiefgehen — ohne oder mit Schmalspur-Beratung geht sie aber mit deutlich höherer Wahrscheinlichkeit daneben. Es ist immer wieder schauderhaft mit anzusehen, wie Führungskräfte scheitern, die mit Minimalaufwand auf ihren Posten gehoben wurden. Kompetente Berater haben deutlich höhere Trefferquoten, das zeigt die Auswertung der Langzeitevaluierung ein bis fünf Jahre nach dem Assessment. Dies zeigen die langjährigen Studien u.a. von Professor Filip Lievens von der Universität Gent, einem der heute führenden Assessment-Forscher in Europa, sowie eine Fülle von Evaluierungsstudien im Gefolge der heute schon als legendär anzusehenden Progress Study des amerikanischen Psychologen Dr. Douglas W. Bray, der von 1956 an über 30 Jahre lang Manager in ihrer Berufsentwicklung begleitete. Für den Umgang mit Personalberatern gilt dasselbe wie bei jedem Fliesenleger oder Investmentberater: Ob die avisierte Firma zu den Vertrauenswürdigen gehört, lässt sich relativ leicht herausfinden, indem man sich bei den bisherigen Kunden umhört. Ist hier die Resonanz positiv, und sind die meisten der bisher empfohlenen Kandidaten noch auf ihrer Position (oder inzwischen auf einer besseren im gleichen Unternehmen), dann stehen die Chancen gut, dass die Berater auch für die eigene Suche den oder die Richtige selektionieren werden.

Auch die Sorge vor einem zu großen Eingriff in interne Entscheidungsstrukturen ist unbegründet. Seriöse Berater geben eine verbindliche Empfehlung ab, mehr nicht. Eine Verabsolutierung des Assessment-Verfahren lehne ich ab, es sollte — und darf — nur zur Ergänzung eines soliden internen Evaluierungsprozesses zum Einsatz kommen, denn die Verantwortlichen müssen zwingend selbst entscheiden.

Wenn die Empfehlung des begutachtenden Chefpsychologen jedoch transparent begründet ist, hat sie Gewicht. Ein reflektierter Entscheidungsträger wird es schätzen, dass hier seiner unbewussten Neigung, einen ihm selbst möglichst ähnlichen Charakter zu bevorzugen, eine Außenperspektive entgegengesetzt wird. Immerhin geht es um die Zukunft der Organisation und nicht allein darum, seine eigenen Interessen durchzusetzen.

Zum passgenauen Fitting können dann auch die Externen maßgebliche Beiträge leisten. Ein kompetenter Berater wird sich das Unternehmen anschauen, für das eine Spitzenkraft gesucht wird, und wird sich die Informationen einholen, die er braucht, um ein präzises Anforderungsprofil zu definieren und mit den Auftraggebern abzustimmen. So ist die Chance groß, dass tatsächlich der oder die Beste für genau diese Anforderungen gefunden wird.

Die Neubesetzung einer anspruchsvollen Führungsposition ist eine der wichtigsten Entscheidungen für jedes Unternehmen. Dieser Moment ist auch die ultimative Gelegenheit, Weichenstellungen für die Zukunft vorzunehmen. Die Aufmerksamkeit der Mitarbeiter, der Branche und der Öffentlichkeit ist einem in dieser Situation gewiss. Ich weiß, die sorgfältige Suche nach Mr. oder Mrs. Right durch einen Headhunter — inklusive Profilierung und Executive Assessment durch einen weiteren, vom Headhunter unabhängigen Assessment-Anbieter — hat ihren Preis. Verglichen mit dem Schaden, den ein oberflächliches Assessment anrichtet, ist er aber preiswert.

Der austro-amerikanische Ökonom und Management-Guru Peter Drucker, der vielleicht bedeutendste Managementvordenker des 20. Jahrhunderts, hat einmal festgestellt, dass rund 30 Prozent aller Besetzungen Fehlentscheidungen sind. Ein solcher Fehlgriff hat enorme Auswirkungen auf ein Unternehmen — finanzieller und zeitlicher Art. Zunächst einmal verliert das Unternehmen wertvolle Monate mit einem Manager, der nicht passt. Während dieser Zeit wird der falsche Mann am falschen Ort auch noch dafür bezahlt, dass er das Falsche tut, also geht gutes Geld verloren. Eine schlecht besetzte Führungsposition kostet immer ein bis zwei Jahresgehälter, bis die Fehlbesetzung wieder abgelöst werden kann. Und oftmals sogar deutlich mehr, in Ablösesummen und im wirtschaftlichen Schaden, den eine Fehlbesetzung anrichten kann. Die Skala ist hier nach oben hin offen. Und das ist nur der monetär zu beziffernde Schaden. Das Unternehmen büßt für den Fehler mit einer Beschädigung seines Images, mit Vertrauens- und Umsatzverlusten und mit einer Verschlechterung der Arbeitsmoral. Von den hektischen Sondersitzungen der Gremien, der verunsicherten Kundschaft, der feixenden Konkurrenz, der brodelnden Gerüchteküche und den nervlichen Beanspruchungen ganz zu schweigen. Hinzu kommt die verpasste Chance auf eine erfolgreiche Neuausrichtung, die ein wirklich guter Kandidat vielleicht erreicht hätte.

Wer bei der Besetzung der obersten Führungsposition faule Kompromisse eingeht, hat schon verloren. Meine feste Überzeugung ist: Ein führender Headhunter in dieser Branche ist gerade gut genug, um die treibende Kraft für einen Neuanfang im Unternehmen zu finden. Dem Headhunter ist als unerbittliches Kontrollorgan ein führender Assessment-Berater gegenüber zu stellen, damit aus den identifizierten und interessierten Kandidaten der oder die Beste trennscharf herausgefunden werden kann.

Wenn die Entscheider hier sparen oder sich beratungsresistent zeigen, verpassen sie die Chance, mit der Idealbesetzung das Unternehmen oder die Organisation entscheidend voranzubringen.

Ist das Bild also düster? Wird diese Chance verpasst, werden Beurteilungen bei fast allen Top-Positionen nur oberflächlich durchgeführt?

Ganz so schlimm ist es nicht. Immerhin finden Headhunter und Assessoren ein gutes berufliches Auskommen. Daraus lässt sich schließen, dass es trotz aller Widerstände immer wieder Firmen und Organisationen gibt, die sie mit der Suche und unabhängigen Beurteilung der neuen Spitzenkraft beauftragen. Da sollte es ja gelegentlich mal vorkommen, dass jemand Kompetentes auf eine verantwortliche Position berufen wird. Warum merken wir im öffentlichen Leben so wenig von diesen kompetenten Leuten?

Kadavergehorsam

Wem wirklich Vertrauen geschenkt wird

Markus ist ein Top-Mann: mit gerade mal vierzig Jahren Vorstandsvorsitzender geworden, sehr fähig, analytisch begabt, ein hervorragender Stratege und Umsetzer und dabei außerordentlich kommunikativ. Er ist die sympathische Idealbesetzung für die Aufgabe, einen Lebensmittelriesen zu reorganisieren, der in bedrohliche Schieflage geraten ist. Der Konzern besteht aus einem sehr komplexen Geflecht aus über 50 Firmen, und überall haben sich hemmende und verbohrte Seilschaften eingenistet, gegen die es sich durchzusetzen gilt. Wie einst Herkules im Augiasstall geht er daran, gründlich auszumisten. Er krempelt die Ärmel hoch und nimmt sich ein Unternehmen nach dem anderen vor. Er sucht systematisch nach den Leichen im Keller und nach denjenigen, die sie dort versteckt haben und die er schon bald allzu gut kennt.

Sein großes Problem: Der Vorstand ist sich uneins und steht nicht geschlossen und mit letzter Konsequenz hinter der von ihm betriebenen Revitalisierung. Immer wieder wird ihm in blöden Diskussionen die dringend benötigte Rückendeckung für erforderliche Einschnitte verweigert. Deshalb ist Markus gezwungen, sich in den Unternehmen selbst Verbündete zu suchen. Das hat seinen Preis. Teilerfolge muss er mit Zugeständnissen an anderer Stelle erkaufen. Dabei gerät er immer mehr in Abhängigkeiten.

Mit der Zeit bemerkt Markus, dass er einen Pyrrhussieg nach dem anderen erfochten hat. Bei der Analyse der Situation wird ihm langsam deutlich, dass er sich schon zu sehr in den überall installierten Filz hineinbegeben und sich darin verheddert hat. Er leidet unter dem Marionetten-Syndrom: Jemand wird von mehreren Seiten für ganz unterschiedliche Zwecke instrumentalisiert. Als er dann merkt, dass er aller Bewegungsfreiheit beraubt ist, als die Fesseln beginnen, ins Fleisch zu schneiden, ist es zu spät.

Markus ist zu vielen Leuten etwas schuldig, um seinen Weg noch gehen zu können. Also entschließt er sich, eine Zäsur vorzunehmen und sich beruflich neu zu orientieren. Denn noch kann er halberhobenen Hauptes aus der Sache herauskommen. Wenig später wäre das nicht mehr möglich gewesen, und sein Ansehen hätte doch sehr Schaden genommen.

Es gibt eigentlich keinen wirklichen Grund für Markus, sich als Verlierer zu fühlen. Ohne die uneingeschränkte Unterstützung seiner Vorstandsmitglieder war sein Vorhaben von vornherein zum völligen Scheitern verurteilt. Unter den herrschenden Bedingungen hätte vermutlich niemand außerhalb der allmächtigen Seilschaften die Aufgabe meistern können. Markus' einziger Fehler war es, die Position überhaupt angetreten zu haben.

Immer wieder kommt es vor, dass wirklich kompetente Persönlichkeiten mit dem für eine Top-Position idealen Können und Charakter auf zentrale Positionen in Politik, Verwaltung oder Wirtschaft berufen werden. Dennoch können sie nur wenig bewirken. Statt Schwung in die Organisation zu bringen, werden sie erbittert ausgebremst. Statt ihre Reformen und Initiativen durchzusetzen, erleben sie einen herben und fiesen Rückschlag nach dem anderen, bis sie frustriert aufgeben.

Glücklich, wer sich einer solchen Situation noch rechtzeitig entziehen kann. Um zu erkennen, dass er nicht das erreichen kann, was er für richtig und notwendig hält und also seinen Auftrag nicht angemessen erfüllen kann, braucht es Nüchternheit, Ehrlichkeit und Mut. Manche jedoch verharren auch dann noch auf ihrem verlorenen Posten, weil sie sich verpflichtet fühlen, es wenigstens zu versuchen. Die Versuche, doch noch etwas zu bewirken, werden mit jedem Frusterlebnis kümmerlicher und kümmerlicher. So werden aus Top-Leuten innerhalb einiger Jahre Amtszeit peu à peu reichlich mittelmäßige Gestalten. Sie verlieren an Kraft für die Eigeninitiative und nehmen mehr und mehr die Behäbigkeit eines zweitrangigen Provinzbeamten an. Oder schlimmer noch, sie verlieren ihre Integrität. Für eine gesponserte Urlaubsreise oder das Versprechen eines lukrativen Aufsichtsratspostens sind sie nun bereit, Aufträge an bestimmte Parteien zu vergeben, Reformpläne stillschweigend fahren zu lassen oder Kontrollen, die zu ihrer Aufgabe gehören, nicht gar so gründlich durchzuführen bzw. aktiv wegzusehen.

Da müssen gewaltige Kräfte am Werk sein, um aus einem ehemaligen Hoffungsträger eine solche Figur zu machen.

Im Netz

Als Barack Hussein Obama zum 44. Präsident der USA gewählt wurde, freuten sich nicht nur seine Anhänger in den USA, sondern große

Teile der Weltbevölkerung. Nach seinem so offensichtlich unfähigen Amtsvorgänger wirkte der sportliche, intelligente, integre und charismatische Obama wie ein glaubwürdiges Versprechen für die Zukunft. Schon kurz nach seinem Amtsantritt wurde ihm, quasi im Vorgriff auf seine angekündigte Friedenspolitik, der Friedensnobelpreis verliehen. Das zeigt deutlich, welche übermenschlichen Erwartungen an Obama gerichtet wurden: Er würde den Irakkrieg beenden, das Gefangenenlager in Guantanamo schließen, im Palästinakonflikt vermitteln, die weltweite Abrüstung vorantreiben, das Kyoto-Abkommen retten, den Umweltschutz stärken, die Zusammenarbeit in der Weltgemeinschaft verbessern, die wirtschaftlichen Probleme der USA — besonders die Jobfrage — in den Griff bekommen, die Staatsschulden senken, eine allgemeine Krankenversicherung einführen, soziale Gerechtigkeit vorantreiben, verbliebene Rassenvorurteile weiter abschwächen usw. Eigentlich hätte man von Anfang an wissen können, dass kein Mensch all das innerhalb von ein oder zwei Amtszeiten von je vier Jahren erreichen kann. Eine tiefe Ernüchterung war unvermeidlich.

Viele seiner Pläne stießen im US-Kongress, bei führenden Militärs und teils auch in der Zivilbevölkerung auf stärksten Widerstand. Vor allem die Reduzierung des Militäretats war kaum durchzusetzen. Die Einführung einer verpflichtenden Krankenkasse wurde von großen Teilen der Zivilbevölkerung als Eingriff in ihre persönliche Freiheit bekämpft, der mit guter amerikanischer Tradition unvereinbar ist. Der Kongress weigerte sich, Gelder zur Schließung des Gefangenenlagers in Guantanamo zu genehmigen, und blockierte die Verlegung der Gefangenen in Gefängnisse auf dem US-amerikanischen Festland; außerdem fand sich kaum ein anderer Staat bereit, die potentiellen Terroristen aufzunehmen.

Aber es liegt nicht nur am Widerstand mächtiger Interessengruppen, dass Obama viele seiner Versprechen nicht einlösen konnte. Es war seine eigene Entscheidung, im Afghanistan-Krieg verstärkt auf Drohnen und Luftangriffe zu setzen, die die Zivilbevölkerung in Mitleidenschaft zogen und völkerrechtlich fragwürdig waren — aber dafür unpopuläre Bilder von amerikanischen Soldatensärgen vermieden. Es war seine eigene Entscheidung, gegen die Veröffentlichung von Folterfotografien aus Abu Ghraib zu sprechen. Die Schließung des Gefangenenlagers in Guantanamo wurde nicht derart entschlossen vorangetrieben, wie sein präsidialer Erlass kurz nach Amtsantritt ankündigte; das Lager gibt es nach wie vor. Im Gegenteil, Obama legalisierte die „verlängerte Vorbeugehaft" ohne Gerichtsverhandlung für Personen, die als gefährliche Terroristen eingestuft wurden. Auch mit seiner Umweltschutzpolitik ist es nicht so weit her, wie erhofft: Er erlaubte

Ölbohrplattformen bis zu 80 km vor der Küste von Alaska und des Golfs von Mexiko in Betrieb zu gehen. Nach der Katastrophe der Deepwater Horizon erließ Obama ein Moratorium für Offshore-Ölförderung, das er aber auf Druck der Ölkonzerne vorzeitig beendete. Dass er nicht gegen die systematische informatikgestützte Ausspähung von Zivilisten — auch befreundeter Nationalitäten — durch die amerikanischen Geheimdienste (NSA) vorging, beschädigt seinen Ruf als Verfechter der Menschenrechte weiter.

Kurz: Bei vielen seiner Vorhaben wurde Barack Obama vom heftigen Widerstand verschiedenster Interessengruppen neutralisiert oder hat sich, um in der Öffentlichkeit gut dazustehen, für eine Verfahrensweise entschieden, die weniger und weniger mit seinen ursprünglichen Idealen zu tun hatte — zumindest mit den Idealen, die man ihm zuschrieb und für die man ihn vielleicht auch gewählt hatte.

Ein eingefleischter Realist könnte jetzt sagen, dass dieses Phänomen im demokratischen System angelegt ist: Jede Initiative, in welche Richtung auch immer, wird garantiert von irgendeiner Gruppe Gegendruck erhalten. Das einzige, worauf sich alle halbwegs verständigen können, ist der Stillstand. Jedenfalls in einer repräsentativen Demokratie, bei der jede Interessenvertretung schon zwecks Selbsterhalt ein Interesse daran hat, die kontroverse Debatte am Laufen zu halten und Abstimmungsergebnisse nicht als final zu akzeptieren.

Aber auch in der Wirtschaft, die ja nicht demokratisch gesteuert wird, sind Führungspersönlichkeiten oft abhängig von Interessengruppen und Einzelnen. Da gibt es die Gewerkschaften, die die Arbeitnehmer vor Ausbeutung schützen wollen; da gibt es die Aktionäre, die sich eine konstante bzw. sich steigernde Gewinnausschüttung wünschen; da gibt es die verschiedenen Abteilungen und Standorte, die jeweils ihre Stellung kräftigen wollen; da gibt es die Schwesterunternehmen, die zur Konkurrenz, und die Wettbewerber, die schon morgen durch eine Fusion zu Schwesterunternehmen werden können, und es gibt alle Abstufungen von Beteiligungen an und Kooperationen mit anderen Unternehmen. Ein Vorstandsvorsitzender eines großen Konzerns bewegt sich auf weitgehend vermintem Territorium und muss größtes politisches Geschick an den Tag legen, um keine wichtigen Stakeholder dauerhaft zu verärgern und dann zu verlieren. Mancher löst das dadurch, dass er sich an den entsprechenden Stellen lieb Kind macht und sich in der Not auch kräftig einschleimt.

Nicht immer ist jedoch das Wirken von Interessengruppen daran schuld, wenn Führungskräfte so schrecklich wenig erreichen. Was potentiell große Persönlichkeiten ausbremst, ist oft nicht einmal aktiver Widerstand. Die Bremsklötze liegen ein Stück weit auch tatsächlich im System.

Systemfehler

Claudia hat in ihrer Stellung am Bildungsministerium ein Konzept zur Ganztagsbetreuung von Jugendlichen entwickelt, das eine Kooperation von Schulen mit freiwilligen Betreuern, örtlichen Nachhilfeschulen und Freizeiteinrichtungen wie zum Beispiel Schwimmbädern vorsieht. Die Kooperation öffentlicher und privater Partner, die auch noch in die Zuständigkeit verschiedener Verwaltungsbereiche fallen, erfordert umfassende Abstimmung. In langen Sitzungen und ausführlichen Korrespondenzen tauchen schon bald allerhand juristische Fallstricke auf: Wie steht es um den Versicherungsschutz, wer ist verantwortlich im Sinn der Aufsichtspflicht? Zwar liegt die Bildungshoheit bei den Ländern, aber müsste durch den Freizeitcharakter mancher geplanter Angebote nicht auch das Bundesfamilienministerium beteiligt werden? Als Claudia vier Jahre später eine Stelle in der Privatwirtschaft annimmt, hat sie viele hemmende Kräfte ganz persönlich kennengelernt und ist um einige dämpfende Erfahrungen reicher. Da im Ministerium nun keine treibende Kraft mehr hinter dem Projekt steht, verliert es sich bald im Sand.

Unverhofft bietet sich CEO Peter die Chance, einen Wettbewerber zu übernehmen. Dadurch würde das Unternehmen Niederlassungen in Shanghai und Bangkok gewinnen und hätte endlich eine schlagkräftige Basis für eine Expansion in die asiatischen Märkte. Aber für eine Investition dieses Umfangs müsste das Kapital der AG erhöht werden; das geht nur mit Genehmigung durch die Hauptversammlung. Die nächste Ordentliche Hauptversammlung ist erst in einem halben Jahr angesetzt; eine Außerordentliche Hauptversammlung einzuberufen erweist sich als Thema mit großem Überforderungspotential. Beim ersten, vielleicht etwas kurzfristig anberaumten Termin tauchen so wenige Aktionäre auf, dass die Versammlung nicht beschlussfähig ist. Bis bei einem weiteren Termin die Kapitalerhöhung genehmigt werden kann, hat bereits ein Mitbewerber das zum Verkauf stehende Unternehmen abgefischt.

Diese Beispiele sind fiktiv, aber sie spiegeln hunderte realer Situationen wider, die alle eins gemeinsam haben: Die Initiative einer Führungskraft, die einen großen Nutzen bieten könnte, scheitert am Dickicht von Regularien, komplexen Organigrammen, langwierigen

Entscheidungswegen. So geht jeder natürliche Schwung verloren, und das Thema ist von Anfang an eine Totgeburt. Vor allem Behörden stecken in einer strammen Zwangsjacke aus Vorschriften. Es geht auch gar nicht anders, denn ihr hoheitlicher Auftrag muss klar definiert sein und schränkt ihre Bewegungsfreiheit zugleich ein. In der Privatwirtschaft gibt es eindeutig mehr Spielraum für rasche Entscheidungen. Aber auch hier nimmt die Regeldichte permanent zu — vor allem wenn ein Verfahren in EU-Normen erstickt.

Die Inhaber leitender Positionen haben die Aufgabe zu führen und zu entscheiden. Zumindest in der Vorstellung des Gesetzgebers, die allerdings oft nicht ganz à jour ist. Praktisch werden unsere „großen Denker und Lenker" jedoch umgeben mit einer juristischen Struktur, genannt Aktien- oder Genossenschaftsrecht, die ihre Bewegungsfreiheit außerordentlich einschränkt. Die deutschen Juristen sind vielleicht die Besten der Welt. Was aber nützt das in der Praxis? Was bringt's?

Gewiss ist es unerlässlich, die Macht der Mächtigen systematisch zu begrenzen. Kontrollmechanismen und gesetzliche Grenzen ihrer Befugnisse verhindern zumindest in rechtsrelevanten Bereichen, dass sich nicht jeder Vorstandsvorsitzende, jeder Präsident einer Behörde aufführen kann wie ein wild fuchtelnder und zischender Inka-Herrscher mit absoluter weltlicher und religiöser Macht.

Was mich nachdenklich stimmt, ist das Ausmaß, in dem Führungsverantwortliche durch das sie umgebende Regelwerk, durch Strukturen aller Art eingeschränkt werden. Das hat mit den unerlässlichen Leitplanken für die menschliche Verhaltensregulation teilweise nur noch von fern zu tun. Der Homo kafkaeskus ist Realität geworden. Auch in Situationen, in denen ein Machtmissbrauch nun wirklich nicht zu befürchten ist, wird größter Wert auf die Einhaltung sämtlicher Vorschriften und der im Organigramm vorgesehenen Entscheidungswege gelegt. Als ob nur derartige Strukturen verhindern könnten, dass eine eklatante Fehlentscheidung getroffen wird. Daraus kann ich nur schließen, dass der Glaube an System, Struktur und Regularien größer ist als derjenige an die verantwortliche Selbststeuerung der bevollmächtigten Führungspersonen, denen doch die Führungsverantwortung aufgrund ihrer Fähigkeiten und Vertrauenswürdigkeit übertragen wurde.

Auf jedem Führungskräfteseminar lernen potentielle Chefs und Kontrollfreaks, dass sie ihre Mitarbeiter nicht so stark kontrollieren sollen, dass diese sonst ihre Eigeninitiative verlieren. Sondern dass es in dieser Hinsicht einer gut austarierten Balance bedarf. Möglicherweise hat aber noch niemand den Mitarbeitern und engagierten Bürgern erklärt, dass dasselbe auch für den Umgang mit obersten Führungskräften gilt, die letztendlich nach den gleichen motivationalen Prinzipien ticken wie wir alle.

Eine Führungskraft, die immer wieder zu spüren bekommt, dass ihr nicht wirklich vertraut wird, hat einen sinkenden Anreiz, ihr Bestes zu geben. Wenn jede Initiative durch unvorstellbar lange Entscheidungswege zu Tode geredet, durch alle möglichen Vorschriften torpediert wird und zuletzt in den Kanälen der internen Organisation wie in einem schwarzen Loch versinkt, dann nimmt der Antrieb ab, überhaupt noch Initiativen zu entwickeln. „Was soll ich mich anstrengen mit Plänen, die im Unternehmensinteresse liegen, wo doch alles durch Filibusterei ruiniert wird", denkt sich da mancher. Er wird vielleicht wieder etwas lächeln können, wenn er sich klarmacht, dass das Tun der Filibuster auf die römische Tradition der sogenannten „Ermüdungsrede" zurückgeht. Auch im alten Rom wusste man schon um deren Wirkung. Aber auch Humor verhindert nicht auf Dauer die verheerende Konsequenz der endlosen Verhandlungen: Der Mensch resigniert gegenüber der Struktur und gelangt nolens volens in eine Art Kadavergehorsams-Stadium — was zu Zeiten größerer Religiosität unser Herrgott war, sind nun unsere Gesetzeswerke geworden.

Ich kann und will hier nicht den Regelbruch propagieren. Regeln sollten eingehalten werden — in der Regel. Sie sind von uns selbst geschaffen worden, um das menschliche Zusammenleben geordneter und gerechter zu gestalten. Aber ich bin überzeugt: Gelegentlich gibt es Ausnahmesituationen, in denen bestimmte Regeln alle Beteiligten mehr behindern als ihnen nützen. Dann muss jedes Individuum seine Freiheit gebrauchen und den Mut haben, nach gründlicher Abwägung aller Aspekte die Regeln Regeln sein zu lassen und eine Entschlackung und Verschlankung zu verlangen. Wenn nicht, wenn wir anfangen den Regeln zu dienen statt umgekehrt, dann erstarrt unsere Gesellschaft in einer gefährlichen Paralyse. Also ist es nötig, möglichst viele Bremsklötze zu entfernen. Die Strukturen, in denen sich Top-Leute wiederfinden, flexibler zu machen. Einfache und pragmatische Ordnungen zu schaffen. Den Einfluss von Interessengruppen adäquat zu gewichten. Denjenigen, die in einem sorgfältigen Prozess dazu ausgewählt wurden, die Verantwortung zu tragen, auch hinreichend Vertrauen entgegenzubringen, dass sie verantwortungsvoll handeln werden. Nur so können Top-Leute auch Top-Performance erbringen.

Leicht gesagt.

Komplexe Systeme, verschlungene Entscheidungswege, zähe Organisationsstrukturen sind über längere Zeiträume hinweg gewachsen. Irgendwann nimmt man sie nicht mehr als solche wahr. Um sie auf das Wesentliche zu reduzieren, bräuchte es einen mutigen Schritt von genau denjenigen Personen, die davon umschlungen werden. Ja, es ist möglich. Aber sehr anspruchsvoll. Wer dem Leviathan an den Speck will, macht sich zunächst sehr unbeliebt.

Das sieht man zum Beispiel am Werdegang des ehemaligen Präsidenten des Bundeskriminalamts (BKA), Klaus Ulrich Kersten. Er war 1996 vom damaligen Bundesinnenminister Manfred Kanther in dieses Amt berufen worden und bewies in den folgenden Jahren seine Fachkompetenz. Seine Karriere bis dahin hatte außerhalb des BKAs stattgefunden, er wurde mit den Strukturen und Seilschaften innerhalb der Behörde nie so recht warm. Als er 2004 einen Umzug großer Teile des BKA von Wiesbaden und Meckenheim nach Berlin plante, löste das heftige Gegenwehr aus. Die Beamten wollten dort bleiben, wo sie sich ihr Leben halbwegs gut eingerichtet hatten. Sie wehrten sich mit allerlei Mitteln. Unter anderem wurde eine nichtöffentliche Sitzung heimlich gefilmt und der Film dem Fernsehmagazin Panorama zugespielt. Demonstrationen der Polizeigewerkschaft in der Innenstadt von Wiesbaden zeigten auf, wie unpopulär der Umzug war. Kersten war mit seinen Plänen havariert. Zuletzt griff Innenminister Otto Schily ein: Er stellte fest, dass Kersten jeglichen Rückhalt in der Behörde verloren hatte, und versetzte den knapp 64-Jährigen in den einstweiligen Ruhestand.

Alte Strukturen haben ein gewaltiges Beharrungsvermögen, insbesondere wenn es Personen gibt, die davon profitieren und langjährig Gewohnheiten aufgebaut haben. Sei es durch die räumliche Anordnung der Organisationseinheiten, sei es, indem die Struktur ihnen Einfluss auf Entscheidungen gibt oder umgekehrt ihnen jede Eigenverantwortung abnimmt. In Gremien kann man vieles blockieren, ohne als Person groß in Erscheinung treten zu müssen. Die Angehörigen der Gremien werden in verdeckten Einzelgesprächen überzeugt. In einer aufwendigen Pendeldiplomatie wird so nach und nach die Stimmenmehrheit errungen. Gelegentlich wird an der gewohnten Struktur auch einfach deswegen festgehalten, weil sie vertraut ist.

Der Einfluss von Interessensverbänden, Lobbys und Seilschaften ist schwerlich zu begrenzen. Gelegentlich sind sie mit einer mutigen Konfrontation vorübergehend in Schach zu halten, aber oft sind es wohl organisierte Gruppen, deren Unterstützung die Top-Führungskraft händeringend benötigt, um in anderen Bereichen voranzukommen.

In manchen Fällen, wie bei Markus aus dem ersten Beispiel, hätte eine entschlossene Unterstützung durch den Personalausschuss der Top-Führungskraft den Rücken stärken und sie von den Interessenverbänden unabhängiger machen können. In der Regel sind jedoch die Entscheider selbst in die verschiedenen Interessengruppen eingebunden und zusätzlich durch Vorschriften und Organigramme gehandicapt. Statt die Führungskraft unabhängiger zu machen, verstärken sie nur die Abhängigkeiten.

Das Ergebnis ist, dass aus herausragenden Persönlichkeiten auf einer Top-Position nach und nach mittelmäßige werden. Die Mühlen der Mittelmäßigkeit mahlen langsam, aber sie mahlen stetig. So wird aus der ehemals guten Personalentscheidung eine schlechte.

Mit unerfreulichen Folgen.

Im Gleitflug

Hermann hat sein mittelständisches Unternehmen in Jahrzehnten harter Arbeit aufgebaut. Er ist ein gestrenger, beinahe diktatorischer Chef, seine Leute bewundern ihn und ebenso fürchten sie ihn. Jüngere Mitarbeiter sprechen von einer Art „Angstkultur". Wenn er durch die Werkshallen geht, beugt sich alles noch ein wenig eifriger über die Maschinen. Mit harter Hand dirigiert er den Einkauf und das Marketing. Keiner wagt es, seine Entscheidungen anzuzweifeln. Quertreiber finden hier keinen Nährboden. Doch nach seinem zweiten Schlaganfall ist Hermann milder. Mit 73 Jahren hat er genug, er möchte nun lieber in seinem Garten die Rasenkanten schneiden und dabei nur noch gerade so viel Schneckenleben auslöschen wie nötig.

Sein Sohn Christoph ist ein ambitionierter Mann. Während seine Eltern einen Besuch im aktuellen Musical der nächstgelegenen Großstadt als höchstes kulturelles Ereignis ansehen, hat seine Frau ihm eine neue Welt erschlossen: Er ist belesen, musikalisch und allgemein an höherer Kultur interessiert. Da geht es an die Salzburger Festspiele, nach Bayreuth oder — in aller Stille — an das Glyndebourne Festival im schönen Sussex, wo in langen Konzertpausen in Abendgarderobe gepicknickt wird.

Der bestens ausgebildete Christoph steht in den Startlöchern. Schon lange ist ihm klar, dass er, wenn er einmal die Firma übernimmt, die Dinge etwas anders machen will. Sein Plan für die Führung des Unternehmens folgt einem frischen Approach: mehr Mitsprache und Eigenverantwortung für die Mitarbeiter, flachere Hierarchien, die Führung soll auf eine breitere Basis gestellt werden. Doch was mit einer neuen Mannschaft möglicherweise tadellos funktionieren würde, trifft bei der alten Garde auf großes Unverständnis. Sie hat sich im Lauf der Zeit symbiotisch an den Führungsstil des Firmenseniors angepasst. Alle, die einen eigenen Kopf hatten, sind längst weg oder gebrauchen ihren Kopf nur dann, wenn es die Situation beim Firmensenior emotional auch zulässt. Das plötzliche einströmende Lüftchen der Freiheit bekommt den Getreuen des Seniors nicht gut.

Chefeinkäufer und Marketingleiter sind froh, dass sie endlich dem ständigen Mikro-Management des Alten entkommen können. Ohne das Argusauge des alten Herrn machen sich allerdings schnell der Schlendrian und eine lasche Verhandlungskultur breit. In ihren eigentlichen Aufgaben machen Chefeinkäufer und Marketingleiter Dienst nach Vorschrift, in der Kommunikation zu Christoph hin sind sie allerdings überragend. Dass die Zahlen langsam aber sicher in den Keller sinken, erklären sie mit einer vorübergehenden Nachfragekrise des Marktes. Den Juniorchef können sie in der Sicherheit wiegen, dass es demnächst wieder aufwärtsgehen wird. Trotz oder vielleicht gerade wegen seiner vielseitigen Interessen hat sich Christoph nicht im Detail mit den vielleicht etwas banalen, in mancher Hinsicht geradezu trivialen Regeln der Branche auseinandergesetzt. Auch das trägt dazu bei, dass er zu lange auf die langjährigen Mitarbeiter seines mittlerweile verstorbenen Vaters setzt. Er will und kann in gewisser Weise nicht wahrhaben, dass er in diesem Umfeld entweder seinen Führungsstil anpassen — oder das bisherige Management austauschen muss.

Erst spät wird Christoph klar, dass er auf die falschen Leute gesetzt hat. Der glücklose Junior hat es trotz guter Vorsätze nicht geschafft, die Erfolgsgeschichte der Familie weiterzuschreiben. Um mit derselben Führungsriege weiterzuarbeiten, fehlt ihm die Härte des Vaters. Er beherrscht die Leute nicht und kann vielen Einflüsterungen seiner Umgebung nicht widerstehen.

Nach drei Jahren ist die Substanz des Unternehmens aufgebraucht, ein Teil geht in Konkurs, der Rest wird nach mühseligen Verkaufsverhandlungen von einem langjährigen Konkurrenten immerhin noch zu einem halbwegs anständigen Preis aufgekauft.

Wenn die führenden Köpfe von alteingesessenen Interessengruppen ausgebremst werden, führen sie eine Organisation manchmal in den schleichenden Niedergang — oder in gerader Falllinie in den Abgrund. Ein Unternehmen kann dadurch in der Insolvenz, eine Behörde in einem lächerlichen Randdasein, ein Staat in der Krise landen. Kurzum: Das gezielte und manchmal heimtückische Ausbremsen von Top-Leuten hat einen ähnlichen Effekt, wie wenn eine von Anfang an inkompetente Führungskraft am Ruder gestanden wäre.

Wenn dagegen die Führungskraft realisiert, was passiert, und abspringt, entsteht oft ein wildes Führungskräftekarussell. Gute Leute werden gesucht und gefunden, nur um nach einer Weile entnervt aufzugeben, ihren Elan zu verlieren oder damit anzufangen, dumme Fehler zu machen, die letztendlich zu ihrem Rücktritt führen. Dieser rasche Wechsel tut keiner Organisation gut.

Entscheider müssen also die Augen offenhalten; und wenn Spitzenkräfte langsam zu versteinern drohen oder sich das Karussell immer schneller dreht, sollten sie die Ursachen erkunden — und eingreifen.

Moment mal. Das klingt, als ob alles in der Verantwortung der Stellenbesetzer läge. Als ob es ihre Pflicht und Schuldigkeit wäre, dafür zu sorgen, dass die neue Top-Kraft in ihrer Arbeit nicht behindert wird. Wie Eltern, die ihren Sechsjährigen zur Schule begleiten und bei der Lehrerin vorstellig werden, da er von Klassenkameraden gemobbt wird oder mit den Unterrichtsmethoden an der Schule nicht zurecht kommt.

Top-Führungskräfte sind keine Schulkinder. Dennoch sind sie in einer für sie neuen Situation Lernende. Als Anführer tragen sie aber die Eigenverantwortung für ihren Lernfortschritt und ihre Ergebnisse. Wenn sie befähigt sind, dann sind sie gewohnt, Verantwortung für das Unternehmen oder die Organisation zu übernehmen. Nicht nur für sich selbst, sondern für alle Beteiligten. Es ist ihre ureigenste Aufgabe, sich gegenüber Interessensgruppen und starren Strukturen durchzusetzen bzw. Wege zu finden, wie sie trotz dieser Gegebenheiten ergebnisorientiert arbeiten können. Was also soll der Appell an die Gremien?

Ja, es liegt in der Verantwortung der Führungskräfte, sich nicht ausbremsen zu lassen. Die Entscheider können sie aber dabei unterstützen — indem sie zeigen, dass sie ihnen Vertrauen schenken. Indem sie ihnen den Rücken freihalten gegenüber in die Jahre gekommenen Seilschaften und Weisungshierarchien; indem sie durchblicken lassen, dass sie ihre neue Zuglokomotive nicht sofort aufs Abstellgleis schieben werden, wenn diese sich durch zweckgerichtete Reformen unbeliebt machen sollte. Dann gibt es die Chance, dass Top-Leute so gut bleiben, wie sie bei Amtsantritt waren.

Alles gut? Nein, noch lange nicht.

Ich bin nämlich der Überzeugung: Es reicht nicht, wenn Top-Leute so gut bleiben, wie sie sind. Sie müssen besser werden. Jahr für Jahr, Monat für Monat, Tag für Tag. Das passiert aber nicht oft genug. Warum bloß?

Betonfüße

Wie Top-Leute klein gehalten werden

Bundeskanzlerin Angela Merkel erntete im Juni 2013 großen Spott mit ihrer Aussage „Das Internet ist für uns alle Neuland." Zwei Jahrzehnte nachdem das weltweite Computernetzwerk auch kommerziell nutzbar wurde und sich sein Privatgebrauch rasend ausbreitete, fühlte sie sich offenbar immer noch nicht recht heimisch damit.

Als sie in die Politik eintrat, war Internetaffinität noch gar keine Standardanforderung an Politiker. Seither hat sich aber einiges bewegt. Wer in der öffentlichen Aufmerksamkeit bleiben will, muss zumindest auf Twitter und Facebook präsent sein. Die Bundeskanzlerin lässt diese Pflicht offenbar von ihrem Stab erledigen. Sie selbst hat sich mit den veränderten Anforderungen kaum mitbewegt. Ähnlich der schweizerische Bundespräsident Ueli Maurer. Er ließ kürzlich sogar seinen Facebook-Account löschen. Hierzu bemerkte er nur lapidar, dass der Account seine Erwartungen nicht erfüllt habe.

Für Menschen in Führungspositionen genügt es nicht, wenn sie die Fähigkeiten und Charakterstärken, mit denen sie ihr Amt angetreten haben, beibehalten. Sie müssen ständig dazulernen — sowohl fachlich als auch persönlich. Und das nicht nur theoretisch, sondern vor allem im Bereich der sogenannten Bauernschläue.

Eines ist sicher: Es geht immer weiter, höher und besser. Wer jemals glaubt, an irgendeinem Ziel angekommen zu sein, grenzt Neugier und Entwicklung aus und vergreist bereits. Stillstand ist kein Zustand von Dauer, er mündet zwangsläufig in Abstieg. Denn Erfolg ist ein flüchtiger Besitz, ungemein schnell vergangen und vergessen. Er will nicht nur gehalten, sondern gesteigert werden. Diese nie nachlassende Dynamik ist gut für jede Organisation und hält die Spitzenkräfte fit. „Never touch a running system" gilt vielleicht für veraltete Maschinen, aber gewiss nicht für Menschen. Die Frage ist also nicht, ob eine Spitzenkraft sich weiter verbessert, sondern wie sie das erreichen kann.

Lernpfade

Ein Klassiker der Individualförderung ist ein Aufbaustudium, zum Beispiel ein Director- oder Master-Programm an einer renommierten Business School. Bei aller Skepsis, die ich diesen Programmen — wie zuvor schon ausgeführt — entgegenbringe: Zwar sind sie kein Allheilmittel gegen Mittelmäßigkeit, aber wer die nötigen Voraussetzungen mitbringt, kann durchaus davon profitieren. Hier wird die Perspektive des Teilnehmers geweitet. Wo immer er auch funktional im Unternehmen sitzt, an einer Business School lernt er auch die anderen Bereiche — Vertrieb, Logistik, Produktion, Entwicklung usw. — und die entsprechenden Zusammenhänge besser wahrzunehmen. Das erweitert nicht nur seinen Horizont, sondern hilft ihm auch, den Blick fürs Ganze zu schärfen, seine eigene Rolle im Unternehmen im Zusammenhang zu sehen und seine Aufgabe mit denen seiner Kollegen zu vergleichen.

Auch der persönliche Abgleich der Teilnehmer des Studiengangs untereinander kann fruchtbar sein. An der Business School trifft sich eine Gruppe Gleichgesinnter, die in dieser Diversität und Qualität in einem einzelnen Unternehmen seltener zusammenkommt. Der direkte Vergleich mit anderen, die sich auf einer ähnlichen Karrierestufe befinden — oder schon ein wenig weiter sind —, ist eine gute Hilfe, um zu einer Einschätzung der eigenen Stärken, Schwächen und Potentiale zu gelangen.

Die Entsendung eines aufstrebenden Talents an eine Business School ist natürlich nur dann sinnvoll, wenn das Programm spezifisch zu seinen künftigen Aufgaben und Entwicklungsaspekten passt. Auch sollte das Institut ein gewisses Standing haben — das International Institute for Management Development Lausanne (IMD), die School of Management an der Universität St. Gallen (SoM) oder INSEAD in Fontainebleau bei Paris zum Beispiel sind exzellente Schulen, betrachtet man das jährliche Ranking über eine Zeitspanne von ein paar Jahren.

Auch für Personen, die über ein solches Aufbaustudium hinaus sind, bieten die Business Schools interessante Vorträge, Seminare und Kongresse an, bei denen sie sich mit innovativen Methoden und Konzepten vertraut machen können. Der Kontakt zu Spitzenkräften aus anderen Weltgegenden und Branchen erweitert das Sehfeld. Außerdem bietet er die Möglichkeit, mit Personen zu diskutieren, die auf einem ähnlichen Niveau sind.

Eine weitere Möglichkeit, den eigenen Horizont zu erweitern, sind sogenannte Serviceklubs wie Lions, Rotary, Kiwanis oder Round Tables, die sich dem Dienst an der Allgemeinheit verschrieben haben. Diese Vereinigungen achten sehr darauf, innerhalb ihres regionalen Einzugsbereichs Vertreter verschiedener Berufsgruppen zu versammeln. Sie sind daran interessiert, statt einen dritten Rechtsanwalt zum Beispiel eine Dirigentin, einen Gymnasialdirektor, Polizeikommissar, mittelständischen Unternehmer, Malermeister, Hochschulprofessor oder Buchhändler in ihren Reihen begrüßen zu können. So besteht die Möglichkeit, sich jenseits der in den Unternehmen herrschenden, fast schon inzestuös zu nennenden Einseitigkeit der Berufswelt mit Menschen aus den unterschiedlichsten Bereichen der Gesellschaft auszutauschen. Durch die Vielfalt der Eindrücke jenseits des Tagesgeschäftes erweitert die aktive Teilnahme in einem dieser Clubs den Erfahrungshorizont und lässt die Persönlichkeit auch erfahrener Menschen immer noch reifen — solange sie die nötige Aufgeschlossenheit, Gesundheit und Geduld mitbringen.

Eine weitere unverzichtbare Quelle der eigenen Weiterbildung ist das disziplinierte tägliche Lesen der einschlägigen Qualitätsmedien. Dazu zählen Tageszeitungen wie die Neue Zürcher Zeitung, Frankfurter Allgemeine Zeitung und New York Times, Nachrichtenmagazine wie der Spiegel oder fachübergreifende Medien wie Economist oder brandeins. Derartige Informationen zu sichten und gedanklich zu verarbeiten, ist auf jeden Fall Pflicht für jede Führungskraft. Die Mediennutzung dient nicht allein der Verbesserung der sprachlichen Fähigkeiten, sondern sorgt auch für die notwendige Meinungsbildung für längerfristige wirtschaftlich-technische Entwicklungen und politisch-gesellschaftliche Tendenzen, einschließlich der brennenden sozialen, ökologischen und militärischen Fragen.

Konsequent betrieben, ist die Lektüre einschlägiger Publikationen ein dauerhaftes, aktives Monitoring der Dynamiken einer sich atemberaubend rasch entwickelnden Welt. Wer diese Informationsquellen aktiv nutzen will, legt sich eine mediale oder Handbibliothek für seine Special-Interest-Themen an, verfasst selbst Exzerpte von relevanten Informationen und verbindet so einander fremde Welten in seiner eigenen Person. In unterschiedlichsten Gebieten auf dem Laufenden zu bleiben, ist nicht nur beim Small Talk von Vorteil, sondern erweitert den Horizont auch im Sinne der erfolgreichen Aufgabenwahrnehmung im Unternehmen und hilft dabei, ein stets hellwacher Beobachter und Akteur zu bleiben.

Auch wer am Flughafen warten muss, sollte nicht tatenlos bleiben, sondern sein Smartphone nutzen, Kindle oder iPad einschalten und E-Mails lesen, Projektpläne studieren, Businesspläne weiterentwickeln. Sollen doch die anderen „Angry Birds" abschießen, Fußballergebnisse herunterladen oder sich gegenseitig die neuesten Apps vorführen. Wer kein Analphabet ist und mit Neugier gut recherchierte Artikel in den Qualitätsmedien verinnerlicht, bleibt klar im Vorteil und verschafft sich im Lauf der Jahre einen uneinholbaren Vorsprung.

Viele Spitzenkräfte lassen sich darüber hinaus in ihrer persönlichen Entwicklung von einem Executive Coach unterstützen. Anders als die bisher beschriebenen Weiterbildungs- und Entwicklungsmaßnahmen ist das Coaching eine personenspezifische Arbeitsweise, bei der sich ein einzelner Berater mit einem einzelnen Mandanten während eines bestimmten Zeitraums intensiv auseinandersetzt. Vielleicht ist diese „Taylor made"-Qualität der Grund, aus dem von allen Entwicklungsinstrumenten das Coaching die beabsichtigte Wirkung am sichersten entfaltet — erwiesenermaßen. Die dem eidgenössischen Volkswirtschaftsdepartement angegliederte Arbeitslosenversicherung hat in einer Reihe von Studien wissenschaftlich evaluieren lassen, wie eine arbeitslose Person schnellstmöglich wieder in den Arbeitsprozess integriert und die Verweildauer am neuen Arbeitsplatz gesteigert werden kann. Die Ergebnisse der Studien haben gezeigt, dass diejenigen Arbeitslosen, die von einem individuell mit ihnen arbeitenden Berater begleitet wurden, signifikant schneller wieder im Job sind und diesen auch wesentlich länger behalten als andere, die ein Coaching in einer Gruppe oder keine Coachingmaßnahme durchlaufen haben.

Bevor sich Coach und Teilnehmer erstmals treffen, ist auf beiden Seiten Denk- und Vorarbeit notwendig. Im idealen Fall werden in einem Assessment diejenigen Aspekte der Persönlichkeit, die Entwicklungschancen in sich bergen, klar identifiziert. Diese Assessment-Phase ist extrem wichtig, da hier festgestellt wird, was für den Mandanten überhaupt erreicht werden kann. Ist seine Persönlichkeit bereits so komplett, dass ein Coaching obsolet ist? Dann machen Coach und potentieller Teilnehmer besser etwas anderes. Ist — im Bedarfsfall — ein Streben nach Verbesserung, eine Bereitschaft zu lernen überhaupt vorhanden? Wenn nicht, sollte die Anfrage freundlich mit der Begründung abgelehnt werden, die nicht nur Unternehmer verstehen: Reine Zeit- und Geldverschwendung.

Denn anders als zum Beispiel bei einer medizinischen Behandlungsmethode, die in klinischen Studien auf ihre Effizienz geprüft wurde und die auch dann funktioniert, wenn der Patient vielleicht gar nicht will, ist beim Coaching die Bereitschaft des Mandanten zur Mitarbeit eine Muss-Bedingung für den Erfolg. Was Mandanten im Coaching erfahren, gleicht einer verdichteten und praxisorientierten Reise zu sich selbst. Sie nehmen ihre Stärken, aber auch ihre Schwächen ganz genau unter die Lupe und blicken aus eigenen sowie fremden Blickwinkeln auf sich selbst. Sie entkommen so weitgehend dem Wiederholungszwang im Hinblick auf eigene, nur zu wohlvertraute Fehler, ziehen Schlüsse aus guten und schlechten Erfahrungen, stabilisieren sich auf einem höheren Niveau und schlagen ein ganz neues Kapitel in ihrem Berufsleben auf. Wenn Realität und Selbstbild weit auseinanderklaffen, wäre es ein nicht leistbarer Kraftakt, beides in Deckung bringen zu wollen. Deshalb ist ein Coachingprogramm nur dann sinnvoll, wenn der Coachingteilnehmer wirklich offen für Neues und gewillt ist zu lernen. Dies lässt sich aus den Testergebnissen im Assessment ebenso zweifelsfrei ersehen, wie es für den erfahrenen Berater aus bestimmten persönlichen Äußerungen bzw. Verhaltensweisen der Coaching-Aspiranten hervorgeht.

Wenn jedoch die nötige Offenheit vorhanden ist, dann ist ein Coaching eine enorm wirksame Maßnahme. Top-Führungskräfte können selten auf ein aufrichtiges und kritisches Feedback von Mitarbeitern und Kollegen zählen. Familie und Freunde sind nicht immer in der Lage, unternehmensinterne oder komplexe politische Situationen nachzuvollziehen. Einer meiner Coaching-Mandanten sagte mir einmal: „Wissen Sie, mit meinem Wirtschaftsprüfer kann ich mich über solche Dinge nicht austauschen, mit dem Anwalt auch nicht, mein Arzt ist zu weit weg, und meine Frau will ich nicht noch mehr belasten." Das Fehlen von Partnern auf Augenhöhe ist eine typische Begleiterscheinung von Erfolg. So ist der Coach oft der einzige, mit dem ein Top-Manager als externes Korrektiv Lösungen durchsprechen kann. Die Kommunikation ist, wenn man sich gut kennt, teilweise auch per E-Mail oder SMS möglich. Ich persönlich bediene mich beim Coaching aller zur Verfügung stehenden Medien. Doch jegliche Speicherung von Informationen kann hier aus Gründen der Geheimhaltung schon zu weit gehen. Und schließlich ist auch ein Coach kein Allheilmittel. Es gibt introvertierte Menschen, die besser im stillen Kämmerlein mit einer Checkliste als Werkzeug zur permanenten Selbstanalyse arbeiten können als mit einem Coach, der auf sie einredet.

Ein Top-Executive sollte mindestens einmal im Jahr eine relevante Checkliste abarbeiten: Wo stehe ich zurzeit? Was war gut? Was war schlecht? War ich wirkungsvoll? Wer ist sein Geld wert, wer nicht? Machen wir hier einen guten Job, oder verwalten wir uns selbst? Die aufrichtige Beantwortung solcher Fragen und die damit einhergehende kritische Selbstanalyse ist Katalysator für die eigene Persönlichkeitsentwicklung und ein wirksames Mittel gegen lähmende Selbsteingenommenheit.

Verglichen mit den Antworten vom Vorjahr ergeben sich oft nützliche Erkenntnisse. Wenn die Führungskraft schon einen ganzen Stapel solcher Einschätzungen gesammelt hat, wird ihr klar, ob sie schon vor zehn Jahren Ähnliches gedacht und gemacht hat. Ein heilsamer Schreck! Denn es ist zwar die Regel, aber dennoch absurd, über Jahre und Jahrzehnte praktisch dasselbe zu tun und trotzdem auf ein besser werdendes Ergebnis zu hoffen.

Jemand, der seit Jahren mit einem Hammer Schrauben ins Holz drückt, wird nur mäßigen Erfolg ernten: Die Schraube sitzt krumm, das umliegende Holz ist zersplittert. Doch er wird wohl weitermachen, wenn er es nicht besser weiß. Das Gehirn ist nun mal eine Art Referenzsystem, das Erfolge und Misserfolge systematisch abspeichert. Wenn jemand irgendwo schon mal durchgetrampelt ist und weiß, dass er durchkommt – die Schraube ist ja schließlich irgendwie drin –, dann wird er es beim nächsten Mal wieder machen. Mit einem persönlichen Logbuch besteht zumindest die Chance, dass es einem irgendwann auffällt, dass man nicht das optimale Werkzeug hat.

Ein bekanntes Beispiel für den Verfasser eines solchen Logbuchs ist der römische Kaiser Marc Aurel, der auch heute noch eine der Referenzgrößen für Führungspersönlichkeiten ist. Seine Familie stammte aus der spanischen Provinz. Als er noch jung war, wurde Kaiser Hadrian auf ihn aufmerksam und ließ ihn von den führenden Philosophen seiner Zeit ausbilden. Marc Aurel muss schon als Kind eine außergewöhnliche Persönlichkeit gewesen sein: Sein Mentor Hadrian nannte ihn Verissimus, d.h.: der Wahrhaftigste. Hadrians Nachfolger auf dem Thron, Antoninus Pius, adoptierte den Wunderknaben. Mit 40 Jahren wurde der Aufsteiger zum Kaiser bestimmt und blieb es 19 Jahre lang. Sein Wertegerüst war möglicherweise den meisten Anfechtungen gewachsen – auch als Herrscher über das römische Weltreich lebte Marc Aurel karg und genügsam. Hoffen wir zumindest, dass es sich so verhielt und nicht nur die Legende einen Heiligenschein um den Philosophenkaiser wob. Während seiner Regierungszeit verfasste er die berühmten „Selbstbetrachtungen" als persönliches Logbuch, in denen er sich selbst immer wieder hinterfragte und erneut auf Kurs brachte.

Leider lassen viele Führungskräfte eine solche Weiterentwicklung vermissen. Angela Merkels Distanz gegenüber dem Internet ist nur ein

Beispiel dafür. Ich begegne immer wieder Führungskräften aus der Wirtschaft, die sich seit unserem letzten Treffen vor zwei oder fünf Jahren kaum oder gar nicht weiterentwickelt haben. Wie ist das nur möglich?

Fest gemauert in der Erden

Roland war Bereichsleiter bei einem namhaften Automobilzulieferer, in einem wahren Powerhouse der Autoentwicklung. Dort werden die immer neuen Komponenten von BMW, Audi, Mercedes oder Jaguar entwickelt, die wir auf unseren Straßen bewundern dürfen. Seine Vorgesetzten, Männer von robuster Wesensart und mit „Benzin im Blut", schätzten ihn als begabten Ingenieur und talentierten künftigen Manager ein. Allerdings hatten sie bereits festgestellt, dass Roland ziemlich schnell einschnappte, sobald die leiseste Kritik an ihm oder seinen Entscheidungen geübt wurde. Roland beharrte dann auf seinem Kurs und wollte keinen Millimeter davon abweichen. Er hörte, wenn er in diese Mimosen-Phase verfiel, weder auf Mitarbeiter noch auf Vorgesetzte, wenn sie beispielsweise Wünsche an ihn herantrugen oder ihm die eine oder andere kritische, eigentlich wohlmeinende Frage stellten. Für ihn stand im Betriebszustand der beleidigten Leberwurst fest: Er hatte als Einziger den Durchblick, und alle anderen hatten keine Ahnung. Das Problem: Oft hatte er recht, manchmal aber auch nicht, und das wurde dann für das Unternehmen kostspielig.

Sein Vorgesetzter wandte sich an mich mit der Bitte, ihn auf dem Weg zu einem sozialverträglicheren und damit erfolgreicheren Führungsstil zu begleiten. Man hatte Zweifel an ihm, ihn aber auch noch nicht aufgegeben. Ich war damals am Anfang meiner Karriere und fest davon überzeugt, dass ich das mit Roland hinbekäme. Ich schätzte mich für einfallsreich und beraterisch geschickt genug ein, um auch mit diesem stark kritikempfindlichen Teilnehmer zurechtzukommen. Heute weiß ich, dass diese Entscheidung teils meinem Helfersyndrom, teils der vermutlich nicht völlig untypischen Selbstüberschätzung des ambitionierten Berufseinsteigers geschuldet war.

Kritikempfindlichkeit ist oft nur die Spitze eines Eisbergs: Oft liegt eine mangelnde Konfliktfähigkeit zugrunde. Das zeigte sich in diesem Fall an folgendem Vorkommnis: Rolands Bereichskollegen wussten um seine Konfliktscheue und versuchten, bestimmte, ziemlich happige Kostenpositionen in sein Budget zu verlagern. Dies hätte in Rolands Abteilung für einen desaströsen Kostenanstieg gesorgt und seine Erfolgsratio nachhaltig zerrüttet. Ich riet ihm zu energischer Gegenwehr. Doch ich konnte ihn nicht zu einer Reaktion bewegen. Alles Coaching half nichts, Roland akzeptierte lieber die Opferrolle, als den Kampf aufzunehmen. Was da ganz genau vor sich geht, bleibt auch für den Fachpsychologen etwas undurchschaubar, da sich längst nicht alle psychischen Dynamiken eines Individuums diagnostizieren und rekonstruieren, geschweige denn verstehen lassen. Für mich war das Alarmstufe Rot. Als Coach war ich in dieser Situation machtlos. Als Roland dann begann, meine Handlungsempfehlungen innerhalb des Unternehmens öffentlich zu kritisieren, beendete ich das Coaching. Den Kunden habe ich damals natürlich verloren.

Roland war im Verlauf des Coachings noch verschlossener und unzugänglicher geworden, als er schon war. Die Mimosen-Falle war bei ihm zugeklappt, und auch ich hatte es nicht verhindern können. Ich konnte ihn auch nicht von schwerwiegenden Führungsfehlern abhalten. Es war also das Gegenteil dessen eingetreten, was ich beabsichtigt hatte.

Inzwischen habe ich eine kleine Typologie derjenigen erarbeitet, die sich nicht coachen lassen. Da ist der Manager auf mittlerer Ebene, der sich durch nichts von seinen Überzeugungen lösen lässt. Wie Roland ist er seinen eigenen Gewissheiten verhaftet und mental so einbetoniert, dass eine Enthemmung nicht möglich ist. Dieser Unverbesserliche wird kaum größere Erfolge erzielen können und entsprechend dort sitzen bleiben, wo er ist – wenn er Glück hat. Wahrscheinlicher ist, dass seine Karriere in einen Abwärtstrend übergehen wird. Andererseits gibt es auch hier keine sicheren Prognosen. Selbst mittelmäßige Manager können bis in den Vorstand aufsteigen, wenn sie auf dem Schachbrett ihres Vorgesetzten eine wichtige Rolle zugedacht bekommen und benötigt werden, um schwierige Gegner abzuwehren. Mancher loyale Mensch ist so für seine ehrliche Art gratifiziert und in die höchsten Höhen der Karriereleiter gehoben worden. Der Preis: Oftmals kommt ihr Unternehmen auf dem jeweiligen Geschäftsfeld dann nicht mehr so richtig vorwärts.

Andere kommen mit der teilweise auch persönlichen Gesprächssituation beim Coaching nicht zurecht oder wünschen eine solche Nähe des Kontakts nicht. Ich kenne hochintelligente Manager, die sich ohne Probleme vor ein paar hundert Mitarbeiter stellen und aus dem Stegreif eine durch und durch sympathisch wirkende Rede halten können.

Im persönlichen Gedankenaustausch jedoch sind sie nichtssagend und verschlossen. Sie können sich im Coaching nicht optimal weiterentwickeln, weil sie niemanden nahe genug an sich heranlassen, um ihnen dabei zu helfen.

Und dann ist da natürlich der Kandidat, der überaus erfolgreich und deshalb felsenfest davon überzeugt ist, er habe ein Coaching nicht nötig. Der Vorteil der Coaching-Nichtauftraggeber dieser letzten Gruppe ist: Sie haben oft recht. Sie kommen tatsächlich auch ohne Coaching weiter — indem sie sich selbst genau beobachten und nach einer eigenen Erfolgsmethode an sich arbeiten.

Als junger Wirtschaftspsychologe war ich zu idealistisch: Es ist sinn- und fruchtlos, sich um einen Menschen zu bemühen, der durch und durch beratungsresistent ist. Er ist und bleibt unzugänglich, ein Coaching zum Beispiel wäre für ihn lediglich eine Art von Zwangsbeglückung, die wirkungslos verpuffen würde. Für die Erfolgreichen ist dies nicht weiter schlimm. Für die Unverbesserlichen und überwiegend Erfolglosen — und davon gibt es leider viele — ist es allerdings desaströs. Sie degradieren sich selbst vom Spielmacher zum Zuschauer auf den hinteren Rängen und haben kaum mehr Einfluss auf den Verlauf der Partie. Die Welt scheidet sich zwischen diesen beiden Rollen: Der eine schießt Tore und schreibt vielleicht Sportgeschichte, der andere jubelt ihm zu — den Pappbecher in der linken und die Currywurst in der rechten Hand. Das ist beim Fußball die übliche Situation, im Geschäftsleben aber für viele eine bittere Realität. Diese geht mit scharfen inneren Brüchen in der Persönlichkeit einher, die in eine gewisse Skrupellosigkeit umkippen kann oder nach und nach in weitgehende Gleichgültigkeit übergeht.

Endhaltestelle

Im Unternehmen nennen sie ihn den Uhu. Einerseits weil Hans-Peter schon etwas älter ist, genauer gesagt 52, also aus Sicht der Youngster knapp unter hundert. Seit 27 Jahren ist er im Unternehmen, seit 19 Jahren in derselben Abteilung. An der Einrichtung seines Büros hat sich in dieser Zeit wenig geändert, nur seine persönliche Kaffeemaschine ist zweimal ausgetauscht worden und irgendwann wurden die Energiesparfenster eingebaut. Andererseits erinnert Hans-Peter mit seinen ergrauten, etwas abstehenden Haaren, seinen karierten Jacketts und seiner dunklen Hornbrille schon rein optisch an einen Uhu.

Er ist ein unbestrittener Fachmann. Auf seinem Gebiet kann ihm so leicht niemand das Wasser reichen. Außer vielleicht bei einer Software, die erst kurz auf dem Markt ist. Als personifiziertes kollektives Gedächtnis des Unternehmens hat er schon einige Male mit anekdotenreichen Ausführungen davor gewarnt, vor Jahren bereits gemachte Fehler noch einmal zu begehen. Alle anderen hatten diese Fehlinvestitionen schon längst unter den Teppich gewischt oder sind erst später dazugestoßen. Doch im Grunde ist Hans-Peter isoliert. Der Großteil der Dynamik im Unternehmen rauscht an ihm vorbei, die Branche hat sich in den letzten Jahren anders und schneller entwickelt als er. Der Vorstand hat es im letzten Sommer irgendwie bewerkstelligt, ihn von seiner einstigen Führungsposition auf eine Stabsstelle wegzulotsen. Die Leute, die ihn eingestellt haben, sind mittlerweile in Pension, tageweise gar nicht erreichbar und genießen die Zeit auf ihrem Segelboot in der Ostsee. Keiner der jungen, aufstrebenden Kollegen will ihn im unternehmensweit ausgerollten Mentoring-Programm zum Mentor nehmen.

Nach einem Eigentümerwechsel, man gehört nun zu einem dynamischen französischen Konzern, wird die Schieflage nur noch deutlicher. Es weht ein frischer Wind durchs Unternehmen. Best Practices und zugehörige Prozesse werden von der neuen Muttergesellschaft in rascher Folge implementiert. Hans-Peter passt jetzt noch weniger dazu. Das wissen seine Arbeitgeber, das weiß auch er selbst. Ein Assessment unterstreicht diese Einschätzung nur noch. Doch das Unternehmen wird ihn nicht los. Der praktisch unkündbare Hans-Peter bleibt, wo er ist. Er klebt so sehr an seinem Sitz, dass ein Spachtel notwendig wäre, um ihn davon wegzubekommen. Dabei ist er selbst tief verunsichert. Sein Selbstwertgefühl ist schon seit einiger Zeit gesunken. Er hat zwar in den letzten Jahren einigermaßen Englisch gelernt, traut sich aber ansonsten nicht mehr viel zu. Sein Ziel ist eigentlich nur noch, die Zeit bis zur Verrentung einigermaßen glatt zu überstehen. Er träumt von vergangenen Zeiten, als er im Unternehmen noch etwas galt, und sinniert immer wieder darüber nach, wie es dazu kommen konnte, dass er so von den führenden Exponenten und wichtigen Entscheidungen im Unternehmen abgekoppelt werden konnte.

Eigentlich ist Hans-Peter führungserfahren, verfügt über angenehme Umgangsformen und begrüßt andere mit einem fröhlichen „Hallo". Mit Sicherheit gibt es irgendwo da draußen ein Unternehmen, das seine breite und tiefe Expertise gerade im ausgedehnten deutschen Markt gut brauchen könnte. Dass er nach so vielen Jahren das Unternehmen wechselt, ließe sich mit einiger Geschicklichkeit gut nach außen kommunizieren. Klar, da ist das Alter. Aber auf seiner Ebene darf einer auch Anfang 50 sein, um doch noch eine ganz gute Position zu finden. Er müsste sich aus seiner Isolation befreien, einen ersten Schritt wagen und an die Verkaufsfront zurückkehren. Doch längst hat er ein negatives Selbstbild entwickelt. Ein typischer Teufelskreis: Da er sich selbst nicht für sonderlich kompetent hält — er ist hierin überkritisch —, glaubt er auch nicht mehr daran, anderswo wieder großen Erfolg haben zu können. Deshalb klammert er sich an diesen seinen Arbeitsplatz. Und weil er an seiner Stelle klebt, obwohl er sie nicht ausfüllen kann, wird er sich kaum anders als inkompetent wahrnehmen können. Es bleibt dabei: Ohne dass ihm eine gute Fee eine neue Stelle anbietet, wird er nicht gehen, wie stünde er sonst vor seiner Familie da? Und betriebsbedingte Kündigungen sind ausgeschlossen, dafür läuft es im neuerdings aktivistisch geführten Unternehmen zu gut. Eine Pattsituation. Also leiden alle brav mit.

Manche Führungskräfte können sich aus dem Grund nicht mehr weiterentwickeln, weil sie ihr Potential ausgereizt haben. Sei es, dass sie wirklich nicht mehr lernen können, oder öfter, weil ihnen die nötige Neugierde, der Mut und das Selbstvertrauen fehlen, um etwas Neues in Angriff zu nehmen. Bei solchen Personen ist es oftmals zwecklos, auf Weiterentwicklung zu beharren. Das Beste für alle Beteiligten ist es, so bald wie möglich eine einigermaßen sichere Nische zu finden, in der ihre bisherigen Qualitäten gefragt sind. Einen ummauerten Garten, wo sie in Frieden Wurzeln schlagen können.

Es gibt aber noch weitere Gründe, die dazu führen, dass Führungskräfte sich nicht weiterentwickeln.

Im Hamsterrad

Viele Top-Leute haben durchaus den Wunsch, sich weiterzuentwickeln. Irgendwann. Wenn sie die Zeit dafür finden. Jetzt ist aber erst mal die Vorbereitung der Jahreshauptversammlung angesagt, dann muss die neue Strategie auf Schienen gesetzt werden, dann ist diese Serie von Konferenzen, dann der 18. Geburtstag der Tochter, an dem sie versprochen haben da zu sein, und dann, in einem Jahr oder anderthalb, lässt sich eventuell ein Termin für die Fortbildung finden, die sie schon längst ins Auge gefasst haben etc.

Die Anforderungen der Unternehmen an ihre leitenden Mitarbeiter sind oft maß- und grenzenlos. Das muss nicht einmal böse Absicht sein, es geschieht ganz automatisch. Egal ob am Feierabend oder Wochenende, für den Ehrgeizigen und Feedback-Empfänglichen gibt es immer etwas zu tun: ein neues Projekt starten, ein laufendes verbessern, ein altes abschließen. Ein talentierter Mensch, der nicht 100 Prozent seiner Zeit seinen Aufgaben widmet, bleibt aus Sicht des Unternehmens unter seinem Optimum. Rücksichten darf man auf diesem Gebiet nicht erwarten. Wer sein Versprechen, auch in Zukunft Zeit für die Familie zu haben, nicht brechen möchte, dem wird gedroht, geschmeichelt und an den Stolz appelliert, bis er einknickt. Wenn jemand das Wochenende seiner eigenen Weiterentwicklung widmen möchte, ist die Enttäuschung groß, dass das neue Konzept für die Abteilung nicht am Montagfrüh fertig ist. Viele haben nicht die Kraft, grosso modo an ihrem Lebensplan festzuhalten. Sie lassen sich kaufen und nehmen das Schmerzensgeld dafür an, dass sie die wenigen engen und authentischen Beziehungen und ihre Gesundheit, also ihr persönliches Lebensglück, aufs Spiel setzen und kaum einmal fünf Minuten Zeit haben für die eigene Weiterentwicklung. Das ist eine Art selbst gemauertes Gefängnis, aus dem es kaum mehr ein Entweichen gibt. Von ihren Aufgaben vollkommen in Anspruch genommen, richten die meisten Führungskräfte den Blick ausschließlich nach außen und nehmen sich keine Zeit für Selbstbetrachtungen.

Und hier ist der Knackpunkt: Natürlich liegt es in der Verantwortung des Einzelnen, sich weiterzuentwickeln. Aber das Unternehmen oder die Organisation, für die er tätig ist, trägt oft ihren Teil dazu bei, dass dafür kein Freiraum vorhanden ist.

Oder dass die Notwendigkeit nicht gesehen wird. Ich habe es schon angerissen: Top-Führungskräfte haben Schwierigkeiten, aufrichtiges und fundiertes Feedback zu bekommen. Diese Aufgabe kann ein Coach übernehmen — aber erst, nachdem er beauftragt wurde, nachdem also die Notwendigkeit erkannt ist. Auf die Notwendigkeit hinzuweisen, bleibt den wenigen Personen vorbehalten, die im Unternehmen oder der Organisation auf gleicher oder höherer Hierarchieebene stehen wie die betroffene Spitzenkraft. Vor allem der Personalausschuss ist hier gefragt oder der unternehmensweit tätige Talent-Manager; denn diese Personen haben die größte Legitimation, die Entwicklung der von ihnen begleiteten Führungskräfte im Auge zu behalten.

Die Entscheider müssten also die Spitzenleute mit einem permanenten Feedbackprozess unterstützen, der ihnen widerspiegelt, wo sie gerade stehen und in welchen Bereichen es Verbesserungsbedarf gibt. Und sie müssten es den Top-Persönlichkeiten zugestehen, sich ab und zu Zeit zu nehmen für ihre persönliche Weiterentwicklung. Zeit für

Seminare, Zeit für persönliches Coaching, auch mal Zeit, einfach eine Stunde lang mit sich selbst allein zu sein und Zwischenbilanz zu ziehen. Mit dieser Unterstützung könnten die Entscheider dazu beitragen, dass die Top-Leute, die sie eingestellt haben, nicht nur top bleiben, sondern immer noch besser werden.

Das geschieht meiner Erfahrung nach zu selten. Zu oft passiert es, dass die Entscheider eine geeignete Person auf die Top-Position berufen — und sich dann zufrieden zurücklehnen. Das Gipfelpausen-Syndrom, dem manche Führungskräfte verfallen, gilt ähnlich auch für diejenigen, die die Position besetzen.

Andererseits warne ich die Entscheider aber auch vor blindem Förder-Aktionismus.

Viel hilft nicht viel

Der Europa-Präsident einer bedeutenden textilwirtschaftlichen Firmengruppe verordnete den Top-Leadern der Landesgesellschaften der zentraleuropäischen Länder Deutschland, Österreich und Schweiz, den sogenannten DACH-Ländern, ein individuelles Coachingprogramm. Das Coaching von Area Manager, Marketingleiter, Logistikmanager, Einkaufsleiter, Commercial Director, Controller etc. verzeichnete beachtliche Erfolge, und innerhalb weniger Quartale begannen die DACH-Länder, die anderen europäischen Länder in der Erfolgsbilanz (Marktanteilswachstum, Umsatzwachstum, Profitabilität) an die Wand zu drücken. Dieser selektive Einsatz eines Coachings durch die Zentrale ermöglichte zwar in den einzelnen Ländern einen Entwicklungssprung, im Ganzen gesehen war die Folge jedoch Unzufriedenheit und Frustration. Die nicht Geförderten nahmen es übel, dass nicht alle die gleiche Ressource erhalten hatten und so eine Art „Zweiklassengesellschaft" entstanden war.

Coaching bedeutet eine unglaublich wertvolle Ressource für den, der sie zu nutzen weiß. Im kapitalistischen System, das auf Unterschiedlichkeit im Warenangebot als Alleinstellungsmerkmal setzt und für die Individuen gewissermaßen in der Entwicklungsanforderung aaaa (anders als alle anderen) resultiert, verleiht es vielleicht den erfolgsentscheidendsten Vorsprung vor allen anderen Rivalen. Wer das Coaching-Instrumentarium nicht wohlüberlegt, gerecht und maßvoll einsetzt, kratzt am inneren Frieden — in einem Staatenverbund genauso wie in einem Unternehmen. Mit gerecht meine ich nicht, dass alle gleichermaßen gecoacht werden, sondern dass alle die gleiche Chance haben, sich durch starke Leistungen und hohes Entwicklungspotential für ein Coaching zu qualifizieren.

Top Executive Coaching ist eine Fördermaßnahme für die wenigen künftigen Wirtschaftsführer-Anwärter. Erfahrungsgemäß kommen bei einem Assessment von zwölf Personen aus einem branchenführenden Großunternehmen, das seine Führungskader sowohl aus den großen Nationen wie Deutschland, Frankreich, Großbritannien oder den USA als auch den kleineren Areas wie Benelux oder Skandinavien abschöpft, vielleicht drei bis vier Personen ins Coaching. Aus dieser kleinen Gruppe wird eine Art Elitekader, das man überall im Unternehmen hinschicken kann. Inder, Chinesen, Brasilianer und Russen rücken nun nach und nach in diesen Kreis auf, ihre Rolle ist in manchen Sektoren der Wirtschaft bereits führend, aber diese Erfolge haben sich auf der Ebene des mittleren Managements in diesen Ländern noch nicht verstetigt, da noch nicht mehrere Generationen in den Genuss von stetigen Karrieren, systematischer Laufbahnplanung, Coaching oder ähnlichen Fördermaßnahmen gekommen sind.

Ein ebenfalls sehr wichtiges Instrument zur Förderung von Talenten ist die Weiterbildung innerhalb des eigenen Unternehmens. Üblicherweise kümmert sich in größeren Unternehmen eine ganze hoch spezialisierte Abteilung um die Förderung des Führungsnachwuchses und organisiert Seminare und andere unternehmens- und branchenspezifische Weiterbildungsmaßnahmen.

Oft wird dort mit Gießkanne und Rasensprenger gearbeitet. Der warme Regen geht auf Empfängliche und weniger Empfängliche gleichermaßen nieder. Tendenziell wird jedem das zugeteilt, was auch der Nebenmann bekommt. Man nimmt weniger Rücksicht darauf, was der Einzelne für seine Entwicklung wirklich benötigt, da es verständlicherweise auch darum geht, die Kurse gut zu füllen. So werden auch die einen oder anderen Führungskräfte mit durchgezogen, die ein halbes Jahr später wegen erwiesener Nicht-Bewährung ihren Hut nehmen müssen. Gleichzeitig werden die raren echten High Potentials weniger stufengerecht gefördert, weil ihre Fähigkeiten nicht zur Gänze erkannt bzw. im Verhältnis zu wenig positiv gewertet wurden. Oder es werden junge Führungskräfte mit ähnlichen Kompetenzen en gros auf Halde gefördert und irgendwann weiß das Unternehmen nicht mehr, wohin mit dieser Busladung von Leuten. Schließlich kann die Konjunktur und damit das Unternehmenswachstum nicht in dem Maße angekurbelt werden, wie es für die Beförderung all dieser künftigen Führungskader erforderlich wäre.

Weiterbildungsmaßnahmen werden inhouse und extern vergeben. Der Weiterbildungsbeauftragte hat seinen eigenen Auftrag und will ihn erfüllen. Also bildet er viele weiter, im Zweifelsfall alle ein bisschen. Zugegeben: Oft dürfen und können diese Bildungs-Manager gar nicht anders. Bei der Vergabe von Aufträgen müssen sie sich zum Beispiel an Einkaufsrichtlinien halten, die pauschal für die Beschaffung von Bleistiftspitzern ebenso gelten wie für den Kauf von millionenschweren Werkzeugmaschinen — und eben dem Einkauf von Beratung.

Und dann ist da der Neid, die Missgunst, die Scheelsucht, wie der Rheinländer auch sagt. Er macht manchen Weiterbildungsbeauftragten zum natürlichen Rivalen eines externen Coaches. Eine Stelle als Weiterbildungsbeauftragter ist nicht zwingend die Autobahn auf dem Weg nach oben und soll und will es wohl auch nicht sein. Es wird mittelmäßig verdient und dann sollen einem Coach hohe Tagessätze ausbezahlt werden? Lieber baut man weiter an Stabsabteilungen, googelt nach noch exotischeren Weiterbildungsmaßnahmen und schickt seine Schützlinge am Ende zum Lachseminar, auf den Hochseil-Baumpark oder zum Pferdeflüstern. Das Geld, das für derartige Maßnahmen ausgegeben wird, ist nicht notwendig zum Fenster hinausgeworfen. Es kann durchaus einen positiven Effekt haben. Im Vergleich zur Bespaßung vieler kostet ein persönliches Coaching ausgesuchter High Potentials allerdings nur einen Bruchteil und ist um ein Vielfaches effektiver.

Um die Personen im Unternehmen, die klar überdurchschnittliches Talent an den Tag legen, kann man sich nicht genug kümmern. Aus ihren Kreisen kommen die Macher, die nicht nur das Unternehmen künftig lenken können, sondern die ganze Branche so umkrempeln, dass das Unternehmen vorwiegend Heimspiele hat.

Das Schlimmste bei mancher Sonderbarkeit, die in der Weiterbildung getrieben wird, ist der Fokus: Es werden zu oft die Mittelmäßigen gefördert und die Starken ignoriert. Ob das aus ideologischen Gründen geschieht oder einfach nur aus Unverstand, kann ich nicht sagen. Vielleicht mag es auf den ersten Blick auch seltsam erscheinen: Warum sollten die Starken gecoacht werden, wenn diese doch bereits gut sind? Die Antwort hierauf lautet: Ein Coaching ist nur dann sinnvoll, wenn wirkliches Entwicklungspotential vorhanden ist. Die Frage, wer gecoacht werden soll, ähnelt der Frage: Machen wir Förderunterricht oder Nachhilfe? Mit Förderunterricht mache ich die Guten noch besser. Mit Nachhilfe halte ich die Mittelprächtigen mit Mühe auf einem mittleren Niveau. Statt einen tollen Neuwagen zu bauen, werden erhebliche Summen in die Renovation der existierenden Karre gesteckt. Ob diese dann durch den TÜV kommt, ist zweifelhaft.

Unternehmen tendieren dazu, ihre Mitarbeiter möglichst gleich zu behandeln. Das ist gewiss ein Muss; außerdem kann sich dann niemand beschweren. Von dieser Art Gleichheit halte ich dennoch wenig, denn sie ist in letzter Konsequenz hinderlich. Um unschlagbar zu werden, braucht ein Unternehmen nun einmal Top-Leute. Und Top-Leute werden entweder teuer eingekauft oder im Unternehmen mit Umsicht herangebildet, indem die Hoffnungsträger identifiziert und planvoll entwickelt werden. Ein persönliches Coaching sollte diesen Top-Leuten zukommen und sie sollten es auch als das verstehen, was es ist: als Ritterschlag, um einen entscheidenden Schritt weiterzukommen. Ihr Empire allerdings müssen sie sich selbst erkämpfen und behaupten. Der Coach ist dafür ein strategischer und operativer Partner.

Praktischerweise gibt es einen Aspekt, bei dem sich die Auswahl von Förderwürdigen beinahe von selbst ergibt: die Motivation. Wenn eine Führungskraft auf das Angebot einer Schulung oder eines Coaching nur verhalten oder pflichtbewusst reagiert, so können die Entscheider guten Gewissens sagen: Wer nicht will, ist auch nicht das richtige Material für eine Spitzenposition.

Die treibende Kraft

Was eine Spitzenkraft ihre Aufgaben im Unternehmen mit größtmöglicher Energie und Sorgfalt erfüllen lässt, ist die Suche nach Leistung, Qualität, Macht und sozialer Stellung. Diese Triebfeder ist im Inneren einiger Menschen wirksam und entzieht sich weitgehend einem Manipulations- oder Herbeiführungsversuch — entweder man hat sie oder man hat sie nicht.

Eine solche Motivation trägt allerdings erst Früchte, wenn Rahmenbedingungen erfüllt sind, welche gar nicht so leicht zu schaffen und zu kontrollieren sind. Anerkennung durch das Umfeld, die Möglichkeit, Verantwortung zu tragen und sich zu entwickeln sowie interessante Arbeitsinhalte gehören dazu. Geklärt ist jedenfalls, dass in dieser Hinsicht neben den rationalen besonders die emotionalen Faktoren wirken. Fehlen derartige Rahmenbedingungen, wird der motivationsoffene Mensch nicht gefordert, nicht stimuliert, er fühlt sich schon bald überflüssig und fehl am Platz. Ich erinnere mich an einen Mandanten, der sagte, dass ihm jahrelang einfach niemand je richtig „Danke" gesagt hätte. Wirklich gute Leute lassen sich das nicht zu lange bieten und suchen sich einen neuen Job. Die mittelmäßigen können sich damit arrangieren, dass immerhin ein gutes Einkommen, Essen, Schlafen und das Dach überm Kopf gesichert sind, und werden die Motivationsödnis mit reduziertem Engagement quittieren.

Entscheider können daher zwar niemanden motivieren, sich weiterzuentwickeln — aber sie können es vermeiden, Motivationsdämpfer zu setzen wie etwa fehlende Anerkennung, fehlendes Feedback oder das üble Gefühl, nichts bewirken zu können und eine im Endeffekt sinnarme oder sinnlose Tätigkeit auszuüben. Wenn die Rahmenbedingungen aber stimmen, werden echte Top-Kräfte jedes Förderangebot mit Begeisterung nutzen und sich, wo immer es geht, selbst Weiterentwicklungsmöglichkeiten organisieren.

Allerdings kann ein brennender Ehrgeiz, eine zu große Ungeduld auch kontraproduktiv sein. Zu wissen, wann es reicht, ist eine nicht zu unterschätzende positive Eigenschaft, die buchstäblich lebenswichtig ist. Mit zu viel Ehrgeiz und zu viel Verbissenheit das bereits Errungene einem Risiko auszusetzen, das weitaus größer ist als der zu erwartende Gewinn, hat schon so manchem die Freude genommen. Der deutsche Reichskanzler Otto von Bismarck, gelernter Diplomat, trieb die Vergrößerung und Stabilisierung Deutschlands rücksichtslos und kompromisslos voran, nur um im richtigen Moment ausgesprochen ruhig und ausgleichend zu werden. Lieber wollte er den mühsam erreichten Status stabilisieren, als durch weitere, zu schnelle und zu große Veränderungen eine Instabilität zu riskieren, die ein ganzes, noch zerbrechliches Reich in den Abgrund getrieben hätte. Sechzig Jahre zuvor hatte Napoleon diesen Fehler gemacht: Anstatt mit der Eroberung Kontinentaleuropas zufrieden zu sein, war er überzeugt, auch noch den russischen Bären seinem Imperium einverleiben zu müssen — und verlor es in den unendlichen Weiten Russlands, aus dem noch kein Eroberer siegreich heimgekehrt ist.

Es ist daher zentral wichtig, dass eine angehende Top-Kraft nicht nur genau weiß, was sie erreichen kann und will, sondern auch, wo ihre Limits sind. Wer die nicht kennt, stürzt sich vorschnell auf Aufgaben, für die er noch nicht reif ist, und wehrt vielleicht auch jedes Unterstützungsangebot ab. Damit blockiert er seine persönliche Weiterentwicklung, schwächt seinen Ruf und seine Karriere — und nicht zuletzt die Organisation, für die er tätig ist. Hier schließt sich wieder der Kreis, der zur genauen Selbstbeobachtung und Selbsterkenntnis hinführt, und der Grundlage dafür ist, dass Top-Leute immer noch etwas besser werden.

Um eine Top-Führungskraft, einen Key Player aufzubauen, braucht es zumindest zweierlei: jemanden, der es überhaupt werden will — eine stabile Persönlichkeit, die auf dem Weg ist, ihre Fähigkeiten zu echtem und überlegenem Können auszubauen — und das Augenmaß einer Führungskraft, die ihr dabei hilft. Der Hoffnungsträger trägt seine Motivation bereits in sich, er wird sich nicht zu sehr von Erwartungen anderer beeinflussen lassen, auch wenn ihm die eigene Motivstärke oft nicht einmal bewusst ist. Er weiß die meiste Zeit über, was er tut, und auch, warum er es tut. Und was er mit vierzig, fünfzig oder sechzig Jahren tun will. Seinen Lebensplan trägt er im Herzen und wird ihn mit Energie und Tatkraft wahrscheinlich auch realisieren. Wenn er Glück hat, werden ihn die Vorgesetzten und Mentoren, die ihm im Laufe seines Berufslebens begegnen, unterstützen, fördern, ihm über Schwächen hinweghelfen und ihm insgesamt ein bejahendes Umfeld bieten, in dem er sich, ohne wertvolle Zeit zu verlieren, tatsächlich entwickeln kann.

Wenn die Entscheider in einem Unternehmen oder einer Organisation diese Mentorenrolle tatkräftig einnehmen, bauen sie damit eine Startrampe für den Senkrechtstart ihrer Top-Führungskräfte — und mittelfristig auch der Organisation.

Ohne Halt weiter

Als er nach dem Führungskreis-Meeting wieder alleine in seinem Büro sitzt und zufrieden eine auf die Temperatur von 96 °C gebrühte Tasse einer Ceylon-Teemischung aus losen Teeblättern genießt, weiß CEO Fabio: Er hat es geschafft. Das Team steht. Und es steht gut da. Gerade hat sich das noch einmal in aller Deutlichkeit gezeigt. Die Aufbruchsstimmung war mit Händen zu greifen. Es gab sympathische Anekdoten zu hören, helle Lacher klangen durch das allgemeine Gemurmel hindurch, die Stimmung war aufgeräumt. Seine Leute ziehen an einem Strang, kommunizieren anstrengungslos miteinander, bleiben auch bei Kritik konstruktiv und haben sich mit wegweisenden Branchenlösungen hervorgetan. Das gilt besonders für die neue Generation von kundenbedarfsgerecht formbaren Baustoffen aus Mineralgranit-Verbundwerkstoff. Und das Wichtigste für den geschätzten Verwaltungsrat und die Medien: Der Erfolg ist messbar geworden! Nach entbehrungsreichen Quartalen ist der Relaunch des Unternehmens gelungen, die Zahlen toppen alle Erwartungen.

Als das Unternehmen vor acht Monaten nach einigem Lavieren seines Vorgängers endlich konsequent umstrukturiert wurde, entschloss sich Fabio, fast die gesamte Führungsriege mit Rookies aus den eigenen Reihen nachzubesetzen. Gute Jungmanager, die in den Startlöchern standen, gab es im Unternehmen einige, die gründliche Aufbauarbeit im Talent-Management der zurückliegenden drei Jahre hatte sich ausgezahlt. Diese Stürmer und Dränger brannten darauf, sich bewähren zu dürfen. Aus ihnen stellte Fabio ein regelrechtes Dream-Team zusammen. Für einige der jungen Leute war es ein ungewöhnlich großer Karrieresprung, das vermerkten auch die Branchenmedien mit etwas Skepsis und der üblich abwartenden Haltung. Doch nach den ersten beiden Quartalszahlen waren Analysten und Öffentlichkeit beruhigt. Und nach der heutigen guten Stimmung kann es keinen Zweifel mehr daran geben, dass es im Unternehmen endlich wieder richtig gut läuft.

Fabio blickt von seinem Vorstandsbüro im oberen Stock über die Dächer der Stadt hinweg in die hell erleuchtete Weite. Hinter der Altstadt zeichnet sich funkelnd der See ab. Fabio genießt den Augenblick. Aber bei diesem Augenblick bleibt es. Er ist erfahren genug, um zu wissen, dass er sich auf seinen Lorbeeren nicht ausruhen darf. Keinen Monat, keine Woche und auch keinen Tag. Er ist sich vollkommen im Klaren darüber, dass auf die junge, hungrige Meute da draußen eine Menge Gefahren warten: Unterforderung, Überdruss, Stillstand. Fabio darf nicht zulassen, dass die Neuen die Art von Routine entwickeln, die nicht Zeitersparnis, sondern Ermüdung und Unaufmerksamkeiten nach sich ziehen würde. Außerdem wird ein Teil seiner neuen Führungscrew schnell Appetit auf mehr bekommen. Sie werden sich fragen: „Und was kommt jetzt?" Wenn er diesem Drang nach Weiterentwicklung keine Nahrung bieten kann, gibt es zwei Möglichkeiten: Ein Teil dieser Fraktion wird rasch altern, sich zurücklehnen und die Erfolge schon bald nur noch verwalten. Der andere Teil wird früher oder später zu neuen Abenteuern aufbrechen — und zwar außerhalb des Unternehmens. Nach all der Kärrnerarbeit und dem Investment in die jungen Talente kann ihr Unternehmensleiter das auf keinen Fall zulassen.

Fabio wendet sich seinem Widescreen-LCD-Monitor zu, öffnet eine neue Datei und bewegt seine Finger leise und schnell über seine Tastatur in gebürsteter silberner Aluminium-Optik. Schon bald hat er eine neue Datei erstellt: Ziele für das nächste Quartal. Schon morgen wird er seine Jungmanager mit einigen saftigen Herausforderungen konfrontieren.

Ja, es liegt in der Eigenverantwortung jeder Führungskraft, niemals auf ihren bisherigen Fähigkeiten und Eigenschaften stehenzubleiben. Aber die Entscheider und Stellenbesetzer sind mitverantwortlich für deren Weiterentwicklung: Indem sie ihnen keine Betonfüße wie mangelnde Zeit oder mangelndes Feedback anhängen. Indem sie Maßnahmen wie Coaching und Fortbildungen gezielt den High Potentials anbieten. Indem sie Nachwuchs-Spitzenkräften Mentoren zur Seite stellen. Und vor allem: Indem sie immer wieder neue Herausforderungen bieten, anspruchsvollere Aufgaben finden für jemanden, der in seine bisherige Aufgabe so hineingewachsen ist, dass sie ihm ein wenig eng zu werden droht.

Mit einer guten Stellenbesetzung ist es also nicht getan. Auch danach muss der High Potential ständig in seiner Entwicklung unterstützt werden. Immer wieder muss überprüft werden, ob die Top-Leute sich weiterentwickelt haben, auf ihrem bisherigen Stand stehengeblieben sind — oder gar schon angefangen haben, zu stagnieren und schlechter zu werden. Falls das der Fall ist, müssen die Entscheider Konsequenzen ziehen. Und zwar rasch.

Meiner Erfahrung nach passiert aber leider oft das genaue Gegenteil: Selbst nach einer denkbar schlechten Stellenbesetzung werden keine wirklichen Konsequenzen gezogen. Der Umgang mit Personen, die auf ihrem Posten offensichtlich falsch sind, ist oft hilflos. Noch schlimmer: Beim nächsten Besetzungsverfahren wird wieder ähnlich vorgegangen wie beim gerade gescheiterten. Mit den üblichen Folgen.

Verbrannte Erde

Der hoffnungslose Umgang mit dem Scheitern

Im Management einer global agierenden Bank in London herrscht Murphys Gesetz: Es geht schief, was schiefgehen kann. Begonnen hat alles mit einer Personalie: Ein nervöser Finanzentscheider, Oliver, aus begüterter Familie — Vater: vormaliger Öl-Tycoon — wurde in eine zentrale Führungsposition befördert. Der Mann hat perfekte Umgangsformen, wirkt wie ein Gentleman und verfügt noch immer über gute Verbindungen in die High Society. Aber hinter dieser sympathischen Oberfläche gibt er sich als Unsympath, der seine Stellung in der Hierarchie bei vielen Gelegenheiten auskostet. Er ist von sich recht eingenommen und lässt sich auch kaum dazu herab, zu den Kunden herauszugehen. Seine engsten Mitarbeiter behandelt er — in teilweise geradezu demütigender Weise — von oben herab.

Die meisten Mitarbeiter in den europäischen Zentren, die unter ihm gearbeitet haben, sind sich einig: Der Typ ist unter aller Kanone. Doch wie es so ist: Die Meinungen von unten werden ignoriert, die Zentrale steht zu ihm. Die Kritiker müssen gehen, und viele andere gehen freiwillig mit.

Bald weist sein Bereich besorgniserregend schlechte Zahlen aus. Was tun? Gerade noch hat man ihn gestützt und die schützende Hand über ihn gehalten, da kann man doch jetzt nicht einfach das Gegenteil vertreten. Außerdem meldet sich noch die Inhouse-Beraterin zu Wort, die ein gutes Einvernehmen mit ihm hat und ihm vertraut. Sie rät dem Vorstand: Stabilisiert den Mann! Rettet ihn! Er hat Probleme mit seiner Frau, die ihn ungerechtfertigt unter Druck setzt, ist eigentlich arm dran. Es gibt unternehmensinterne Fachleute, die ihm helfen können, seinen Bereich zu stabilisieren. Vorläufig. Nach dieser Entscheidung genießt der Highflyer wieder für ein paar Jahre Narrenfreiheit.

Als Nächstes läuft ihm die Assistentin davon, nachdem er sich ihr angeblich unsittlich genähert hat. Wer kennt sich da noch aus? In seinem Team sammeln sich schwache Figuren, weil die Starken von ihm versetzt oder herausgeworfen werden. Nach und nach trocknet sein Geschäftsbereich an guten Kräften aus. Der Gefahrenpegel für ihn steigt. Es bildet sich im Unternehmen ein gewisser Konsens heraus: Diesen Typ haben wir satt!

Doch dann wird die sich abzeichnende Intrige überflüssig. Im Rahmen einer Restrukturierung der Bank wird ein neuer CEO berufen. Das Erste, was dieser macht: einen Berater ins Unternehmen holen, der aus neutraler Warte heraus ein Assessment durchführt. Dort kommt dann rasch die schmutzige Wäsche ans Tageslicht. Einen Monat später verlässt der Ölsohn das Unternehmen.

Manchmal werden Besetzungsfehler quasi von einer höheren Macht korrigiert. Sei es, weil das Unternehmen von einem anderen übernommen und ein Teil oder die gesamte Führungsetage ausgetauscht wird; sei es, weil ein neuer CEO an die Macht kommt, der erstmal aufräumt; oder weil die Marktsituation eine Umstrukturierung tatsächlich notwendig macht. In allen Fällen kann die Führungskraft elegant und ohne großes Aufsehen verabschiedet werden. Das ist großes Glück für alle Beteiligten. Für die Organisation, weil sie die Fehlbesetzung loswird, ohne sich die Finger schmutzig zu machen. Für den geschassten Manager, weil er das Ende seines Vertrags mit der Restrukturierung des Unternehmens plausibel erklären kann. Für die bisherigen Entscheider, weil sie nicht einzuräumen brauchen, dass sie bei der Stellenbesetzung einen Fehler gemacht haben. Für die neue Leitung, weil von ihr niemand erwartet, dass sie auf alte Loyalitäten allzu viel Rücksicht nimmt; so kann sie ungeniert klar Schiff machen.

Eine andere Möglichkeit, eine Fehlbesetzung einigermaßen konfliktfrei loszuwerden, ist, wenn diese von sich aus geht. Das kann auf verschiedenen Wegen zustande kommen. Entweder fällt der betreffenden Person selbst auf, dass die Stellenanforderungen nicht mit ihrem Kompetenzprofil übereinstimmen. Bemerkt eine Führungskraft an sich selbst Resignation, Lustlosigkeit und Motivationsverlust, sollte sie über eine Trennung nachdenken und diese sorgfältig vorbereiten. Besser früher als später. Denn psychisch gesehen ist es immer besser, der aktive Teil in einer Situation zu sein, als die Dinge mit sich geschehen zu lassen. Für Menschen, die sich ihrer Leistung sicher sein können, birgt ein Wechsel der Position trotz aller Schwierigkeiten Vorteile. Er setzt Energien frei, stellt einen vor neue Aufgaben und Herausforderungen und führt womöglich dazu, dass sich die eigene Persönlichkeit in eine positive Richtung entwickelt. Der Mensch wächst mit seinen Aufgaben — und mit neuen Sparringspartnern.

Oder der Rückzug gründet weniger in Einsicht als schlicht in Gesundheitsproblemen. Es ist zwar ausgesprochen unschön, dies zu erwähnen, aber der Fall ist häufiger, als man denkt. Gerade bei dauerhaft überforderten Führungskräften liegen oft Nervenkostüm, Energiehaushalt und Gesundheit gleichermaßen am Boden. Dann besteht die Möglichkeit, dass diese Führungskraft eine Auszeit oder Frühpensionierung beantragt oder zumindest einen entsprechenden Vorschlag mit einer gewissen Erleichterung aufnimmt.

Die dritte Möglichkeit, eine unbeliebte Führungskraft einigermaßen konfliktfrei loszuwerden, ist das Wegbefördern. Gelegentlich gibt es einen freundlichen Gönner, der eine Führungskraft weglotst, indem er ihr einen ehrenvollen Posten mit etwas bescheidenerer Verantwortung anbietet, auf dem sie weniger Schaden anrichten kann. Diese elegante Lösung ist insbesondere in der Politik beliebt. In England beispielsweise werden unliebsame oder überaktive Parlamentsmitglieder gerne geadelt — dann ziehen sie vom House of Commons ins nahezu einflusslose House of Lords um. Prominentestes Beispiel ist Margaret Thatcher, die 1992 zur Baroness ernannt wurde, nachdem sie auf eine erneute Kandidatur für das House of Commons verzichtet hatte. In der Wirtschaft wird diese Vorgehensweise auch gewählt — aber hier gibt es angesichts der diversen Finanz- und Wirtschaftskrisen in den Jahren 2002 bis 2003 und 2007 bis 2009 weniger Ehrenposten, sodass die Gelegenheiten dazu zunehmend begrenzt sind.

In all diesen Fällen löst sich das Problem in gewisser Weise von selbst, d.h. es gibt Rückzugsräume und vergleichsweise milde und faire Varianten. Das kommt aber leider immer seltener vor. In der Regel bleibt den Entscheidern heute nicht viel anderes übrig, als mit härteren Bandagen aktiv zu werden.

Das heißt nicht zwingend, jemanden loswerden zu wollen. Vor der Entwicklung einer geeigneten Freisetzungstaktik steht erst einmal die Frage, ob sie wirklich unvermeidlich ist. Wenn eine Führungskraft Fehler macht oder nicht die erforderliche Leistung zeigt, müssen die Vorgesetzten dieser Führungskraft erst einmal einschätzen, ob die Situation noch mit vertretbarem Aufwand zu retten ist. Mit anderen Worten: Sie müssen entscheiden, ob die Person demnächst wieder positiv zum Unternehmen bzw. zur Organisation beitragen kann, oder ob dazu wirklich keine Aussichten bestehen, sie also definitiv fehl am Platz ist.

Markus ist seit zwei Jahren Abteilungsleiter in einem namhaften süddeutschen Maschinenbauunternehmen. An seinen Kollegen ist er hochtourig rechts vorbeigezogen, teilweise auf dem Standstreifen, während sie im Karrierestau stecken geblieben sind. Sein Bereichsleiter Dr. Funk und er verstehen sich gut. Der Alte ist ein richtiger Haudegen — Markus begreift oftmals nicht gleich das Kalkül seiner Entscheidungen — aber er ist fair und ein wahrer Motivationskünstler. Für ihn arbeitet Markus gerne doppelt so viel und so hart. Die wenigen SMS, Mails und Anrufe von ihm enthalten immer genau die Führungsinformation, die ihn entscheidend weiterbringt. Seine Nachrichten lesen sich etwa so: „Hallo, wir nutzen den Zufall, dass alle am 11.12. in der Nähe von K sind. Falls es zu kurzfristig ist, können wir Sie telefonisch dazu schalten. Dann sollte als Folge ein Notariatstermin festgelegt werden. Wäre optimal, wenn wir das schnellstens umsetzen könnten." Dr. Funk ist ein Urgestein der Branche, Leute dieses Formats sind rar gesät. Bei allem, was er tut, schwingt stets persönliches Engagement mit.

Jetzt wartet Markus vor Funks Bürotür und rutscht etwas unruhig auf dem schlichten, eleganten Ledersitz hin und her. Mit der linken Hand greift er in den Kragen seines Armani-Hemds, das ihm auf einmal eng und heiß vorkommt. Sein Blick gleitet über die Aussicht: Ein toller Blick über die Stadt und die angrenzenden saftiggrünen Weinberge, der so nur von diesem Stockwerk aus zu sehen ist. Oberhalb des Fensters hängt die riesige weiße Leuchtreklame mit dem traditionellen Firmenschriftzug, die nachts eingeschaltet wird. Die Assistentin hat ihm ein Glas kaltes Wasser mit Kohlensäure gebracht. Die teppichbelegten Gänge sind so leer, dass man kein anderes Geräusch hört als das Sprudeln des Wassers.

Markus hat Mist gebaut: bei Verhandlungen mit einem bedeutenden Kunden hat er falsche Zahlen genannt. Jetzt ist er zur Aussprache mit Dr. Funk gekommen — oder zu einem Kritikgespräch mit Freisetzungspotential, das wird sich jetzt gleich zeigen. Er hört am charakteristischen Schritt, dass Dr. Funk den Gang entlangkommt. Dieser entschuldigt sich für seine leichte Verspätung, er kommt direkt vom Vorstandsvorsitzenden. Er bittet ihn, in der kleinen Sitzgruppe in seinem Büro Platz zu nehmen. Konzentriert hört er ihm zu, blickt ihm aufmerksam ins Gesicht und reagiert gelassen auf die ganze Geschichte.

„Sehr unangenehm, aber das bekommen Sie schon wieder in den Griff", meint er. „Damit Sie mich nicht falsch verstehen, ausbaden müssen Sie die Sache selbst", fügt er ernst hinzu.

„Das war zwar kein Trost, aber auch keine Distanzierung von mir", denkt Markus erleichtert, als er im Lift wieder hinabfährt, wo ihm die Assistentin von Dr. Funk, die auch auf dem Weg nach unten ist, freundlich zunickt. „Ich werde persönlich zum Kunden gehen und einen Eimer Asche auf meinem Kopf ausleeren", sagt er sich.

Während er die nächsten Tage vor dem Kundengespräch mit einem etwas ernsten Gesicht durch die Welt läuft und auch das Wochenende keinen rechten Spaß bietet, vertreibt sich Dr. Funk am Samstagmorgen die Zeit auf dem Golfplatz. Dort entdeckt er den Kunden in einem Korbstuhl und wechselt mit ihm ein paar scherzhafte Worte übers Wetter, das Handicap, das neue Cabrio und schließlich über diese Sache mit den falschen Zahlen. Der Kunde blickt ihn etwas zerstreut an, seine neuen Handschuhe scheinen ihn ziemlich zu beschäftigen. Funk erklärt ihm den Fehler rasch und gibt ihm zu verstehen, dass er es gut fände, wenn die Sache ohne großes Aufhebens aus der Welt geschafft werden könnte. Der Kunde hört sich das an und gewinnt den Eindruck, dass Funk hinter seinem Abteilungsleiter steht.

„Ich habe größere Sorgen als das; lassen wir das Ganze auf sich beruhen", sagt er und denkt: „Mit dem will ich's mir nicht verderben."

Am Montag darauf tritt Markus seinen Gang nach Canossa an. Er ist sonntagabends spät angereist, um jeglichen montagmorgendlichen Logistikpannen im europäischen Luftraum aus dem Weg zu gehen. Er erklärt alles, entschuldigt sich, bittet um Verständnis. Der Kunde ist innerlich schon ganz woanders. Er lässt ihn noch ein bisschen zappeln, aber dann willigt er ein, den Vertrag auch auf der neuen Zahlenbasis zu unterschreiben. Die Sache ist ausgestanden. In der Lounge auf dem Flughafen wechselt Markus das durchschwitzte Hemd, sprüht einen Hauch Eau Sauvage auf und ist extrem dankbar und erleichtert, dass er nochmal davongekommen ist. „So etwas", schwört er sich, „passiert dir nie wieder."

Ein solcher Umgang mit Fehlern ist optimal. Die Führungskraft steht zu ihrem Fehler und ist bereit, ihn auszubügeln und daraus zu lernen. Und der Entscheider gibt ihr die Chance, das zu tun. Das tut er nicht aus Menschenfreundlichkeit, sondern weil er weiß, dass die Führungskraft gut ist und noch besser werden kann, wenn sie derartige Fehler in Zukunft vermeidet. Er weiß, dass diese Person dem Unternehmen insgesamt deutlich mehr nützt als schadet.

Ein guter CEO kümmert sich um ihm unterstellte Führungskräfte, die gerade in einem Tief festsitzen. Das heißt nicht, dass er sie wie Treibhauspflanzen hegt und pflegt. Nein, ein bisschen Abhärtung gegen klirrende Schneestürme muss schon sein. Aber er lässt sie nicht fallen. Er gibt ihnen die Chance, sich wieder aus ihrem Loch herauszuarbeiten; manchmal ist auch der eine oder andere Tipp angemessen, wie sie das am besten bewerkstelligen. Aber klettern müssen sie selbst.

Fallen ist keine Schande, aber liegenbleiben

Jede Führungskraft, auch die beste, hat von Zeit zu Zeit ein Tief. Vielleicht weil der Haussegen schief hängt, weil die Kinder Probleme in der Schule haben, weil jemand Nahestehendes gestorben ist. Weil die Scheidung sich unausweichlich abzeichnet, weil eine leichte mentale Verbitterung sich nun nicht länger völlig verbergen lässt. Manchmal waren auch einfach die Anforderungen der letzten Jahre zu groß. Dass die Leute nach dem Launch eines neuen Produktes, dessen Vorbereitung über Monate hinweg 150 Prozent Leistung abgefordert hat, erst einmal verschnaufen müssen, ist klar. Doch darf das Verschnaufen nicht zum Dauerzustand werden, und nach einem Ab muss wieder das Auf kommen.

So wie ein Investment an der Börse zeigt die Leistungskurve einer Führungskraft eine gewisse Volatilität und wie ein erfahrener Anleger lässt sich ihr CEO davon nicht extrem unruhig machen. Solange die langfristige Kurve nach oben zeigt, ist alles im Rahmen. Doch ein guter Investor muss auch wissen, wann es genug ist und einen Stop-Loss-Punkt setzen, bei dessen Unterschreiten die Anlage abgestoßen wird. Bis zu einem gewissen Level darf der Wert fallen, aber dann muss eine Entscheidung getroffen werden, und zwar eine, die weitere Verluste ausschließt. Es hat keinen Sinn, Problemfälle mitzuschleppen und sich an ihnen kaputtzuarbeiten.

Die Zeit, die ein CEO oder Vorstandsvorsitzende aufwenden muss, um Bremser und mehr oder weniger gut getarnte Leistungsverweigerer einigermaßen auf Trab zu halten, fehlt für die Unterstützung und Begleitung der eigentlichen Leistungsträger. Die Verantwortlichen müssen sich irgendwann entscheiden, wem sie ihre Zeit widmen: den Problemfällen oder den Top-Leuten. Ich meine, die Mitglieder der Personalgremien sollten dabei ähnlich vorgehen, wie ich es auch beim Coaching empfehle: Sich nicht auf die Schwachen konzentrieren, sondern auf die Starken! Schließlich sind wir im Unternehmen nicht bei „Sorgen-Camp", sondern bei „Unternehmen sucht den Superstar". Jemanden, der dauerhaft Schwierigkeiten in seinem Job macht, kann ich vielleicht, aber wirklich nur vielleicht, mit viel Engagement aus seiner Ineffizienz herausholen und aufbauen. Doch solche Problemfälle machen zu viel Arbeit und ziehen einen nur in eine Welt, in der es mehr Lethargie als Lösungen gibt. Sobald die Coachinganstrengungen aufhören, ist der Kandidat oft ähnlich wie zuvor, d.h., er sinkt wieder auf sein für ihn übliches Level. Einer, der gut in seinem Job ist, wird mit ein wenig Aufmerksamkeit besser. Und vor allem: Er läuft dann vielleicht nicht so schnell davon.

Die Herausforderung ans Top-Management ist, mit kritischem Blick zu bestimmen, bei welchen Führungskräften sich Geduld und Förderung lohnt — und welche eigentlich hoffnungslose Fälle sind.

Ins Töpfchen oder ins Kröpfchen?

Vor dem beherzten Eingreifen stehen sorgfältige Analyse und Erkenntnis. Ein Personalgremium muss wissen, wer von den Top-Führungskräften in der Organisation Gas gibt und wer bremst, wer brauchbare Ideen und wer fixe Ideen hereinbringt, wer vorausdenkt und wer in der Vergangenheit lebt. Um diese Fragen beantworten zu können, muss sie ihrer Personalverantwortung nachkommen und die Leistungen ihrer Führungskräfte immer wieder auf den Prüfstand stellen. Nicht nur das eine Mal bei der Einstellung, sondern immer und immer wieder. Denn aus einem vielversprechenden Top-Mann kann binnen kürzester Zeit ein satter, selbstzufriedener Bremser mit zu hoher Spesenrechnung werden.

Genauso wie die Quartalszahlen Auskunft über den wirtschaftlichen Erfolg und die Entwicklung einer Unternehmung geben, so muss auch jede Führungskraft regelmäßig, zum Beispiel quartalsweise, eingeschätzt werden. Wer bewertet wird, findet das nicht zwangsläufig schlecht, denn jeder zeigt gerne, was er kann, wenn er merkt, dass dies auch gewürdigt wird. Unerlässlich ist allerdings, dass die Bewertung fair und nachvollziehbar ist. Nur im mehrjährigen zeitlichen Verlauf ist die realistische Einschätzung des Beitrags eines Top-Managers möglich: Wie entwickeln sich die Zahlen in dem Bereich, für den er verantwortlich ist? Und entwickelt er selbst sich positiv, negativ — oder stagniert er? Es gibt junge Menschen, vielleicht erst dreißig Jahre alt, die beinahe schon resigniert haben. Und es gibt 60-Jährige, die sich erneut im Aufbruch befinden. Das ist keine Frage des Lebensalters, sondern der grundsätzlichen Einstellung, vor allem im Hinblick auf Offenheit, Lernbereitschaft und Vitalität.

Nur eine kontinuierliche Beobachtung und Begleitung erlaubt eine angemessene Reaktion auf Abweichungen vom Plan. Wenn Auslenkungen frühzeitig erkannt werden, kann das Gremium ein klärendes Gespräch mit der Führungskraft führen und rechtzeitig Unterstützung anbieten. So wird vielleicht ein weiteres Abgleiten verhindert und die Führungskraft kann ihre Aufgaben wieder so gut erfüllen, als wäre nie etwas gewesen. Vorschnelle Kündigungen können ebenso viel Schaden anrichten wie zu viel Geduld mit sich chronifizierenden Problemfällen.

Häufig werden Assessoren in ein Unternehmen gerufen, weil dort Personalentscheidungen aus der Situation, aus der Hast, aus dem halbwegs schmerzenden Bauch heraus getroffen worden waren. Ohne auf die Grundlage regelmäßig dokumentierter Bewertungen zurückgreifen zu können, waren die falschen Entscheidungen getroffen worden. Statt abgestorbene Äste gezielt zu entfernen, war wild herumgeholzt worden. Solche Schäden zu beheben, ist schon rein kapazitätstechnisch aufwändig und kann sehr, sehr teuer werden.

Die Branche und auch die Konjunktur legen fest, wie schnell auf negative Leistungsänderungen der Führungskräfte reagiert werden muss. In manchen Branchen ist es eher möglich, einen Top-Mann durch ein längeres persönliches Tief zu ziehen, in anderen muss sofort gehandelt werden. In der Investitionsgüterindustrie sind Projekte oft langfristig angelegt, in manchen Industrien, zum Beispiel der Luft- und Raumfahrt, auf zehn, zwanzig oder dreißig Jahre. Hat ein Unternehmen Aufträge für drei oder vier Jahre in den Büchern, dann ist das ein Puffer, der hektische Ausweichbewegungen möglicherweise entbehrlich macht.

In der Consumer Electronics Branche dagegen sind die Geschäftszyklen viel kürzer. Schon ein einziges weniger gutes Quartal schlägt massiv ins Kontor. Brechen die Verkäufe ein, oder ist ein neues Produkt am Markt nicht so erfolgreich wie geplant, können ein paar Monate genügen, um das Unternehmen in die Krise zu stürzen. Der Takt ist schnell, die Prozesse müssen laufen wie das Getriebe eines Formel-1-Rennwagens. Das Management muss hier ein engmaschigeres Monitoring betreiben und notfalls in der Schikane bei 250 Sachen reagieren. Wenn sich zeigt, dass eine Führungskraft auf Dauer nicht die gewünschten Ergebnisse bringt, gibt es nur eine Lösung: Trennung. Wenn eine Führungskraft menschlich oder fachlich nicht geeignet ist, dann muss sie raus.

„Geben ist seliger denn nehmen" ist im Unternehmen sowie in jeder Organisation, die ein Ergebnis erzielen muss, nicht der richtige Weg. Die Typen, die immer nur nehmen – meine Aufmerksamkeit, meine Geduld, meine Kraft und meine Kreativität – diese Typen laugen mich auf Dauer aus. Das Tempo in einem Unternehmen darf sich nicht nach den Bremsern richten. Wer nicht mitkommt, bleibt zumindest mittelfristig auf der Strecke. Er sollte so schnell wie möglich weitergereicht werden – zum Wohl der Zeit-, Geld- und Nerven-Ressourcen aller Beteiligten.

Wir haben kein moralisches Recht, über Versagern und Gescheiterten den Stab zu brechen. Der Mensch ist in letzter Konsequenz fehlbar und unvollkommen. Wir haben nicht das Recht, uns zu erheben über verbrauchte Veteranen.

Aber trotzdem: Sie müssen gehen!

Soweit die Theorie – das ideale Verhalten bei Zweifeln an der Effektivität und Kompetenz einer Führungskraft. In der Realität sieht der Entscheidungsprozess meist ein wenig anders aus.

Der blinde Fleck

Reto ist Marketingleiter in einem deutsch-schweizerischen Hightech-Unternehmen. Gelernt hat er noch in den 1980-Jahren in einem Produktionsbetrieb und ist dort auf die Perfektion von Prozessen getrimmt worden. Er liebt die bis in die letzte Kleinigkeit abgestimmten Abläufe, die am Ende ein tadelloses Produkt ergeben. Auch im Marketing erwartet er von sich, bis ins Detail zu verstehen, wie die Hightech-Geräte funktionieren. Um den Endkunden die Geräte erklären zu können, ist das auch halbwegs sinnvoll. Mit seinem Aufstieg in eine Führungsposition haben sich die Vorzeichen aber drastisch verändert. Unter anderem steigt auch die Zahl der eingehenden E-Mails sprunghaft an. Wir alle kennen das: Viele hacken Informationen ungefiltert ein, hängen noch drei umfangreiche Anhänge daran, setzen möglichst viele Leute auf CC, manche auf BCC und senden ab. Fire and forget. Der Empfänger wird's schon richten. Reto erhält also täglich Dutzende solcher Mails, die zum Teil 150-seitige wissenschaftlich-technische Anhänge enthalten; das Forschungszentrum des Unternehmens in Kalifornien ist da ganz vorne mit dabei.

Reto hätte mit sicherem Blick Wesentliches von Unwesentlichem trennen und einen guten Teil weiterdelegieren müssen – „Prioritäten, Prioritäten, Prioritäten" – so jedenfalls empfiehlt es ihm sein Geschäftsführer. Doch getrieben durch eine Art „déformation professionelle" glaubt Reto, all diese Informationen auch wirklich lesen zu müssen. Im Bestreben, ständig auf dem neuesten Stand zu sein, reibt er sich vollkommen auf. Regelmäßig sitzt er bis spät in die Nacht im Büro und arbeitet die am Tag eingegangenen Mails auf, während anderes Wichtige auf seinem Schreibtisch liegen bleibt. Der nächste Morgen sieht ihn dann übernächtigt und frustriert wieder an seinen Platz gehen. Immer öfter geht er nicht einmal mehr nach Hause, sondern übernachtet in einem Hotel in der Nähe des Unternehmens, um an Effizienz zu gewinnen. Selbst den Rat und später die unmissverständliche Anweisung seines Chefs, sich nun endlich auf seine Führungsaufgaben zu konzentrieren, kann Reto nicht umsetzen. Es ist ihm unmöglich geworden, seine Prägung durch neue Einflüsse zu überschreiben und sein Verhalten anzupassen. Durch die selbstverursachte Überbeanspruchung wird er immer nervöser, sein Blutdruck schnellt in ungesunde Höhen. Nachdem ihn seine Sekretärin zum zweiten Mal nach Luft ringend und mit der Hand aufs Brustbein gepresst auf seinem Sessel hängend gefunden und der Notarzt instabile Angina pectoris diagnostiziert hat, greift sein Geschäftsführer durch und versetzt ihn in den Vorruhestand.

Viele Führungskräfte, die Schwierigkeiten mit ihren Aufgaben haben, können oder wollen das nicht einsehen. Schon im Kindesalter werden wir gerügt, wenn wir Fehler machen, und gelobt, wenn wir kooperieren. Das impft vielen von uns das Streben nach Perfektion ein – allerdings auch die Angst, etwas falsch zu machen. Wir wollen alle so gut werden, dass wir kaum mehr getadelt und möglichst nur noch gelobt werden. So kommt es, dass wir Unvollkommenheit nicht als begreiflichen Normalzustand, sondern als Manko sehen. Schwächen geben wir ungern zu, weder vor uns selbst noch vor anderen. Bereitwillig erliegen wir der Versuchung, sie zu ignorieren. Schwächen aber, die wir aus dem Blickfeld verlieren, holen uns wieder ein und das garantiert im unpassenden Moment.

Ein Tennisspieler kann seine vergleichsweise schwache Rückhand so lange erfolgreich ignorieren, bis er auf einen Gegner trifft, der genau diese Schwäche systematisch ausnutzt. Weit kommt er nicht mit dieser Strategie. Besser ist es, die Rückhand bis zu einem passablen Niveau zu trainieren — oder aber eine Strategie zu entwickeln, die den Einsatz der Rückhand möglichst oft überflüssig macht.

Die Suche nach Perfektion kann zu unglaublich hohen Umdrehungszahlen führen — dumm nur, wenn die Energie an den falschen Stellen investiert wird. Dann liegt es in der Verantwortung des Personalgremiums, einzugreifen. Im Beispiel mit Reto versuchte es der Chef im Guten — beinahe zu lange. Gerade noch rechtzeitig ergriff er die einzig mögliche Maßnahme, die Reto vor dem Herzinfarkt und das Unternehmen vor größerem Schaden bewahrte.

Scheuklappen

Nicht nur die Führungskräfte selbst erweisen sich oft als lernunfähig. Meiner Erfahrung nach kommt es allzu häufig vor, dass auch die Personalgremien den Kopf in den Sand stecken. Für die Führungskraft werden alle möglichen wohlmeinenden Ausflüchte gesucht, warum sie jetzt gerade nicht die erwartete Leistung bringen kann. Sei es, dass sie ihren Job in einer äußerst schwierigen Situation meistern muss, wie zum Beispiel einer Umbruchphase in der Branche oder alternativ einer langjährigen Stagnation, oder dass sie gerade persönliche Schwierigkeiten hat, die ein kurzfristiges Leistungstief verständlich machen. Welche Erklärung auch immer gesucht wird: Fest steht, dass die Personalentscheider sich mit der Besetzung auf keinen Fall vertan haben können. Auch sie sind Perfektionisten und können keinen Fehler zugeben. Also legen sie Scheuklappen an und ignorieren die Fehler der von ihnen eingestellten Führungskräfte. Was sie dabei nicht ausreichend bedenken, ist der stetige Schaden für die Organisation, solange die Person auf ihrem Posten verbleibt. Finanzen, Ausrichtung und Image des Unternehmens leiden unter einer sich verschlechternden Führungskraft genauso wie unter einer, die von Anfang an eine Fehlbesetzung war.

Deswegen schlägt, wenn der Leidensdruck zu groß geworden ist, das Pendel in der Regel irgendwann radikal um. Dann versucht man mit allen Kräften, die Person loszuwerden. Das geschieht entweder im Untergrund mit Intrigen oder indem der Führungskraft durch Mobbing das Leben so unerträglich gemacht wird, dass sie irgendwann freiwillig geht. Oder die Entscheider greifen auf einmal machtvoll durch und werfen die betreffende Person hochkant aus dem Unternehmen oder der Behörde.

Bis zu diesem Schritt ist die Hemmschwelle hoch. Die Entscheider müssen damit rechnen, dass sie die aussortierte Führungskraft, jedenfalls vorläufig, in eine schwere persönliche Krise stürzen. Denn die Stelle zu wechseln wird immer noch vielerorts als Scheitern aufgefasst — von den Betroffenen selbst wie von ihrem Umfeld.

Scheiden tut weh

Merkwürdig, dass es vielen Menschen schwerfällt, den Sprung zu wagen, auch wenn alles dafür spricht. Wenn ich mit manchen deutschen Klienten darüber rede, werde ich stets daran erinnert: In Deutschland gehört es sich irgendwie nicht, den Arbeitsplatz zu wechseln. Immer noch nicht. Die Deutschen lieben solide Verhältnisse. Laut Einschätzung der Unternehmensberatung Hay Group vom August 2013 werden 2013 14,0 Prozent der deutschen Arbeitnehmer ihre Stelle wechseln — deutlich weniger als im europäischen Durchschnitt, wo 18,3 Prozent Stellenwechsler erwartet werden. Zwar hat die jüngere Generation schon längst verstanden, dass ihre Karriere nicht mehr so sein wird wie die ihrer Väter und Mütter, die von der Lehre bis zur Rente im selben Unternehmen gerackert haben. Dennoch ist das gewisse Geschmäckle, das dem etwas häufigeren Wechsel anhaftet, noch tief verankert. Auch deshalb klammern sich viele an einen ungeliebten Job, statt sich auf die Suche nach einer Verbesserung zu machen.

Die Nachbarn in Norwegen, in der Schweiz oder in Dänemark sind in dieser Beziehung unbekümmerter. Hier teilen weder Mitarbeiter noch Führungskräfte die große Angst vor dem freien Fall. Vielleicht weil in kleineren Ländern die Netzwerke enger geknüpft sind, auf jeden Fall aber, weil die Arbeitsmärkte effizienter sind. Dabei ist der Kündigungsschutz weniger ausgebaut — die Wirtschaft läuft dennoch dynamischer und es gibt genügend offene Stellen. Eigenartig, aber weniger „Sicherheit" ist in dieser Hinsicht mehr. Die Personen, die auf einer gewissen Hierarchieebene angekommen sind, verstehen sich quasi als Solidargemeinschaft; sich gegenseitig zu helfen, ist bei vielen Ehrensache. Wenn einer fällt, fällt er deshalb nicht ganz so tief. Das Beziehungsnetz fängt ihn auf und versorgt ihn, wenn er es nicht extrem dumm angestellt hat, mit einer neuen Stelle. In größeren Volkswirtschaften wie den USA, Deutschland, Frankreich, Spanien, Italien oder

Polen dagegen fällt auch mal einer durch die Maschen, schlägt unten auf und bleibt dort möglicherweise liegen. Hier kämpft man mehr für sich alleine und ist getrieben von der Sorge, in die Bedeutungslosigkeit abzurutschen.

Ein weiterer Punkt, der den Abschied erschwert, ist, dass sich die Führungskräfte mit ihren Aufgaben und ihrem Bereich stark identifizieren. Zur persönlichen Bindung auf Gedeih und Verderb an ein Unternehmen, eine Organisation, ein Produkt oder ein Projekt kommen — das ist kein schlechter Scherz — ganz reale Todesängste. Die Aktivität als Unternehmer wie auf vielen anderen Spitzenpositionen umfasst alle Lebensbereiche und ist so vereinnahmend, dass sie von den Betroffenen mit ihrer Lebensenergie gleichgesetzt wird. Manche Menschen glauben, dass in dem Moment, in dem sie ihre Laufbahn beenden, ihr Leben versiegt. Ein konkreter Angstzustand vieler Top-Leute: Sobald ich nicht mehr gefordert werde, gehe ich kaputt. Diesem Gedanken wohnt eine derartige Kraft inne, dass er oft genug als sich selbst erfüllende Prophezeiung wirkt.

Wie viel Rücksicht die Entscheider auf solche Ängste nehmen, hängt einerseits vom kulturellen Umfeld ab, andererseits davon, wie stark das Wohl ihrer Organisation durch eine nicht ideal besetzte Führungsposition in Gefahr ist.

In Deutschland und andernorts in Europa, denken wir besonders an Frankreich oder Italien, tun sich nicht nur die Arbeitnehmer — und angestellte Top-Führungskräfte sind letztlich nichts anderes als Arbeitnehmer — schwer, die Firma zu wechseln, sondern auch die Unternehmen, die unproduktiven Stelleninhaber zu entlassen. Sie sind gebunden durch arbeitnehmerorientierte Gesetze, aber auch durch Skrupel, Mitarbeiter an die Luft zu setzen. Dabei beruht jede Beziehung zwischen Arbeitgeber und Arbeitnehmer letztlich auf dem ehrlichen Deal: Leistung gegen Gehalt. Kommt das Gehalt nicht, ist der Mitarbeiter berechtigt, seine Leistung zurückzufahren. Kommt die Leistung nicht und das dauerhaft, ist die logische Folge der dauerhafte Gehaltsentzug — also die Kündigung.

Weltweit existieren im Prinzip zwei Spielarten im Umgang mit Versagern. Im US-amerikanischen Wirtschaftsraum finde ich in so manchen Vorstandsetagen die sogenannte „10 Percent Rule". Jedes Jahr werden schlicht und einfach 10 Prozent der Angestellten eines Unternehmens auf die Straße gesetzt. Lassen Sie es mich so sagen: Es trifft nur selten die Falschen! Auch in Westeuropa müssten sich Unternehmen von ihren Problemfällen trennen, aber der Umgang mit dem Problem ist hier ein anderer. Da findet einer, der als Führungskraft fehlbesetzt war, irgendwo anders im Unternehmen ein Unterkommen. Grund für diesen kulturellen Unterschied ist nicht unbedingt eine den hiesigen Führungskräften innewohnende Menschenfreundlichkeit oder Beißhemmung, sondern eine Tradition und Gesetzgebung, die das Hire & Fire zu einem wesentlich aufwendigeren und teureren Prozess macht, als das in den USA der Fall ist. Während in den Vereinigten Staaten der Mitarbeiter nach ausgesprochener Kündigung stehenden Fußes gehen muss und nicht mehr gesehen ward, sind etwa Frankreich und besonders Italien berühmt dafür, dass die Gerichte den Entsorgten flugs in das Unternehmen zurückschicken. Damit ist das Problem nicht nur nicht gelöst, sondern hat sich verstärkt — denn die Vertrauensbasis ist gestört und eine produktive Zusammenarbeit nun vollends unmöglich.

Um solche unangenehmen Dynamiken zu vermeiden, braucht es objektive, vernünftige und neutrale Vorgehensweisen, sowohl für die Entscheidung über die Trennung als auch für die Durchführung. Denn egal wie die Sache abgelaufen ist, ein gutes Unternehmen sorgt für einen fairen Ausgang ohne Eklat. Es geht bei einer solchen Entlassung nicht darum, den Menschen zu zerstören oder ihn herabzuwürdigen, obwohl dies in einem Kraftfeld derartig subjektiver Wertungen rasch passieren kann und auch nicht immer zu verhindern ist. Stattdessen braucht es wenigstens einen fairen Aufhebungsvertrag und zumindest das Angebot eines Outplacements, um dem Menschen einen angemessenen Übergang zu ermöglichen. Das Persönliche sollte dabei nicht angetastet werden, um dem Ausscheidenden zu ermöglichen, eine neue Aufgabe zu übernehmen: ein politisches Amt, einen Aufsichtsratsvorsitz, eine Aufgabenstellung im Consulting oder den Vorsitz einer Stiftung.

Trennung ist nicht gleich Trennung.

Revolution oder Evolution?

Je nach Situation kann eine Trennung sanft und leise erfolgen oder mit einem Eklat. Sie kann eine einzelne Führungskraft betreffen, die trotz wiederholter Krisengespräche und Unterstützungsangebote auf einer negativen Leistungsspirale immer mehr nach unten rutscht. Oder sie kann eine komplette Führungsriege betreffen, die ein Unternehmen oder eine Organisation vor die Wand gefahren hat.

Ein Unternehmen oder eine Abteilung in einer existenzbedrohenden Krise hat nur eine Überlebenschance — Revolution! Meist gelingt sie nur, wenn sie von außen induziert und dem Unternehmen auferlegt wird. Eine Revolution hat etwas Gewaltsames, sie erinnert an umgestürzte Statuen. Die Entmachtung der ehemals Mächtigen ist das äußerste und letzte Mittel, zu dem ein Top-Management greifen wird, da ein Unternehmen durch eine Revolution als Ganzes in einen Ausnahmezustand versetzt wird. Weder Mitarbeiter, Kunden, Lieferanten oder Banken wissen für eine gewisse Zeitspanne, wie die Sache ausgehen wird. Das neue Top-Management bringt möglicherweise eine eigene Führungsriege mit. Dann ist der Machtwechsel komplett und hat in vielen Fällen noch größere Chancen auf Erfolg. Die neue Mannschaft kann mit dem Aufräumen beginnen und zu retten versuchen, was zu retten ist. Aber: Trotz der möglichen Erfolge entstehen tiefe Zweifel, Vertrauen kann unwiederbringlich verloren gehen, und das ausgerechnet in dem Moment, wenn jedes Quäntchen Zuversicht, Markenstärke und Marktposition zählt. Unter den verschiedenen verfügbaren Wundärzten den Chirurgen auszuwählen, der hier am offenen Herzen operiert, gehört zu den Aufgaben des Personalgremiums — des bisherigen oder des rasch eingesetzten Krisenmanagementteams.

Gute Mitarbeiterführung heißt aber mehr, als bei mehr oder weniger passenden Gelegenheiten ein Machtwort zu sprechen und die Leute vor die Tür zu setzen. Der Normalfall in einem Unternehmen ist glücklicherweise, Menschen kontinuierlich und systematisch zu beobachten, zu begleiten und auch, wenn es sein muss, auszutauschen. Mit anderen Worten: einer nachhaltig wirkenden Evolution nicht nur Raum zu geben, sondern sie aktiv zu betreiben. „Courant normal", also Gleichstrom statt Wechselstrom mit seinen starken Amplituden — das ist der normale und sichere, vorwärtsorientierte Gang, in dem ein gut geführtes Unternehmen unterwegs ist. Kontrollierte Bewegung ist angesagt, nicht zu schnell, damit sich Know-how entwickeln kann, und nicht zu langsam, damit das Team frisch und schlagkräftig bleibt.

Alle Großen und Gesunden, wie heute beispielsweise Nestlé oder Mars, laufen in einem solchen Supertanker-Modus, der sich bei näherem Hinsehen als eine konstante Abfolge von Optimierung und Innovation herausstellt. Außenstehende erkennen sie daran, dass sie unauffällig und still agieren, ohne viel Wind im Blätterwald der Presse. Wird ein Unternehmen so geführt, dann ist eine Revolution kaum je notwendig. Kleinere Kurskorrekturen sind unauffällig durchführbar. Das Empire expandiert konstant und unaufhaltsam. Es werden Risiken eingegangen, aber nicht solche, die alles auf eine Karte setzen und bei Misserfolg das ganze Unternehmen in Schieflage bringen.

Revolution und Evolution — ein guter Unternehmenschef sollte beides können. In der Realität ist das eher selten der Fall. Manche CEOs sind Evolutions-Typen, die unter stabilen Verhältnissen den langsamen und systematischen Aufbau hervorragend steuern und das Unternehmen in einer kontinuierlichen Weiterentwicklung zum Erfolg führen. Temporäre Schwankungen und Rückschläge fangen sie locker ab, wie ein Kapitän auf einem Riesentanker halten sie den Kurs. Der andere Typus, der Revolutionär, ist wie ein Chirurg. Er hat keine Zeit oder Geduld für evolutionäre Entwicklung — oder er nimmt sie sich ganz bewusst nicht. Er operiert, schneidet, fügt Schmerzen zu. Für Außenstehende und oft auch für die Mitarbeiter sind derart schnelle Entwicklungssprünge kaum nachvollziehbar. Zack — ist der Unterschenkel bis zum Knie amputiert. Der Patient jammert, erst mit der Zeit wird ihm klar, dass er sonst an Wundbrand gestorben wäre. Die Chirurgen, das sind die Sanierer. Sie handeln schnell, effizient und radikal. Ihre wenig beliebten Cousins sind die Metzger, die ein krisengeschütteltes Unternehmen übernehmen, um es zu schlachten und auszunehmen.

Den früheren Volkswagen-Manager Lopez könnte man als den klassischen Chirurgen-Typ einordnen. In kürzester Zeit hat er vollbracht, was andere vom evolutionären Typus nicht geschafft haben: Er brachte die Wahrheit über die Kosten in der Automobilbranche ans Licht und senkte sie mit einer radikalen Verhandlungsführung gegenüber der Zulieferindustrie und einem ebenso radikalen Umbau der Produktionsprozesse erheblich. Solche Persönlichkeiten treten immer wieder auf, um große Unternehmen oder ganze Branchen zügig umzubauen. Ihr persönlicher langfristiger Erfolg leidet jedoch oft unter dieser polarisierend wirkenden Radikalität. In Lopez' Fall führte das zu einer Dämonisierung seiner Person in den Medien. Es liegt sozusagen in der Natur ihrer Art, dass sie gehen müssen, wenn ihr Werk nicht einmal halbwegs vollbracht ist. Nach ihnen kommt dann wieder ein gemütlicherer Kapitän. Allerdings: Nicht nur in der Automobilindustrie sind harte Verhandlungen mit Zulieferern mittlerweile zum Standard geworden. Was Lopez getan hat, machte ihn nicht beliebt und war nicht angenehm, zu gewissen Zeiten wurden starke Zweifel an seiner Seriosität laut. Aber er tat, was getan werden musste. Ich bin der Überzeugung, dass er einer derjenigen war, die den Startschuss gaben, die deutsche Automobilindustrie auf ihren heutigen Rang — die Weltspitze — zu bringen. Das Personalgremium bewies den Mut, ihn in die Position zu befördern und damit das Unternehmen wieder auf Erfolgskurs zu bringen. Es hatte Konsequenzen aus den früheren Fehlbesetzungen gezogen.

Viele tun es nicht.

The same procedure as last time

Viele Entscheider sehen zwar die Misere, die aus den früheren Personalentscheidungen entstanden ist, und entbinden die betreffenden Personen irgendwann und irgendwie von ihren Posten. Aber die Verantwortung für den entstandenen Schaden möchte niemand übernehmen.

Ein beliebtes Spiel in Entscheidergremien ist daher der Schwarze Peter: Jeder versucht, einem anderen die Schuld an der Fehlbesetzung zu unterzuschieben. Entweder ist jeder der Ansicht, dass ihm einer der anderen den Bewerber aufgedrängt hat. Oder aber alle sind sich einig, dass der Kandidat sie nach Kräften getäuscht und gar betrogen hat. Falls bei der Berufung ein externer Personalberater eingeschaltet wurde, ist die Schuldzuweisung leichter. Auf den Externen braucht man nicht unbedingt politische Rücksichten zu nehmen, es sei denn, er hat Zugang zu den Positionen, die man selbst als nächste anstrebt. Ihn beim nächsten Mal nicht mehr zu beauftragen ist eine scheinbar naheliegende Lösung für das Problem. Dabei übersehen es die Entscheider irgendwie, dass niemand ihre Hand gezwungen hat, als sie ihre Unterschrift unter den Arbeitsvertrag gesetzt haben.

Natürlich kommt es vor, dass im Top Executive Assessment ein falscher Kandidat empfohlen wurde. Auch Assessoren können sich irren. Weniger im Sinne einer kompletten Fehleinschätzung einer Persönlichkeit, aber im Sinne der Abwägung und richtigen Bewertung einzelner Persönlichkeitsaspekte oder Verhaltensweisen des Kandidaten. Einem guten Assessor passiert das natürlich sehr selten, sonst wäre er zu wenig erfahren und qualifiziert für das Mandat. Häufiger begegnet mir der Fall, dass der Assessor einen Kandidaten lediglich unter Vorbehalt empfiehlt — und dieser Vorbehalt vom einstellenden Unternehmen trotzdem ignoriert wird.

Ein solcher Fall war ein geradezu genialer Finanzchef, Uwe, der so meisterlich mit Zahlen umgehen konnte, wie er auf der menschlichen Seite beinahe völlig versagte. Er brachte nicht einmal die geringsten Höflichkeitsbezeigungen auf und stieß sein Umfeld auf vollendete Weise vor den Kopf. Nun gibt es unter Führungspersönlichkeiten sicherlich den einen oder anderen unangenehmen Zeitgenossen, doch mit ein wenig Professionalität sollten beide Seiten mit mangelnder Sympathie fertigwerden können. Aber Uwe war ein harter Knochen: Als Soziopath erster Güte waren ihm seine Kollegen und Mitarbeiter auf geradezu unfassliche Weise völlig gleichgültig. Was sein Umfeld dachte und fühlte, interessierte ihn nicht. Wie ein Hecht im Karpfenteich wütete er unter seinen Mitarbeitern und hinterließ bei diesen vielfältige psychische Verletzungen.

Ich hatte das Unternehmen gewarnt und für den unwahrscheinlichen Fall einer Festanstellung des Kandidaten dem Management ein äußerst straffes und enges Monitoring empfohlen. Das Unternehmen hatte bekundet, alles Notwendige zu tun, um Uwes Manko zu durchbrechen: Einerseits sollte er ein Umgangsformen-Coaching erhalten, andererseits sollte ihm bei Meetings und öffentlichen Auftritten ein diplomatischer Kollege zur Seite gestellt werden. Diese Absicht erlitt aber das Schicksal der meisten Neujahrsvorsätze: Nach ein oder zwei Anläufen verliefen sowohl Coaching als auch Begleitung stillschweigend im Sand. Uwes Sozialfähigkeiten wurden nicht besser. Den Mitarbeitern war die Zusammenarbeit unmöglich. Sie wehrten sich vehement gegen dieses „unguided missile", das trotz aller fachlichen Kompetenz täglich einen beachtlichen und wachsenden Scherbenhaufen hinterließ. Die Palastrevolution, ebenso der Aufstand des Betriebsrats war die natürliche und verdiente Folge. Uwe wurde nach kurzer Frist entlassen. Solche Fälle sind mir als Assessor natürlich unangenehm; einerseits weil ich mit dem Herzen an meiner Arbeit hänge, und andererseits weil ein Misserfolg auch immer auf den Assessor zurückfällt, ob das nun berechtigt ist oder nicht.

Für das Personalgremium ist die Schuldzuweisung an Headhunter, Assessor oder gescheiterten Stelleninhaber eine gute Lösung. Sie hat aber einen Nachteil: Da die Entscheider sich keines Fehlers bewusst sind, gibt es für sie auch keinerlei Anlass, für den Nachfolger des Gescheiterten die Such- und Auswahlprozedur zu verändern. Es bleibt bei „the same procedure as last time".

Dadurch ist die Wahrscheinlichkeit, auch bei der nächsten Stellenbesetzung wieder einen Missgriff zu tun, hoch. Auch die nächste Führungskraft muss also bald wieder ersetzt werden. Vermutlich nach einer kürzeren Toleranzphase als die erste, da die Geduld der Stellenbesetzer durch die bisherigen negativen Erfahrungen bereits strapaziert ist. Das unselige Führungskräftekarussell beginnt sich immer schneller zu drehen — und die Mitarbeiter berichten, dass sie vier Geschäftsführer in fünf Jahren miterlebt haben. Das sorgt für Unsicherheit, ständige Kurswechsel und Chaos in der Organisation.

Oder im Gegenteil für Stagnation. Denn die neuen Führungskräfte bekommen schnell mit, dass ihre Vorgänger aufgrund von Fehlern gehen mussten. Wer nicht ein extrem solides Nervenkostüm hat, wird sich dadurch zur besonderen Vorsicht bewegt fühlen. Im Extremfall kann das dazu führen, dass eine hastig auf den vakanten Posten berufene Führungskraft aus lauter Angst vor Fehltritten nur noch möglichst wenige Entscheidungen trifft. Aber damit zeigt sie sich auch als Wackelkandidat — und das Karussell dreht sich weiter.

Alle drei toxischen Effekte — dass unfähige Führungskräfte zu lange auf ihrem Posten sitzen bleiben, dass sie ständig ersetzt werden und dass sie in Angst erstarren — sind für jede Behörde, jede Organisation, jedes Wirtschaftsunternehmen hochgradig schädlich.

Ich kann mir kaum vorstellen, dass Stellenbesetzer das nicht erkennen. Dass sie weiterhin die Illusion hegen, niemand würde ihre Fehlentscheidung bemerken, solange sie sie nicht zugeben. Ich weiß, es treibt sie um und beschäftigt sie. Dennoch sehe ich überall in Wirtschaft und Gesellschaft, dass die alten Fehler ständig wiederholt werden. Dafür muss es einen gewichtigen Grund geben — einen, der über die unbefriedigende Entscheidungsgüte der Stellenbesetzer weit hinausgeht. Einen Grund, der dafür sorgt, dass das Mittelmaß auf Spitzenpositionen unerschütterlich herrscht.

Des Mittelmaßes heiliger Bund

Die wahren Entwicklungsverhinderer

George W. Bush hatte einen durchschnittlichen Uni-Abschluss in der Tasche, als er in die Politik ging. Als amerikanischer Präsident umgab er sich mit zweifelhaften Ratgebern und ließ es zu, dass die USA das Vertrauen, das sie in weiten Teilen der Welt genossen, verspielten. Biographen, Politikwissenschaftler oder Publizisten aus allen politischen Lagern sind sich heute überwiegend einig, dass die Amtszeit des 43. Präsidenten für die USA und auch für die internationale Gemeinschaft Brüche hinterlassen hat, in den internationalen Beziehungen, in der Wirtschaft, in der Umwelt und in vielen anderen Feldern. Offensichtlich war Bush junior ein schwacher, im Saldo nicht besonders erfolgreicher Präsident. Vielleicht war er gar nicht für dieses Amt geeignet? Der damalige Regierungssprecher von Kanzler Schröder Uwe-Karsten Heye sagte über ihn: „Wir haben bemerkt, dass die intellektuelle Höhe des damaligen Präsidenten George W. Bush außerordentlich niederschwellig war. Und von daher war es schwierig, sich mit ihm zu verständigen." — Der mächtigste Mann der Welt zu dumm zum Regieren? Wie kann das sein?

Christian Wulff, von Angela Merkel auf den Posten des Bundespräsidenten gehievt, in das höchste Amt unseres Staates, fiel erstens durch seine wenig ausgeprägten Fähigkeiten als Interviewpartner und Redner auf — bzw. er fiel gerade nicht auf, was in diesem Amt eine schlimme Sache ist, denn wenn sprachliche Mauerblümchen institutionalisierte Vorbilder werden, dann wirken sie deinspirierend auf das ganze Volk. Noch schlimmer aber war, dass Wulff unterstellt wurde, er habe sich bei Freunden durchgeschnorrt. Wie konnte das passieren? Im Nachhinein wird deutlich, wie hölzern, überfordert und unsicher er in einer wichtigen präsidialen Fähigkeit war: der verbalen Kommunikation. Der oberste Staatsdiener ist fähig zu repräsentieren, ansonsten aber eher ungeschickt, beinahe nichtssagend, geradezu unpräsidial? Wie kann es dazu kommen?

Das Handelsblatt bemängelte in dem Artikel „Das Versagen der Eliten" vom April 2012: „Mit ihrer Euro-Kakophonie werden die Vorleute in Politik, Wirtschaft und Wissenschaft ihren Rollen nicht gerecht — in einer Kernfrage der Nation lassen sie eine gemeinsame Sicht vermissen." Und fügt hinzu, dass der Mangel an Orientierung in der Euro-Krise symptomatisch für den Zustand der Nation sei. Das ist gewiss ein journalistischer Rundumschlag, aber es gibt derzeit wenige, die die „Vorleute in Politik, Wirtschaft und Wissenschaft" gegen diesen recht pauschalen Vorwurf verteidigen. Es ist nicht von der Hand zu weisen, dass das Handelsblatt mit dieser Meinung richtig liegen könnte. In der Wirtschaft brauche ich wenigstens eine gewisse Qualifikation, in der Politik aber kann wirklich jeder mitmischen.

Mit anderen Worten: Die Spitzen der Gesellschaft sind vom Virus des Scheiterns durchsetzt. Die angebliche Elite ist gar keine Elite — oder anders gesagt: Die besten Leute sitzen wohl nicht auf den wichtigsten Posten.

Die Folgen sind unvermeidlich: „Wie der Herr, so's Gscherr", heißt es im Volksmund. Folglich feiern auch auf tieferer Hierarchieebene, im Tagesgeschäft von Behörden, Institutionen und nicht zuletzt in der Wirtschaft, zweifelhafte Leistung und ein gewisses Mittelmaß fröhliche Urständ. Auf vielen Ebenen. Von oben nach unten.

Wir alle kennen das: Ein bei der Lieferung beschädigtes Produkt umtauschen zu wollen kann sich zu einer Irrfahrt von odysseeischem Ausmaß ausdehnen. Den Telefonanschluss zu wechseln erfordert die Nervenstärke eines Formel-1-Piloten. Wer auf kompetente Beratung in einer Buchhandlung, einem Bekleidungsgeschäft oder einem Autohaus hofft, findet allzu oft im Internet via Smartphone die Lösung schneller und besser. Und auf gesetzlich zugesicherte Leistungen des öffentlichen Dienstes zu warten kann sich nur erlauben, wer über ein eigenes, nicht zu dünnes Finanzpolster verfügt. Da ist der Kunde des Handwerkers, der auch noch eine halbe Stunde nach Feierabend bei ihm bleibt, um das Leck in der Waschmaschine zu orten, versucht, Tränen der Dankbarkeit zu vergießen. Wem gute Ergebnisse wichtig sind, für wen Exzellenz in seiner Umgebung ein Beitrag zur Lebensqualität ist, wer darauf hofft, dass es auch weiterhin gesellschaftlichen Fortschritt gibt, für den ist das allgegenwärtige Mittelmaß ein Ärgernis.

Denn mit dem strukturell gesicherten Mittelmaß ist es wie mit einem Grippevirus: Ist es einmal im System, wird man es aus zwei Gründen nur schwer wieder los. Entweder kennt der Mittelmäßige seine eigenen Grenzen ganz genau. Dann versucht er sich mit aller Kraft an seinem Job festzuklammern. Es könnte ja die letzte Chance auf einen formidablen Arbeitsplatz sein. Dort richtet er nicht viel Schaden an, bewirkt in der Regel aber auch keinen großen Nutzen. Wenn der Mittelmäßige sich allerdings für einen Könner hält, ist Gefahr im Verzug. Dann setzt er nicht nur auf Existenzsicherung, sondern entwickelt auch noch irrlichternden Ehrgeiz. Diese durch manchmal abenteuerliche Umstände an die Macht Gelangten sind in ihrer Mittelmäßigkeit nicht in der Lage, jüngere starke Persönlichkeiten an sich zu binden. Sind die Schleusen für eher mediokre Mitspieler erst einmal geöffnet, werden sie weitere Mittelmäßige nach sich ziehen. Dann ist die Sache des Unternehmens oder der Organisation gefährdet und oft beginnt ein langer, schmerzlicher Niedergang.

Das Argument der Mittelmäßigen, dass es die anderen ja auch nicht besser machen, ist ein schwacher Trost. Wenn alle nur mit dem Finger auf andere zeigen und sagen: „Da geht's doch auch nicht voran, also sind wir nicht die schlechtesten", wird deutlich, dass man sich am unteren Ende der Tabelle orientiert — und nicht an den Top-Leistungen.

Und um Top-Leistungen geht es; das haben mir mehr als zwei Jahrzehnte als Berater am Puls der Wirtschaft gezeigt. Zündende Ideen, elanvolles Voranschreiten, Grenzen überwindende Innovation, das sind die Zutaten, die Fortschritt und Prosperität für die meisten eröffnen. Mittelmaß dagegen heißt für mich: Da tut sich nichts. Wenig Veränderung. Auf der Stelle treten. Die üblichen Denkmuster: „So haben wir das immer gemacht, das geht nicht anders, wir wollen auch mal Pause machen." Und vor allem: „Da könnte ja sonst was passieren!"

Mittelmaß gibt Sicherheit, links und rechts befinden sich andere, die dasselbe machen. Der eigene Fehler ist zugleich der Fehler von tausend Anderen. Und Tausende können sich nicht irren — das ist der Trugschluss. Wer den Kopf über den Tellerrand hebt, läuft Gefahr, dass der Wind ihm die Frisur zerzaust. Also lieber Kopf einziehen, nicht auffallen. Business as usual ist die Devise.

„Das Streben nach Sicherheit fördert letztlich nur das Mittelmaß und verlangsamt alle Prozesse", sagte Jan Frodeno in einem Interview mit der „Welt", ein Jahr nachdem er 2008 in Peking Olympia-Gold im Triathlon geholt hatte. 1.500 Meter Schwimmen, 40 Kilometer mit dem Rad und einen 10.000-Meter-Lauf schaffte er in einer Stunde und 48 Minuten. Er hatte sich jahrelang auf diesen Moment vorbereitet, hatte kaum Vorkehrungen getroffen, wie es nach den Spielen für ihn weitergeht. Kein Plan B wartete auf ihn für den Fall seines Scheiterns. Das hat in ihm Kräfte freigesetzt, die ihn zum Sieger machten. „Wer gar nicht erst an den Start geht, kann auch nicht gewinnen", fügte er hinzu. Umgekehrt geht es aber auch: Wer gar nicht erst an den Start geht, kann nicht verlieren. Das ist die größte Motivation der Mutlosen, um dort zu bleiben, wo sie sind: mittendrin.

Um in Bewegung zu kommen und zu bleiben, braucht es Ambition, Mut, Nerven und Gelassenheit. Von alleine entwickelt sich nichts weiter. Um den Einzelnen aus der Wohlfühl-Hängematte zu locken, gilt es, auch die Rahmenbedingungen zu verändern. Die Stellschrauben so zu justieren, dass Eigeninitiative nicht im Keim erstickt wird. Das hat auch die Politik erkannt. Wachstum und Prosperität ist das erklärte Ziel aller Regierungen. Ihr Allheilmittel: Sie nehmen ihre Bürger an die Hand und zeigen ihnen, wo sie langgehen sollen. Aber ob das funktionieren kann?

Wie aus einem Zuviel ein Zuwenig wird

Ende 2009 gab es in Deutschland 1.924 Gesetze und 3.440 Verordnungen mit insgesamt 76.382 Artikeln und Paragrafen. Kommunale Vorschriften sind in diesen Zahlen erst gar nicht berücksichtigt. In schwungvoll-ornamentalem Beamtendeutsch formuliert zum Beispiel die für alle Beamten geltende Bundeslaufbahnverordnung BLV im Paragrafen 42,2 die Fortbildungspflicht:

> „Die Beamten sind verpflichtet, an Maßnahmen der dienstlichen Fortbildung teilzunehmen, die der Erhaltung und Verbesserung der Befähigung für ihren Dienstposten oder für gleichbewertete Tätigkeiten dienen. (…) Im Übrigen sind die Beamten verpflichtet, sich durch eigene Fortbildung über die Anforderungen ihrer Laufbahn unterrichtet zu halten, auch soweit dies der Anpassung an erhöhte und veränderte Anforderungen dient."

Was so ein Gesetz wert ist, zeigt sich, wenn man seine Wirkung genauer unter die Lupe nimmt. Zum Beispiel die auf einen Lehrer. Warum nun ein Lehrer? Nun, mit diesem Berufsstand hat ausnahmslos jeder in unserer Gesellschaft zu tun. Die meisten von uns lernen sie nicht nur als Schüler kennen, sondern später auch noch einmal als Erwachsene, wenn die eigenen Kinder zur Schule gehen. Es wird wohl jedem so gehen: Es gibt gute Lehrer, an die man sich gerne erinnert. Und es gibt schlechte Lehrer, an die man mit Kopfschütteln zurückdenkt. Und es gibt den einen oder anderen Lehrer, der einem erst gar nicht im Gedächtnis haften bleibt, genauso wenig wie der Stoff, den er vermittelt hat.

Sie alle haben sich fortbilden dürfen — oder müssen. Doch ob ein Lehrer Vorbild für seine Schüler wurde, ob er den Lehrstoff so aufbereiten konnte, dass die Schüler mit Freude bei der Sache waren und auch im Berufsleben noch den Dreisatz oder englische Vokabeln parat haben, das hängt nicht davon ab, ob einer von der Schulleitung zu einer Fortbildung geschickt wird. Sondern davon, ob er interessiert und aufgeschlossen im Seminar erscheint oder ob er die Maßnahme lediglich absitzt und auf der Tagesagenda als erstes auf die Dauer der Mittagspause und die angebotenen Menüs schielt.

Das Beispiel der Lehrer zeigt: Auch wenn mit großem Aufwand die Verpflichtung zur Fortbildung gesetzlich geregelt wird, heißt das noch lange nicht, dass dann der Prozess funktioniert. Ganz im Gegenteil: Sobald Vater Staat aktiv wird und Gesetze ausbläst wie ein Brummi dicke Dieselabgaswolken, wird die Selbstverantwortung des Bürgers relativiert. „Ich selbst muss wenig tun, um die neuesten Entwicklungen mitzubekommen; die Schulleitung kommt schon auf mich zu, wenn mal wieder eine wichtige Fortbildung fällig ist."

Ein eng gestrickter gesetzlicher Rahmen hemmt nicht nur die private Initiative. Es verdorren noch weitere Eigenschaften im knochentrockenen Paragrafenklima, die eine Gesellschaft für ihr langfristiges Überleben braucht.

Im Korsett

Ein Zuviel an Gesetzen engt die Flexibilität gefährlich ein, es wirkt als ein Schwarzes Loch für Ideen, Kreativität und Eigeninitiative. Wenn Gesetze eher den Status quo wahren, als Bewegung zu unterstützen, dann werden Nischen für Nicht-Leister geschaffen. Ich denke da zum Beispiel an die Arbeitsgesetze in Deutschland mit der juristischen Anfechtbarkeit fast jeder Kündigung und den langen Fristen. Auch in der Lohngestaltung sind Unternehmen bis hin zur Strangulation gefesselt. Für einen Unternehmer oder Arbeitgeber ist das eine teilweise unhaltbare Situation. Aber die öffentliche Meinung befürwortet in Deutschland derartige arbeitsrechtliche Handschellen für Unternehmen und Betriebe aller Art.

Es geht aber auch anders — und im Ergebnis erfolgreicher: Vom liberaleren Arbeitsrecht der Schweiz habe ich an anderer Stelle bereits berichtet. Die Kündigungsfristen sind wesentlich kürzer und die Gehaltsgestaltung wesentlich flexibler. Jetzt mag so mancher befürchten, dass so der Willkür und der Gier der geballten kapitalistischen Macht keine Grenze gesetzt ist. Doch die Schweiz steht nicht in dem Verdacht, sich mit dieser Politik ein Prekariat heranzuzüchten; die Folgen dieser

Gesetzgebung sind nachweislich keine Heerscharen von Entlassenen. Im Gegenteil! 2012 waren 2,8 Prozent der Schweizer arbeitslos; manche Kantone hatten sogar eine Arbeitslosenquote von unter 2 Prozent. Dass diese gute Arbeitsmarktsituation nicht mit Lohndumping erkauft wird, ist allgemein bekannt: Das Lohnniveau in der Schweiz liegt um 50 Prozent höher als in Deutschland. Auch nachdem man die um 30 Prozent höheren Lebenshaltungskosten herausgerechnet hat, ist die Prosperität größer. Für alle. Und das besonders, weil Unternehmen durch weniger Arbeitsrechte und geringere Steuern eingeengt werden.

Es gibt noch eine weitere Folge der Gesetzschwemme in Deutschland: Je mehr Gesetze wir haben, umso mehr ausführende Organe und Sachbearbeiter werden benötigt, um ihre Einhaltung zu prüfen. Und umso mehr Anwälte und Richter brauchen wir, um sie durchzusetzen. Kein Unternehmen wird gegründet, kein Kindergarten eröffnet, keine Hecke gepflanzt, ohne dass man sich juristisch absichert. Längst sind es in Wahrheit oft die Juristen, die die Geschicke Deutschlands bestimmen. Deutlich spiegelt sich das in der Zusammensetzung des deutschen Bundestags wieder. In der 17. Wahlperiode — von 2009 bis 2013 laufend — sind hier über 100 Berufe vertreten, die Bandbreite reicht von der Konzertpianistin bis zum Unternehmer. Auf den ersten Blick ein vielfältiges Spektrum, das die Erfahrungen eines breiten Querschnitts der Bevölkerung in das gesetzgebende Gremium einbringen kann. Auf den zweiten Blick wird aber ein interessantes Ungleichgewicht sichtbar: 143 der 622 Bundestagsabgeordneten sind Juristen. Das ist beinahe ein Viertel. Wie enorm dieses Missverhältnis ist, wird anhand des folgenden Vergleichs deutlich: Von den 68 Millionen Erwachsenen in Deutschland sind lediglich 150.000 Rechtsanwälte, also ein Vierhundertfünfzigstel. Damit sind die Juristen im Parlament mehr als hundertfach überrepräsentiert. Auf Platz 2 mit 34 Abgeordneten folgen weit abgeschlagen die Gymnasiallehrer — immerhin auch fünffach überrepräsentiert.

Wo Bäcker sind, wird gebacken, wo Juristen sind, werden Gesetze gemacht. Die Zahl der Gesetze und Verordnungen steigt täglich an. Doch die Juristen haben das System, das sie geschaffen haben, nicht mehr im Griff. Es hat sich verselbstständigt. Die Gesetzgebung, ursprünglich als Schmiermittel gesellschaftlicher Aktivitäten gedacht, ist zum Sand im Getriebe geworden. Anstatt die Rahmenbedingungen für unser Leben zu setzen, mutiert unser Rechtswesen immer mehr zur unüberschaubaren Einzelfallgesetzgebung. Besonders dramatisch zeigt sich das auf dem Gebiet der Steuergesetzgebung. Joachim Lang, der international versierte Experte für internationale Finanz- und Steuerwirtschaft und emeritierter Professor für Steuerrecht an der

Universität zu Köln, prägte 2008 das Schlagwort vom immer schneller werdenden Stakkato der Steueränderungs-Gesetzgebung. Wie ein Rennpferd, das seinen Jockey abgeworfen hat und nun querfeldein galoppiert, ist das sich aufblähende Steuersystem nicht mehr zu stoppen. Folgerichtig stellte der Bundesrechnungshof im Jahr 2006 fest: „Eine durchgreifende Vereinfachung des deutschen Steuerrechts ist unerlässlich, weil die Steuerverwaltung längst nicht mehr in der Lage ist, die Vielzahl der äußerst komplizierten Regelungen entsprechend dem Willen des Gesetzgebers umzusetzen." Das ist nichts anderes als die Bankrotterklärung. Die Juristerei frisst ihre Kinder.

Doch eine Umkehr scheint kaum möglich zu sein. Mittlerweile ist das deutsche Steuerrecht so komplex, dass es neben den Gesetzen auch Anwendungsregeln erfordert, um durch das Dickicht zu kommen. Nicht für den Normalbürger, sondern für die Juristen selbst! Doch auch die Anwendungsregeln bringen nicht unbedingt Klarheit, oft widersprechen sie sich, sodass es nicht selten ist, dass auf gleiche Sachverhalte unterschiedliche Regeln angewendet werden können. Das führt zu abweichenden Ergebnissen und Beurteilungen der Steuerbehörden. Eine Oberfinanzdirektion kann dann plötzlich, aufgrund der Ermessensspielräume, eine unglaubliche Machtfülle haben, das Schicksal eines Menschen und seines Eigentums hängt weitgehend von deren Entscheidung ab. Auch auf ausländische Investoren wirkt deshalb nicht nur die Komplexität des deutschen Steuersystems, sondern auch die mangelnde Planungssicherheit abschreckend. Deutschland würgt sich selbst ab. Nein, das ist nicht ganz richtig. Exakt muss es heißen: Viele der für die Prosperität des Gemeinwesens verantwortlichen Amts- und Würdenträger würgen Deutschland ab. Sie werden ihrem Auftrag nicht gerecht: Sie erzielen lähmende und enttäuschende Ergebnisse. Kann es sein, dass wir es nicht schaffen, die weichenstellenden Positionen in der Gesellschaft mit Berufeneren zu besetzen?

Es ist aber kein rein deutsches Phänomen, sondern zugleich eines der westlichen Welt insgesamt. Auch in der vergleichsweise pragmatischen Schweiz beispielsweise machen Gesetze den Menschen, die etwas voranbringen wollen, das Leben schwer.

> Eine Schulleiterin wollte an ihrer Schule die Effizienz erhöhen und ein für alle verbindliches Ziel festlegen. Ähnlich, wie es in Unternehmen üblich ist. Ihre Idee: Sie wollte die Leistung ihres Kollegiums messbar machen. Wohlgemerkt nicht für jeden einzelnen, sondern für die gesamte Lehrerschaft. So sollte der einzelne Lehrer darin unterstützt werden, sich nicht nur damit zufrieden zu geben,

dass die Schüler im eigenen Lehrfach ganz ordentlich dabei sind. Erst mit der Gesamtleistung im Blick können sie sehen, wie erfolgreich sie in ihren Bemühungen sind und nötigenfalls Verbesserungsmaßnahmen ergreifen. Die Messlatte sollte nicht der Notenschnitt in den Klassen sein, der wäre zu einfach zu manipulieren gewesen und auch nicht die geeignete Maßzahl. Denn der Erfolg einer Schule liegt ja nicht darin, Schüler mit guten Noten zu züchten, sondern sie vorbereitet in das Leben zu entlassen. Das ist es, wofür eine Schule da ist, das sollte ihre eigentliche Kernkompetenz sein. Die relevante Größe ist also: Wie viele unserer Schüler bekommen eine Lehrstelle? Wie viele machen das Abitur und wie viele studieren dann? Als zweiten Schritt wird man nach einem Jahr prüfen, welcher Prozentsatz der Schulabgänger eine Arbeitsstelle gefunden hat.

Die Schulleiterin konnte ihr Kollegium von ihrem Plan überzeugen; schließlich steckt der Wille, einen guten Job zu machen, in jedem Menschen. Als Anreiz sollte ein Bonussystem dienen. Die Boni sollten nicht an die Privatkonten der Lehrer fließen; die Früchte des Erfolgs sollten wieder der Schule zukommen. Abhängig von der Zielerreichung wollte sie beim Schulrat einen gewissen Betrag für Sonderanschaffungen und Schülerprojekte auftreiben: bessere Lehrbedingungen, besserer Unterricht, mehr Schüler mit Lehrstelle oder Studienplatz, mehr Sonderanschaffungen, bessere Lehrbedingungen usw. Das Ergebnis hätte absehbar eine Erfolgsspirale sein können.

Es waren die Verwaltungsvorschriften, die dem Plan der Schulleiterin den Garaus machten. Der Schulrat winkte ab: „Wir können doch nicht eine Schule gegenüber den anderen begünstigen! Eine solche Investition ist gesetzlich auch gar nicht vorgesehen. Da ist bei uns Endstation."

Anders als in der Wirtschaft bekommen Beamte und Angestellte des öffentlichen Dienstes keine Boni für gute Arbeit. In der Regel wollen sie solche auch gar nicht. Bislang scheiterte jeder Vorstoß. Als die deutsche Bundesbildungsministerin Edelgard Bulmahn 2001 vorschlug, Lehrer nach Leistung zu entlohnen und in ihre Bewertung auch die der Schüler mit einzubeziehen, scheiterte ihre Initiative auf der ganzen Linie. Lehrer ticken anders, der Bonusgedanke spricht sie nicht an, viele stößt er sogar ab. Es blieb dabei: Die einzige Mehrleistung von Lehrern, die honoriert wird, sind Vertretungsstunden. Ob ein Lehrer seine eigene Unterrichtsstunde vier Stunden lang kreativ vorbereitet oder einfach in die Schublade greift und die Unterlagen von vor zehn Jahren wieder heraussucht, wird nicht gewertet. Das heißt:

Engagierte Lehrer haben mit als einzige Belohnung das Vergnügen, dass ihre Schüler mit mehr Spaß bei der Sache sind und mehr lernen als die Schüler der Kollegen, die ihren Aufwand minimieren. Aber vielen scheint diese Zulage dann doch zu gering. Sie erfüllen ihre Schüler dann vielleicht nicht mit Freude am Lernen und Leisten, sondern schieben Dienst, leisten Stunden ab.

Überregulierung erschwert also Leistung. Die permanente Paragrafenreiterei ist geradezu entwicklungsfeindlich. Wer im öffentlichen Dienst eine gute Idee hat, kann sie nicht einfach umsetzen. Es braucht schon einen sehr langen Atem, um an seinen Visionen festzuhalten. Zehn Jahre lang hat die Schweizer Schulleiterin versucht, ihre Idee Wirklichkeit werden zu lassen. Erst als sie in einen anderen Kanton zog und anderen, flexibleren Behörden gegenüberstand, schaffte sie in nur zwei Jahren praktisch alles, womit sie in ihrer alten Schule gescheitert war.

Schüler und Lehrer müssen sich in einem leistungsskeptischen Umfeld zurechtfinden. Ist der geringer ausgeprägte Leistungswille, der daraus resultiert, schon die Erklärung dafür, dass der Nachwuchs, der in die verantwortlichen Positionen drängt, große Anpassungsschwierigkeiten hat? Dann müsste sich der Fokus der Öffentlichkeit vor allem auf die Bedingungen der Persönlichkeitsentwicklung in den Schulen richten. Weniger Vorschriften und Vorgaben, mehr Eigeninitiative von Seiten der Lehrer, Schüler und Eltern zulassen, das wäre es. Wäre es das? Schön wär's! Dass starre Strukturen an der Schule an der Misere schuld sind, ist eben noch lange nicht die ganze Wahrheit. Es gibt noch weitere Unbekannte in dieser Gleichung. Ein weiterer Faktor ist, dass in der Schule ein ganzer Lernbereich konsequent ausgeblendet wird.

In Grabenkämpfen erstarrt

An deutschen Schulen werden ökonomische Zusammenhänge nicht oder nur sehr rudimentär vermittelt. Das ist ein Erbe des tiefen Misstrauens der 68er Generation gegen den Kapitalismus. Der Gedanke, dass Wirtschaft automatisch finsterster Manchester-Kapitalismus, also der Inbegriff der Ausbeutung einer verelendeten Arbeiterschaft durch einige wenige Fabrikbesitzer, sein muss, scheint mir noch heute in vielen Köpfen verankert zu sein. Oder wie anders lässt sich eine letztlich gleichmacherische Umverteilungsideologie rechtfertigen? Dabei sieht Wirtschaft längst anders aus, zumindest in unseren Breiten. Körperlich harte Arbeit ist weniger gefragt, die Robotik hat den Menschen vom Joch der täglichen Plackerei in den meisten Branchen befreit. Der Schritt hin zur Dienstleistung wurde schon vor Jahrzehnten vollzogen. Von einer regelrechten Ausbeutung des Menschen kann kaum die Rede sein, eher davon, dass jeder mehr denn je die Chance hat, sich auch kreativ in die Gesellschaft einzubringen. Und wer hält ihn davon ab, mit öffentlich gehandelten Aktien zum Miteigentümer seines Unternehmens zu werden?

Natürlich bringt der Kapitalismus Gefahren mit sich, die inakzeptabel sind und denen die Stirn geboten werden muss. Den Lohn so weit reduzieren zu wollen, dass ein Vollzeit arbeitender Mensch von zusätzlichen Zuwendungen des Staates abhängig ist, für sich selbst trotz qualifizierter Arbeit nicht aufkommen kann, ist ökonomisch untragbar, ethisch nicht zu rechtfertigen und birgt zudem gesellschaftlichen Sprengstoff in sich. Der Normalfall ist aber ein anderer. Tüchtige Menschen gründen Unternehmen, bieten anderen einen Arbeitsplatz, produzieren die Dinge des täglichen Bedarfs oder schaffen sie aus weit entfernten Ländern heran. Wirtschaft ist — entgegen der öffentlichen Meinung — in vielen Bereichen ein Reich des Guten, die Existenzgrundlage von schlichtweg allem, was eine Gesellschaft ausmacht.

Was ist die Folge davon, dass ökonomische Fragestellungen weitgehend aus dem Lehrplan ausgeblendet sind? Was man nicht kennt, ist einem im besten Falle egal, oder es macht Angst. Eine repräsentative Umfrage des Bundesverbandes Deutscher Banken im Oktober 2011 ergab: Lediglich 35 Prozent der Deutschen interessieren sich „stark" oder „sehr stark" für die Wirtschaft. Mit anderen Worten: Zwei von drei Bürgern ist die Ökonomie mehr oder weniger egal. Das ist erstaunlich, es ist zugleich auch gefährlich. Der Bericht nennt weitere alarmierende Zahlen. Zum Beispiel die, dass von den 18- bis 24-Jährigen nur 6 Prozent die ungefähre Höhe der Inflationsrate in Deutschland nennen können. Es interessiert sie anscheinend nicht im Geringsten. Dass das Bezahlen von Miete, das Aufnehmen eines Kredits für den Kauf eines Autos, der morgendliche Brötchenkauf Ökonomie ist, zählt anscheinend nicht zu ihrem Gesichtskreis. Wie sollen tragfähige politische Entscheidungen getroffen werden, wenn der Souverän des Staates, der Bürger, so wenig Interesse hat an ökonomischen Zusammenhängen?

„Nein danke, es ist schon schlimm genug, was man in den Zeitungen und Nachrichten über Politik und Ökonomie hört. Jetzt auch noch unseren Kindern beibringen, was ‚Human Resources' oder ‚Humankapital' bedeutet, das ist abartig." Der Leser von Zeit online, der diese Zeilen am 27. Juli 2010 als Kommentar zum Artikel „Mitreden erwünscht" postete, steht mit seiner Meinung zwar zunehmend isoliert da. Dass

Wissenslücken existieren, die dringend aufgefüllt werden müssen, ist den meisten klar. 84 Prozent der in der Umfrage des Bankenverbandes Befragten sind dafür, dass die Vermittlung wirtschaftlicher Zusammenhänge in der Schule künftig verstärkt wird. 78 Prozent sind der Meinung, dass hierfür ein eigenes Schulfach eingeführt werden soll. Nun, seit Jahrzehnten wirbt der Bankenverband für ein eigenständiges Schulfach „Wirtschaft" vom ersten Schuljahr an. „Wir wollen nicht jeden Schüler zum Betriebswirt machen, aber Wirtschaft zu einem Teil der Allgemeinbildung", sagte Manfred Weber, Geschäftsführer des Bankenverbands, schon im Jahr 2008. Gibt es denn keinerlei Rückhalt dafür aus den Reihen der Politik?

Es gibt ihn. Längst hat sich die Kultusministerkonferenz darauf geeinigt, dass ökonomische Bildung zum Auftrag der Schule gehört. Mittlerweile haben sich die Schulbücher verändert. Die wirtschaftsskeptischen Ideologien, die in den 70er-Jahren noch zu finden waren, sind aus den Lehrmaterialien verschwunden. Darüber hinaus ist aber nicht viel passiert. Das Negative ist ausradiert, das Positive aber noch nicht im Unterricht angekommen — das Thema Wirtschaft befindet sich in der Schule in einer Art Schwebezustand. Während zum Beispiel in Schweden den Schülern ganz selbstverständlich unternehmerisches Denken und selbstverantwortliches Handeln vermittelt werden, kommt hierzulande das Thema Wirtschaft nach wie vor allenfalls im Fach Geschichte vor, wenn die Industrielle Revolution auf dem Lehrplan steht.

Woran liegt es dann, dass der Wille von Bürgern und Politik nur derart zögerlich umgesetzt wird? Das Fach „Wirtschaft" an der Schule einzuführen, ist gar nicht so einfach. Erdkunde-, Geschichte- und Mathelehrer trauen sich kaum an das Gebiet heran und wären vielleicht auch nicht immer die Richtigen, die Materie zu vermitteln. Es braucht also in eigenen Studiengängen an den Hochschulen ausgebildete Fachlehrer. Doch Geld für die Ausbildung kompetenter Fachlehrer stellt die Politik erst dann zur Verfügung, wenn es das Fach auch an den Schulen gibt, wird der Leiter des Instituts für Ökonomische Bildung an der Universität Oldenburg, Hans Kaminski, am 15. Oktober 2008 von der sueddeutschen.de zitiert. Ohne Fach keine Lehrer; ohne Lehrer kein Fach. Schilda.

Ein guter Teil dessen, was ein junger Mensch an Wissen benötigt, um sein Leben selbstbestimmt und erfolgreich führen zu können, wird in den Schulen nicht vermittelt. Lebt damit der einstige Obrigkeitsstaat auf kuriose Weise fort? Bleiben wir noch ein bisschen an den Schulen. Lassen Sie uns gemeinsam noch eine Weile durch die Schulgänge spazieren. Die Antwort auf die Frage, wie es sein kann, dass an den Schlüsselstellen der Gesellschaft — vom Ministerpräsidenten bis zum Kreditsachbearbeiter — weitverbreitet ein erstaunliches Ausmaß an Inkompetenz anzutreffen ist, ist tatsächlich zu einem guten Teil auf den Fluren der Schulen zu finden.

Außer der Tatsache, dass viel zu viele Schüler ins Leben entlassen werden, ohne einen hinreichenden Begriff von Leistung oder wirtschaftlichen Zusammenhängen zu erlangen, werden auf den Schulen nämlich auch ihre persönlichen Eigenschaften ungünstig beeinflusst. Wann, glauben Sie, verfügt ein Mensch über mehr Charakterstärke und Durchsetzungskraft: vor oder nach seiner Schullaufbahn?

Kleine Lichter und große Leuchten

„Das, was Schüler auf Grund welcher Vorgaben auch immer oft spontan, eigenwillig und eigenweltlich inszenieren und parallel zu geplanten und gewohnten Handlungsmustern im Sportunterricht laufen lassen, wird von Lehrern daran gemessen und bewertet, ob es sich womöglich gegen die Person des Lehrers, gegen Sportunterricht oder gar gegen die Schule richtet. Mit anderen Worten, die Darbietungen werden auf Konsens getrimmt." Das steht in dem Bericht des Symposions „Wie viel Bildung braucht der Sport, wie viel Sport braucht die Bildung?", das 2010 an der Sporthochschule Köln stattfand.

Was in sperrigen Worten daherkommt, bedeutet nichts anderes, als dass es in der Schule darauf ankommt, das zu tun, was der Lehrer sagt. Verbesserungen anregen, Eigeninitiative entwickeln, Leistungen auch jenseits der vorgegebenen Grenzen zeigen — kaum erwünscht. Im Gegenteil. Den Schülern wird sogar unterschwellig vermittelt, dass gute Leistungen und Eigeninitiative andere vor den Kopf stoßen und deshalb unsozial, vielleicht gar egoistisch sind. In dieses Bild passt, dass Punkte oder Tore erst gar nicht gezählt werden, wenn Schülermannschaften im Mannschaftssport gegeneinander antreten. Man möchte den unsportlichen Schülern das schlechte Gefühl ersparen.

Der Leiter des Instituts für Medizinische Genetik an der Wiener Medizinischen Universität und Autor des Buches „Die Durchschnittsfalle", Markus Hengstschläger, hat zu diesem Thema eine eindeutige Meinung. In einem Interview mit Zeit online im Februar 2012 antwortete er auf die Frage, ob Schule denn nicht besondere Leistungen fördere: „Nein, sie arbeitet immer auf den Durchschnitt hin. (...) Heute läuft es doch so: Hat ein Kind vier schlechte Noten im Zeugnis und eine sehr gute — was sagen Lehrer, Eltern, Politiker? In dem Fach, in dem du sehr gut bist, tust du nichts mehr. Aber in den Fächern, in denen du schlecht bist, lernst du rund um die Uhr, bis eine durchschnittliche Note erreicht ist. Da wo das Kind so gut war, wird es auch Durchschnitt, weil es keine Zeit mehr dafür hat."

Das Prinzip Mittelmaß zieht sich durch die Schule wie Ariadnes Faden durch das Labyrinth des Minotaurus. Aus Schülern werden Erwachsene. Der Typ, der aus der Schulmühle en gros herauskommt: umgänglich, konfliktscheu und auf Konsens getrimmt. Klaglos tun die in den Ernst des Lebens Entlassenen, was ihnen aufgetragen wird — das können sie gut. Doch schon in den ersten Monaten und Jahren im Arbeitsverhältnis lernen sie: befördert wird nicht der Teamplayer, sondern derjenige, der sich gegen die Kollegen durchsetzt. Mit dieser Erkenntnis spalten sich die jungen Menschen in zwei Lager. Die einen bleiben das, was ihnen schulisch mitgegeben wurde: Ausführende ohne viel Eigeninitiative. Die anderen drängt es nach Macht. Sie boxen sich auf Kosten anderer schnittig nach oben, bleiben dabei aber nach außen möglichst unauffällig. Sie sehen sich hauptsächlich in der Verantwortung, wenn es um die eigene Karriere geht. Das Gemeinwohl, das Ganze haben sie kaum im Blick. Ich sage dazu: Sie werden kalte Fische. Und schwimmen nach oben.

Ein gedankenlos handelnder Mensch kann jahre-, ja jahrzehntelang auf seinem Posten sitzen, ohne dass viel geschieht. Stillstand, Mittelmaß. Aber auch wenn sie in der Hierarchie ganz oben stehen, Titel, Orden oder elegante Uniformen tragen, taugen sie maximal für den Normalbetrieb. Im Ernstfall gehen sie unter und reißen andere mit sich.

Der Kapitän der Costa Concordia, Francesco Schettino, scheint mir ein Vertreter dieses Typs zu sein. „Madonna, was habe ich angestellt!", sagte er, als er am 13. Januar 2012 um 21.45 Uhr sein Kreuzfahrtschiff auf einen Felsen gesetzt hatte. Die im September 2012 veröffentlichten Gesprächsprotokolle auf der Blackbox zeigen, dass Schettino in der Krise nie Herr der Lage war, dass er die Katastrophe, die am Ende 32 Menschen das Leben kostete, so lange verharmloste, wie es nur möglich war, dass er schon Minuten nach der Havarie versuchte, sich mit Lügengeschichten herauszuwinden. Knapp eineinhalb Stunden nachdem die Felsen vor der Insel Giglio den Rumpf seines Schiffes aufgerissen hatten, telefoniert er mit seiner Frau: „Wir sind auf eine Untiefe geprallt, das Schiff hat sich geneigt, ich mache aber gerade ein gutes Manöver. Alles unter Kontrolle." Keine fünf Minuten später sagt er verzweifelt zu einem Mitarbeiter: „Was sag ich bloß der Presse? Nein, nicht der Presse, dem Hafenamt…" Über seine Erklärung, warum er eine Viertelstunde später nicht mehr auf der Kommandobrücke war, sondern in einem Rettungsboot, hat ganz Europa gelacht: „Ich bin ausgerutscht und in ein Rettungsboot gefallen."

Ich habe nicht besonders viel Freude an Menschen, die beinahe nur noch sich selbst im Blick haben und sich aus der Verantwortung stehlen. Sie sind nicht viel mehr als ein Kapitän, der sein sinkendes Schiff gleich mit dem erstbesten Rettungsboot verlässt: Opportunisten, denen Ethos fehlt. Aber wie kommt es, dass dieser Typ Mensch in Wirtschaft und Gesellschaft immer öfter auf Führungspositionen gelangt ist und damit an den Hebeln sitzt — und schlimmer noch: dort auch verbleibt?

Tarnen, täuschen und vertuschen

Als Berater erlebe ich beinahe täglich, wie in der Wirtschaft verantwortungsvolle Positionen besetzt werden. Umgänglichkeit scheint für viele Entscheider eine Schlüsselqualifikation zu sein. Viele Manager sind menschlich liebenswürdig, aber auch kritikempfindlich und konfliktscheu. Erstaunlich viel Energie wird aufgewendet, sich als erfolgreich zu präsentieren. Energie, die dann an anderer Stelle fehlt. Nichts soll auf dem Tableau Falten werfen. Nach außen hin präsentieren sie sich als Macher, spiegeln Professionalität vor. Sie haben es gut drauf, Ruhe und Sicherheit auszustrahlen. Hinter den Kulissen aber wird deutlich, dass es an inhaltlicher und charakterlicher Substanz fehlt. Ihre direkten Mitarbeiter und viele Vorgesetzte merken es ihnen an.

Kandidaten mit einem solchen oder einem ähnlichen Profil gibt es mehr und mehr. Je höher in der Hierarchiestufe, desto häufiger. Für ein Unternehmen hat das beträchtliche Folgen. Mit der inneren Haltung der Manager an den Schaltstellen, dass die erste Priorität der Sicherung und Optimierung der eigenen Position gilt und nicht der Sicherung des Unternehmenserfolgs, lassen sich kaum Schlüsselstellungen im Markt verteidigen, ist der Aufbau von Wachstumsträgern erschwert. Diese Form von heimlicher Egozentrik verhält sich zu Ergebnisexzellenz in etwa wie die Sonne zum Wachs in den Flügeln des Ikarus.

Herr im eigenen Haus sein und bleiben, das genügt den kalten Fischen als Zielvorstellung. Ein Consultant der Schweizer Beratungsfirma Egon Zehnder International, die Unternehmen bei der Suche nach

Aufsichtsräten und Vorständen berät, wird in dem bereits genannten Artikel „Das Versagen der Eliten" so zitiert: „Die Entscheidungsträger in Politik, Wirtschaft, Zivilgesellschaft und Wissenschaft neigen dazu, abgeschottet in ihren Festungen zu bleiben. Manche pflegen gar ihre Vorurteile. Eine konstruktive Zusammenarbeit kommt nicht zustande, obwohl alle erkennen, dass das für zukünftige Herausforderungen unersetzlich ist."

Ähnliches gilt für die Politik. Niemand will sich unbeliebt machen. No news are good news. Ihr Idealbild: Ruhig wie eine Stockente auf einem Tümpel dahingleiten, das rasche Rudern der Entenfüße unter Wasser soll nicht sichtbar sein. Eines aber stimmt an dem Bild nicht. Die Paddelbewegungen unter Wasser dienen nicht der Fortbewegung, sondern dem Wegtreten von Konkurrenten. Wer nicht der Partei oder dem Vorgesetzten dient, ist schnell wieder draußen. Fehler und Misserfolge werden verschwiegen oder auf merkwürdige Weise in Erfolge umgedeutet. Diese Einstellung macht Politiker bereits am Wahltag zur lahmen Ente auf ihrem Posten, und der Wähler spürt das auch.

Vorgesetzte, denen der Konsens und das Nettsein wichtiger ist als die Realität der Ergebnisse ihres Wirkens und die es darum lieber nicht so genau wissen wollen, Untergebene, die nicht den Mut aufbringen es zu sagen, wenn die Dinge aus dem Ruder laufen, das sind Kräfte, die im Zusammenspiel recht gut funktionieren. Allerdings um den Preis, dass viele „Feuerwehrübungen" durchgeführt werden. Vieles wird gebeugt und gedehnt, vieles dringt nie an die Öffentlichkeit oder die Betriebsöffentlichkeit. Manchmal sind die Folgen allerdings zu katastrophal, um sie unter dem Mantel des Schweigens in der Vergessenheit versinken lassen zu können.

So wie in Duisburg, als die kommunalen Politiker entschieden, aus Prestigegründen die Love Parade 2010 in die Stadt zu holen. Es war ja eine gute Idee, sich als Großstadt mitten im krisengebeutelten Ruhrpott als weltoffen und innovativ zu präsentieren. Dass sich aber dem politischen Willen alle widersprechenden Erfahrungen beugen mussten und vernünftige Bedenken in den Wind geschossen wurden, dass sich quer durch verschiedene Ämter Mitläufer fanden, die es hätten besser wissen müssen und mitmachten, ohne die Notbremse zu ziehen, das macht schon sehr nachdenklich. 21 Menschen kamen in einer Massenpanik um, als sich die Besuchermenge in einem Tunnel, dem einzigen Zu- und Abgang zum Festplatz, staute. Im Nachhinein stellte sich heraus: Mehr als zwanzig operative Faustregeln waren nicht beachtet worden. Die Medien haben das sorgfältig recherchiert und aufgearbeitet, unter anderen der „Spiegel" in einem sehr lesenswerten

Artikel. „Wird schon gehen" war bei der Stadtverwaltung Duisburg wohl der Ansatz. Und: Was nicht sein darf, kann nicht sein. In Summe hat einfach das Prinzip des Mittelmaßes gewirkt. Und wir dürfen alle staunend feststellen: Solche Katastrophen sind das Ergebnis des Kopfeinziehens, der mangelnden Zivilcourage, des fehlenden Verantwortungsgefühls, der Priorität des egozentrischen Sicherns der Pfründe. Oder schlicht gesagt: Das Ergebnis der fehlenden Eignung für die bekleidete Position. Noch schlichter: Unfähigkeit.

Warum erzähle ich Ihnen das? Duisburg ist ein markantes Beispiel dafür, dass es nicht unbedingt Profitgier ist, die das Verhalten derer steuern, die mit Höchstgeschwindigkeit vor die Wand fahren und andere mit sich reißen. Ihr Engagement galt nicht der persönlichen Bereicherung, sondern dem Vorankommen ihrer Stadt. Ich nehme ihnen das ab. Auch Bequemlichkeit ist kein legitimer Vorwurf: Die Bürgermeister und kommunalen Beamten haben mit Sicherheit viele Sonderschichten gefahren, um die Love Parade unter Dach und Fach zu bringen. Es sind keine schlechten Menschen, die das Unheil bringen. Es sind einfach nur die falschen Leute am falschen Ort.

Und das führt uns zum entscheidenden Punkt: Irgendjemand hat irgendwann einmal entschieden, dass Herr X die Position Y besetzen soll. Dieser Entscheider ist es, der den Fehler macht. Dass Herr X den Karren dann irgendwann an die Wand fährt, ist die logische Folge des Missgriffs, das Ergebnis einer miserablen Personalentscheidung. Die Öffentlichkeit sieht Misswirtschaft, Managementfehler, Charakterschwächen, Minderleistungen. Ich sehe falsche Personalentscheidungen.

George W. Bush: desaströse Personalentscheidung des amerikanischen Establishments und des amerikanischen Wählers bzw. der Wahlmänner. Christian Wulff als Bundespräsident: problematische Personalentscheidung von Angela Merkel und der Bundesversammlung. Und so weiter.

Fragt sich nur, was die Entscheider davon abhält, die jeweils Geeigneten, die Fähigsten zu identifizieren und einzusetzen. Denn es gibt sie doch, die Veränderer, die Vorantreiber, die praxisorientierten Querdenker, die Könner, die Erfahrenen, die wir bitter nötig haben. Diejenigen, die auch das Wohlergehen der Gesellschaft auf ihre Fahnen geschrieben haben und fähig sind, einen Beitrag dazu zu leisten. Gibt es für sie zu wenig Platz im System? Warum können sie sich nicht genug durchsetzen?

Die Strippenzieher

Der französische Schriftsteller Stendhal sagte einmal: „Nichts ist den Mittelmäßigen so verhasst wie geistige Überlegenheit." Und genau da liegt der Hase im Pfeffer. Hat ein mediokrer Mit-dem-Strom-Schwimmer erst einmal einen bestimmten Status erreicht, will er sich auf den Pfründen des Erreichten ausruhen, ohne auch nur einen Bruchteil zu riskieren. Die Gefahr für das eigene Fortkommen minimiert er, indem er aalglatt und kosmetisch einwandfrei agiert. Seinen eigenen Status wahrt er, indem er zu verhindern weiß, dass Bessere ihm in die Quere kommen. In seiner Interessenslage wäre es höchst fatal, jemanden neben sich zu dulden oder gar einzustellen, der sich als stärker, klüger, erfolgreicher erweisen könnte. In einer Art Reflexhandlung wird das Bessere weggebissen, damit das Durchschnittliche bestehen bleiben kann. Es ist die schiere Angst davor, den Größenunterschied sichtbar werden zu lassen, die die Mittelmäßigen dazu treibt, den Zweit- oder Drittbesten als pflegeleichtes Teammitglied oder Nachfolger zu wählen. Auch die altgedienten Mitarbeiter, konfliktscheu und gewöhnt an Mauschelei und manchen Schlendrian, bilden eine gut geschlossene Front gegen jede Veränderung. Sie wollen sich ihre liebgewordene Hackordnung nicht durcheinanderbringen lassen. Wer Missstände sieht und diese bereinigen will, wird als Gegner wahrgenommen und rasch kaltgestellt. Hier fischelt es gewaltig.

Was dabei herauskommt, ist eine Kultur des Bewahrens, nicht des Handelns. Mittelmaß eben. Der Management-Vordenker Reinhard Sprenger weiß: „Wenn Sie nur Bewerber einstellen, die kleiner sind als Sie, erschaffen Sie eine Organisation von Zwergen."

Doch wie schon im 17. Jahrhundert Friedrich Freiherr von Logau feststellte: „In Gefahr und großer Not bringt der Mittelweg den Tod." In vergangenen Jahrzehnten ist es mit der Mittelmäßigkeit noch gut gegangen. Die Vorherrschaft der USA und — in deren Windschatten — Europas war auf wirtschaftlichem, wissenschaftlichem und ideologischem Feld weitgehend unangetastet. Mit Konkurrenten wie China, Brasilien, Indien und vielen mehr, die nicht mehr in den Startlöchern stehen, sondern längst schon losgesprengt sind, ist die Dominanz des Mittelmaßes für die westliche Welt aber mittlerweile höchst bedrohlich.

Ich bin davon überzeugt, dass es im Menschen nicht angelegt ist, bewusst das Mittelmaß zu wählen. Wenn jemand sagt: „Ich bin ganz zufrieden damit, keine dolle Leistung zu bringen", hat er bereits einen weiten Weg durch Schule und Arbeitswelt hinter sich. Er hat sich in einer Art Dauerhypnose im Liebgewonnenen, Gewohnten, Bewährten eingerichtet. Ansonsten haben es ihm andere, die ganz bewusst und — politisch motiviert — nicht zu viel leisten wollen, mehr oder weniger schonend beigebracht.

Es stimmt, das Trägheitsprinzip liegt in der Natur des Menschen. Es liegt aber auch in seiner Natur, gestaltend wirken zu wollen. Der Einzelne ist leistungswillig und möchte sich beweisen. Er möchte Erfolge einfahren, er möchte sich als wert- und sinnvoll erleben. Es sind die Rahmenbedingungen, die das Mittelmäßige in ihm hervorrufen. Und es ist eine wachsende Mehrheit von Besitzstandswahrern, die dem Können im Wege stehen. Es gilt also, ihm oder ihr das Umfeld zu schaffen, um die Bestimmung wieder erfüllen zu können. Erst dann können wir der Zukunft wieder mit Selbstbewusstsein ins Auge sehen.

Stunde Null

Warum jede Stellenbesetzung eine Chance ist

Sieht so aus, als hätten wir ziemlich schlechte Karten. Wenn es einmal eine mittelmäßige Persönlichkeit in der Hierarchie bis auf eine Stelle nach oben gebracht hat, wo sie selbst bedeutsame Personalentscheidungen treffen kann: Gute Nacht, Europa. Sie wird überwiegend mittelmäßige Persönlichkeiten berufen. Sicher niemanden, dessen Kompetenz sie unintelligent dastehen lässt. Auf keinen Fall jemanden, der sie eines Tages von ihrem Posten verdrängen oder an ihr mit fliegenden Fahnen vorbeiziehen könnte.

Natürlich wird der neue Personalentscheider darauf achten, nicht völlige Knallköpfe oder allzu offensichtliche Fehlbesetzungen zu berufen. Wenn diese die Organisation und die Öffentlichkeit zu sehr irritieren, kann ihm das schwer auf die Füße fallen. Nein, ein mittelmäßiger Personalentscheider wird dafür sorgen, dass die von ihm berufenen Personen irgendwo in der Mitte liegen: Gerade gut genug, um nicht negativ aufzufallen, aber nicht so gut, dass sie irgendwie positiv herausragen. Mitläufer eben. Das Mittelmaß ist äußerst beständig. Es dauert an, es verewigt sich.

Offen gestanden, ich befürchte, es ist noch schlimmer als das: Jeder Personalentscheider wird versuchen, Leute zu gewinnen, die ein kleines bisschen schlechter sind als er selbst. Denn bei gleich Guten weiß er ja nie, ob sie nicht doch eines Tages in der Liste der Beförderungskandidaten vor ihn rutschen — aufgrund einer gesetzlichen Quote, einer nützlichen Beziehung oder weil sie noch etwas dazu lernen und dann doch noch mehr draufhaben als er selbst. Wenn aber jeder Personalentscheider dafür sorgt — bewusst oder unbewusst —, dass seine Mitarbeiter und zukünftigen Nachfolger uneinholbar schlechter sind als er selbst, dann sinkt im Lauf der Jahre das Gesamtniveau unaufhaltsam. Man denke nur an den physikalischen Lehrsatz: „Der Wasserspiegel sucht immer die horizontale Lage". Bei dieser Nivellierung und Absenkung des Niveaus fühlen sich die kalten Fische, denen die eigene Jobsicherung über alles geht, wohl wie der Fisch im Wasser.

Es ist immer wieder atemberaubend zu sehen, wie schnell es dann abwärts gehen kann. Anfangs mag die Abwärtstendenz noch kaum spürbar sein, doch innerhalb weniger Monate kann die Dynamik aus einem sanften Gleiten in erdrutschartige Bewegungen übergehen.

Wenn die erste Schrecksekunde zu spät einsetzt, ist der Sturz über die Klippe die letztendliche Konsequenz. Einen solchen Sturz aufhalten zu wollen ist eine Herkules-Aufgabe, wenn nicht gar unmöglich. Denn im Unternehmen, in der Behörde, in der gemeinnützigen Organisation sind längst nur noch Personen am Ruder, für die selbst Mittelmaß bereits ein hochgestecktes Ziel ist.

Und ein Eingriff von außen? Ist der Mutterkonzern oder eine übergeordnete Behörde in der Position, unfähige Leute durch fähigere zu ersetzen? Theoretisch ja. Nicht selten ist dort aber eine ähnliche Abwärtsspirale in Gang. Auch hier gibt es zu wenige, die fähig wären, das drohende Desaster zu erkennen und zu verhindern. Und wenn sich doch in irgendeinem Winkel kompetente Führungskräfte verbergen — warum sollten sie andere fähige Führungskräfte fördern, die vielleicht schon bald mit ihnen um den Platz auf der nächsten Karriereleitersprosse konkurrieren?

Es sieht danach aus, dass die Abwärtsspirale bis zum bitteren Ende durchlaufen werden muss: Bis aus der Mittelmäßigkeit unserer Führungskräfte eklatante Unfähigkeit geworden ist. Bis das Unternehmen kollabiert und seine Trümmer von Wettbewerbern zum Spottpreis aufgesammelt werden. Bis die Stadtverwaltung wegen offenkundigem Missmanagement einen Vermögensverwalter vor die Nase gesetzt bekommt. Bis die Protestdemonstrationen gegen das katastrophale Bauprojekt den Baggerlärm übertönen und die Petitionsstapel alpine Ausmaße annehmen, sodass das Projekt kurz vor Abschluss abgebrochen wird und die Verantwortlichen in Ecuador Asyl suchen müssen.

Erst wenn das Scheitern völlig offenkundig ist, können in einem Befreiungsschlag die unzureichenden Top-Führungskräfte ausgetauscht werden. Vorher scheint es keine Hoffnung und keine Vernunft zu geben. Scheint es. Ich bin jedoch anderer Meinung.

Ich bin überzeugt, dass es einen Ausweg aus der Mittelmäßigkeitsfalle gibt — lange vor dem Scheitern.

Schmetterlingseffekt

Ein norddeutscher Händler für Büroartikel ist in einen großen Konzern eingebunden. Irgendwie schaut dort keiner so richtig hin, die Kontrolle der Ergebnisse ist niemandem wirklich wichtig. Die Zentrale ist weit weg und man will einmal im Jahr wissen, ob Gewinne oder Verluste eingefahren werden. Eine einzige Sitzung des Unternehmenschefs mit dem entsprechenden Aufsichtsrat reichte bisher aus. Schließlich hat der Mutterkonzern noch deutlich größere Fische im Teich.

Doch dann wird der Konzern restrukturiert, und das Controlling schickt plötzlich seine Leute überallhin. Im Rahmen der großen Veränderung wird auch der Chef des Büroartikelherstellers ausgetauscht. Der neue reißt das Steuer herum. Er besetzt fast die gesamte Führungsetage neu, und zwar — das ist das Besondere — vornehmlich mit begabten jungen Leuten aus dem eigenen Unternehmen, die zwischen 28 und 35 Jahre alt sind.

Ihm ist natürlich klar, dass diese Nachwuchsführungskräfte noch begleitet werden müssen. Doch das passt gut zu seiner Einstellung: Mitarbeiter in einem Unternehmen, das sind für ihn immer auch Lernende. Die globale und die nationale Wirtschaft, die Branche und das direkte Umfeld der Konkurrenz sind ständigem Wandel unterworfen. So ist für ihn selbstverständlich, dass Menschen niemals stehen bleiben und in Routine erstarren dürfen. Die Jungen scheinen ihm dafür genau die richtigen Protagonisten zu sein.

Um den Wandel im Unternehmen wirklich konsequent voranzutreiben, stellt er sich eine clevere und agile Personalchefin an die Seite, die auf Change Management Prozesse spezialisiert ist. Mit ihr gemeinsam dreht er über einen Zeitraum von über zwei Jahren das Unternehmen mit mittlerer Geschwindigkeit in den Wind. Mit mittlerer Geschwindigkeit ist hier das Zauberwort. Denn eingebunden in einen nun wachsamen Konzern, dessen Kontrolle manchmal an Argwohn grenzt, ist bei diesem Change Prozess das richtige Timing angesagt. Auch die eigentlich äußerst konservative Branche hätte vermutlich überreagiert, hätte er zu viel Staub aufgewirbelt.

Von einer so verjüngten Geschäftsleitung kann der gestandene CEO des Büroartikelhändlers einiges erwarten: Management-Kenntnisse auf Höhe der Zeit, den Blick fürs Marketing gerade auch für junge Zielgruppen, Verständnis für Zusammenhänge, unkomplizierte

Kommunikation und eine internationale Perspektive. Er wird nicht enttäuscht. Die junge Truppe lässt sich führen, lernt viel, wächst zusammen, wird ein Team. Auch der Informationsaustausch zwischen den Abteilungen und Bereichen klappt bestens. Die Umsatzzahlen zeigen deutlich: Der Kurswechsel hatte Erfolg.

Das Beispiel zeigt: Die Abwärtsspirale der Mittelmäßigkeit lässt sich durchbrechen. Dazu braucht es keinen Deus ex Machina, der mit Donnerstimme durchgreift und das Schicksal wendet, und keine veritable Katastrophe, um erst auf den Trümmern der alten Welt eine neue aufzubauen. Die Entwicklung lässt sich jederzeit umkehren — auch bei laufendem Betrieb. Es reicht oft schon, wenn eine einzelne fähige Top-Führungskraft engagiert wird und den Prozess der Erneuerung beginnt.

Das bedeutet nicht zwangsläufig, dass jede Neueinstellung in der obersten Führung eine Revolution auslöst, bei der auf einen Schlag eine ganze Führungsschicht ausgetauscht wird. Eine neue Führungskraft wird nur in seltenen Fällen die Vollmacht erhalten, in kürzester Zeit mit einer Art Befreiungsschlag für bessere Verhältnisse zu sorgen. Er oder sie muss sich in die Gruppe zunächst integrieren, um dort die Führung übernehmen zu können. Erst nach dieser Anpassungsphase hat er genügend Vertrauen von Seiten seiner Vorgesetzten und Mitarbeiter gewonnen, um von innen heraus die Kurskorrektur vornehmen zu können. Mit einer stark ausgeprägten Fähigkeit zur Bildung eines neuen Konsenses bewegt er andere zum Mitmachen und gibt Impulse, die die Gruppe braucht, um Morgenluft zu wittern. Dazu braucht er ein strukturiertes Vorgehen und ein Auge dafür, Gelegenheiten zur Korrektur und zur Qualitätsverbesserung rechtzeitig wahrzunehmen. Indem er seinen Standpunkt couragiert und klar äußert, ihn mit guten Argumenten und Schlagfertigkeit verteidigt, geschickt und beharrlich verhandelt und vor allem seine ersten Projekte positiv abzuschließen vermag, erweist er die erforderliche Durchsetzungskraft. Wenn er auch noch das Wissen über die realen Mehrheitsverhältnisse in den verschiedenen Organen und Interessensgruppen des Unternehmens besitzt, hat er Aussicht, sich zu behaupten. Nach und nach kann er dann weitere fähige Persönlichkeiten auf Schlüsselpositionen bringen — in der Kadenz, die der Situation angemessen ist.

Ist der Neue in der glücklichen Lage, in der Besetzungsfrage weitgehend Entscheidungsfreiheit erlangt zu haben, dann hat er die beste und in der Regel nicht wiederkehrende Gelegenheit, die Weichen richtig zu stellen. Wenn er dies will, kann er den ganzen Bereich eines Unternehmens relativ schnell und unkompliziert neu ausrichten.

Blickt er zurück und analysiert die Logik des Misslingens, dann weiß er oft auch, mit der Rekrutierung welcher Person Problematik und Mittelmaß im Unternehmen Einzug gehalten haben. Jede Neubesetzung ist also immer auch die Chance, einen großen Sprung nach vorne zu machen — und Nachlässigkeiten der Vergangenheit zu korrigieren. Besonders aber mit der Auswahl einer befähigten neuen Nummer Eins beginnt der Aufbruch.

Manchmal bringt der Neue ein eigenes Team mit oder er stellt es sich in den nächsten Monaten aus gänzlich unbekannten Köpfen zusammen. Seine Leute sind seine kompetenten und loyalen Sparringspartner, gemeinsam bestimmen sie, wohin es von nun an geht. Mit der neuen Führungsriege hält auch zwangsläufig eine aufgefrischte Kultur Einzug in das Unternehmen oder die Organisation.

Selbst wenn der Innovator erst mal alleine kommt, wird er die ihm direkt unterstellten Führungskräfte einem sorgfältigen Monitoring unterziehen und herausfinden, wer fehl am Platz ist und wer Entwicklungspotential hat. Bestimmt gibt es die eine oder andere fähige Persönlichkeit im Unternehmen, die in der bisherigen erstickenden Atmosphäre an Leistungswilligkeit und Eigeninitiative verloren hat — aber noch nicht unwiederbringlich. Unter der neuen Leitung kann sie aufleben und vielleicht erstmals zu Höchstleistungen gelangen. Die anderen, die dazu nicht in der Lage sind, wird der neue Chef durch gute Leute ersetzen.

Wenn er seine Leute anhand von Leistungsfähigkeit und Integrität aussucht, dann werden sie weitere gute Leute einstellen. Ja mehr noch: bessere, als sie selbst es sind. Eine Spitzenkraft, die sich ihrer Fähigkeiten sicher ist und damit rechnen kann, in einigen Jahren auf eine noch bessere Position zu wechseln, braucht keine Scheu vor interner Konkurrenz zu haben. Sie wird vielmehr gezielt Nachfolger aufbauen und deren Entwicklung fördern.

Gleichzeitig entsteht eine positive Form von Konkurrenz. Wenn Nachbarabteilungen sehen, dass es im Bereich des Neuen vorangeht, wird auch dort der eine oder andere Entscheider aufwachen und versuchen, stärkere Leute zu bekommen. Auf jeden Fall wird er seine Mitarbeiter aufwecken, wieder mehr Energie und Konzentration in ihre Arbeit zu stecken und sich fortzubilden. Kollegen stacheln einander zu höherer Leistung an. So profitieren auch die Nachbarabteilungen vom frischen Wind in einem Bereich und dann wieder deren Nachbarabteilungen. Die Bewegung setzt sich fort.

Ein Beispiel dafür sind Supermarktketten, die als Franchise-Unternehmen geführt werden. Wenn die REWE-Filiale in Bad Krozingen zum Supermarkt des Jahres gewählt wird, werden viele anderen REWE-Filialleiter angestachelt, sich ebenfalls besondere Mühe zu geben: Im Sortiment, in der Ladengestaltung, im Kundenservice. Das ist nicht nur eine Vermutung; ein Filialleiter hat mir im Gespräch erzählt, dass er sich seit der Auszeichnung für seinen Kollegen noch mehr als früher überlegt, was er tun könnte, um die Qualität seiner eigenen Filialen zu verbessern. Das fängt damit an, Tageslicht in die Geschäfte zu lassen, geht über regionales Obst und Gemüse und eine Frischfischtheke mit geschulten Verkäufern bis hin zu speziellen Kundenservice-Angeboten, etwa einem Lieferdienst. Das Ergebnis ist: Insgesamt steigen Qualität, Kundenzufriedenheit und Erfolg des Gesamtunternehmens.

So kann bereits eine einzige wirklich gute Stellenbesetzung tatsächlich eine Aufwärtsspirale auslösen: Die Führungskräfte in der Organisation werden im Lauf der Zeit eher besser als schlechter, und das überträgt sich nach und nach auf alle Mitarbeiter und damit auf die Nutzenstiftung für den Kunden und die gesamte Wettbewerbsfähigkeit der Organisation.

Dabei kann der Neuerungsschub mit einem Generationenwechsel in der Führungsetage einhergehen. Als Träger der Dynamik werden sicherlich die Jüngeren angesehen, die vielleicht noch keine Familie gegründet haben, hungrig sind und sich ihren Platz im Leben erst noch verdienen müssen. Ältere, die etabliert sind, sich an ein bequemes Leben bei gutem Rotwein und beinahe zu viel Zeit auf dem Golfplatz gewöhnt haben, sind vermutlich die falschen Leute, um etwas neu aufzubauen. So jedenfalls die vorherrschende Meinung.

Meiner Überzeugung nach ist Jugend aber nicht zwingend erforderlich, um frischen Wind zu bringen. Gebt den Junggebliebenen und Jungbleibenden eine Chance! Ob einer 30 Jahre alt ist oder 50, ist nicht so wichtig. Wichtig ist, dass die Dynamik, die Energie, der Vorwärtsdrang stimmt.

Es gibt 55-Jährige, die so gewitzt, kreativ und ehrgeizig sind, dass manche 30-Jährigen daneben so angestaubt wirken wie ein Ölgemälde auf dem Dachboden. Junge Leute sind erstaunlicherweise manchmal nicht verrückt genug, wirklich etwas Neues zu schaffen. Der Anfang mancher Karriere ist von Angst und devoter Wohlanständigkeit geprägt, und diese Angst kann die Freiheit von Denken und Handeln behindern. Einer, der es schon ein- oder zweimal geschafft hat, kann es sich erlauben, die Dinge auch einmal anders zu machen.

Dr. Bernward Jopen ist so ein Mensch. Der Münchener Ex-Unternehmer, mittlerweile über 70 Jahre alt, ist ein notorischer Querdenker und kritischer Unruhestifter — im positiven Sinne. Er hält Vorträge, arbeitet in Sozialprojekten mit Gefängnisinsassen, ist Mitinhaber eines Unternehmens, das an der TU München Start-ups unterstützt. Als Unternehmer hat er vieles, beinahe alles erreicht, was man erreichen kann. Doch warum aufhören, wenn's am schönsten ist? Vermutlich will er einfach nicht anders.

Ob Junge oder Ältere frischen Wind bringen — wichtig ist, dass der Wandel für alle spürbar wird. Verkrustungen und Verharzungen in Unternehmen oder Behörde müssen aufgelöst werden. Das schaffen die Typen nicht, die immer nur auf Nummer sicher gehen.

Mutige Männer und Frauen braucht das Land. Wenn ein Kandidat außerdem noch dynamisch ist, kreativ, entscheidungsstark, aber nicht beratungsresistent, mit Weitblick und Sachverstand, zu den Anforderungen der Stelle passend, stets bereit, sich weiterzuentwickeln, mit richtigen Wertevorstellungen und überzeugenden Charakterzügen — dann kann er oder sie eine vom Mittelmaß geprägte Organisation wieder ganz nach oben bringen.

Das klingt nach dem Erzengel, der vom Himmel gefahren kommt, um zu richten und zu retten. Zumindest nach einem Superhelden mit wehendem Cape und Captain-America-Figur. Wie soll ein Entscheider, der vielleicht selbst noch in der Gefahrenspirale der Mittelmäßigkeit dreht, denn so einen Hoffnungsträger finden? Und vor allem: Wie soll er so jemanden bewegen, in eine schwächelnde Organisation einzutreten?

Mit dem Wunsch nach so einem Retter steigt der Druck auf die Entscheider. Vor solchen Anforderungen muss jeder kapitulieren — und die Versuchung, wieder nach einer Kompromisslösung zu greifen, wird umso größer.

Die gute Nachricht: Es sind nicht immer Superhelden, jedenfalls keine Schwarzeneggers oder Olympioniken nötig. Hauptsache, der oder die Neue will etwas bewegen und weiß auch, was er tut.

Das Cape kann manchmal auch im Schrank bleiben

Für mich ist CEO Rudolf — ich lernte ihn im Rahmen eines Assessments kennen — ein gutes Beispiel dafür, wie weit man es mit einigen gravierenden Schwächen dennoch bringen kann. Er hatte das Glück, schon in jungen Jahren einen treffenden Blick dafür entwickelt zu haben, was er wirklich konnte — und was nicht. Diese Bestandsaufnahme erfolgte nach und nach, weitgehend leidenschaftslos. Er reagierte darauf nicht etwa mit Frustration, sondern mit dem systematischen Aufbau einer Anzahl von internen und externen Partnern, die diejenigen seiner Fähigkeiten, die eher durchschnittlich waren, sehr gut ergänzten.

Rudolf konnte beispielsweise schlecht umfangreiche Tabellen oder aggregierte Datensätze interpretieren. Versuchte er es, verschwammen ihm die Excel-Dateien vor Augen, sein Blick wurde glasig, der Kreislauf sackte ab. Kurzum: Er ermüdete. Mit größeren Vertragswerken, dazu noch in englischer Sprache, ging es ihm ähnlich. Das war natürlich keine zwingend gute Ausgangslage, um die von seinem CFO mit konzeptionellem Einfallsreichtum gefertigten Bilanzen zu lesen oder einen Unternehmenskauf nach dem anderen zu lancieren und heimzubringen. Er realisierte, dass in seinem Hirn auf diesen Fachgebieten nicht gar so viele Neuronen feuerten. Also holte er sich einen Vertrauten an seine Seite, den vormaligen Partner eines namhaften Strategieberatungshauses, der sich für ihn in die dieses Match entscheidende Themen vertiefte, sie sauber strukturierte und ihm die Handlungsoptionen danach in Kurzform übermittelte. Indem Rudolf sich diesen analytischen Kopf an seine Seite holte, der ihm die Schwierigkeit des Konzeptionellen und die Interpretation komplexer Zahlenwerke abnahm, gewann er die Freiheit, seine großen Stärken auszuspielen: schnelle und glasklare Entscheidungsfähigkeit, Kreativität, Spontaneität, gute Laune, überragende Kommunikationsfähigkeit, Herzlichkeit und die Gabe, Vertrauen zu wecken und andere zur Höchstleistung anzuspornen.

Mit Blindheit für die eigenen Schwächen geschlagen zu sein und noch dazu an einem Perfektionstrieb zu leiden, das sind die typischen Begrenzungen des Durchschnittsmenschen. Echte Könner dagegen sind in der Lage, sich selbst illusionslos und weitestgehend richtig einzuschätzen. Sie beschönigen weder ihre Unzulänglichkeiten, noch verfallen sie in Selbstmitleid. Als bodenständige Realisten sind sie in der Lage, sich selbst und ihre Umgebung nüchtern zu betrachten. Ihnen fällt kein Zacken aus der Krone, wenn sie sich fragen: „Was genau kann ich, was nicht, und wen oder was brauche ich, um an mein Ziel zu kommen?" Sie mögen sich ein paar Allüren zugelegt haben, das kann ein weißer Kragen am blaugestreiften Hemd sein, der komplexe Chronograph am Handgelenk oder ein exklusiver Weinkeller. Vielleicht erwecken sie außerdem geschickt den Anschein, etwas mehr zu sein, als sie sind — zum Beispiel durch einfaches Schweigen, stille Würde, gutes Styling und stilvolles Dastehen und Abwarten. Das gehört mit zum Spiel, zur selbstironischen Taktik, den anderen zu besiegen. Wer dieses Strategiespiel nicht durchschaut, läuft in die Perfektionsfalle. Sie treibt den darin Gefangenen dazu an, ebenso perfekt zu sein, wie er meint, dass es die anderen sind — und sich dabei bis zur Erschöpfung abzumühen. Zu sich selbst aber, wenn kaum jemand zuschaut, sind einige Top-Leute schonungslos ehrlich und kennen ihre eigenen Schwächen ganz genau. Sie haben sich von einer ganzen Reihe von Illusionen über sich selbst getrennt.

Eine völlig verlässliche Regel aufzustellen, welche der weiter oben im Text genannten drei Dimensionen beherrscht werden müssen und welche nicht, um als Führungskraft erfolgreich zu sein, ist nahezu unmöglich. Diese Erkenntnis hat die über Jahrzehnte betriebene organisationspsychologische Führungsforschung mit hunderten von Studien in den führenden Wirtschaftsnationen erbracht. Zu viele ganz unterschiedliche Persönlichkeiten hatten großen Erfolg oder sind sang- und klanglos gescheitert, um daraus wirklich Standards oder gängige Merkmale ableiten zu können. Als Daumenregel aber kann gelten: Er muss sein Können auf das richtige Thema fokussieren und er muss mit seinem Können in seine Umgebung, zur Situation, zur Konstellation passen, sich also aktiv in die richtige Konstellation zu begeben versuchen. Eine Schlüsselqualifikation schlechthin aber ist, und daran lässt sich nicht rütteln, eine realistische Einschätzung der eigenen Fähigkeiten.

„Reicht mein Verstand zu diesem Geschäft hin oder nicht? Reicht er hin, so verwende ich ihn dazu als ein von der Allnatur mir verliehenes Werkzeug. Im entgegengesetzten Falle überlasse ich das Werk dem, der es besser ausrichten kann, wenn anders es nicht zu meinen Pflichten gehört, oder ich vollbringe es, so gut ich's vermag, und nehme dabei einen andern zu Hilfe, der, von meiner Geisteskraft unterstützt, vollbringen kann, was dem Gemeinwohl gerade jetzt dienlich und zuträglich ist." Dieser zeitlose Absatz über Management stammt aus den „Selbstbetrachtungen" des römischen Kaisers Marc Aurel, von dem ich bereits an anderer Stelle sprach.

So unkompliziert wie dieser Stoiker legen viele fähige Führungskräfte fest, wer eine Aufgabe am besten lösen, wer ein Projekt am effektivsten abschließen, wer ein Unternehmen am gewinnbringendsten führen kann. Echte Könner wissen den Aufwand sehr genau einzuteilen, um ein großes Ziel zu erreichen.

Sie setzen den Hauptteil ihrer Energie darein, sich systematisch auf die Weiterentwicklung ihrer Stärken zu konzentrieren, und halten stets das Gesamte im Blick. Wo sie selbst nicht gut genug sind, finden sie jemanden, der sie mit seinen individuellen Fähigkeiten ergänzt. Nur die Schwächen, die sie bei solchen Aufgaben behindern, die kaum oder gar nicht delegierbar sind, versuchen sie durch gezielte Arbeit an sich selbst zu überwinden.

Man muss schon zweimal genau hinschauen, um zu erkennen, dass es kein Denkfehler ist, den der französische Maler Eugène Delacroix wie folgt in Worte fasste: „Talent does whatever it wants to do. Genius does only what it can." Genau das ist der Unterschied, der einen guten Mann zu einem Top-Mann macht — und einen Macher zu einem Könner.

So jemanden zu finden oder heranzubilden ist nicht zwingend Hexenwerk. Auch die Personalentscheider müssen keine Helden sein, die mit Seelenröntgen-Blick aus der wimmelnden Menschenmenge die optimale Besetzung für die Leitung der Flughafen Berlin Brandenburg GmbH, den Chef des Bundesverfassungsschutzes oder den neuen CFO für den Weltkonzern herausfinden. Sie brauchen im Wesentlichen nur drei Kriterien zu erfüllen: Sie müssen wirklich entschlossen sein, den Besten zu finden; sie brauchen die Fachkenntnis und Berufserfahrung, wie sie an die Suche und den Auswahlprozess herangehen; und sie müssen einschätzen können, wann und in welchem Bereich sie bei der Suche und Auswahl professionelle Unterstützung in Anspruch nehmen sollten.

Top

Der Weg zu neuer Souveränität

In guten wie in schlechten Zeiten werden eigentlich immer nur Könner gesucht, Leute mit Ideen und der Fähigkeit, diese auch umzusetzen. „Könner an die Macht", das wäre ein Song, den ich mir von Grönemeyer und Co. einmal wünschen würde und gerne monate- oder jahrelang auf Platz Eins der Charts sähe, am liebsten unter den Top Ten aller Zeiten.

Irgendwo da draußen gibt es die richtige Person für die Top-Position. Vielleicht auch schon irgendwo hier drinnen: In der Organisation, die eine neue Führungsspitze sucht. Es geht darum, denjenigen oder diejenige zu finden, zu identifizieren und dafür zu gewinnen, dass diese Position die richtige für ihn oder sie ist. Kongeniale Geister sollen einander suchen und finden, man darf und soll gegenseitig aufeinander zugehen. Die Entstehung ganz neuer Welten, Chancen, Märkte entscheidet sich irgendwo zu Beginn in der Begegnung zweier Menschen, das habe ich immer wieder miterleben dürfen.

Garant für die Erfolg versprechende Durchführung eines solchen, ergebnisfähigen Berufungsprozesses ist ein Organisationsreglement oder eine Geschäftsordnung, die das konkrete Vorgehen festlegt. Für technische Arbeitsabläufe, auch auf niedrigster Ebene, existieren in jedem Unternehmen detailliert schriftlich festgelegte Prozesse. Warum nicht auch bei Entscheidungen über die Besetzung von Top-Positionen? Das beginnt mit einer gnadenlos offenen Diskussion und Dokumentation der Anforderungen an den zukünftigen Stelleninhaber, schließt einen systematisch betriebenen Such- und Auswahlprozess ein und mündet nach Vertragsunterzeichnung in ein stetiges Begleiten und die regelmäßige Evaluierung des Stelleninhabers. Erst wenn Unternehmen und Behörden auf ihre Führungskräfteauswahl ähnlich genau achten wie auf die Einhaltung ihres Corporate Designs oder auf die korrekte Berechnung der Einkommensteuer, sind die Voraussetzungen für nachhaltige Erfolge in diesem so anspruchsvollen Gebiet vorhanden.

Bevor die Entscheider einen genauen und intensiven Blick auf die zweite Reihe im eigenen Haus werfen und die Headhunter draußen ausschwärmen lassen, stehen ein paar ganz wichtige Hausaufgaben an. Es sind unaufschiebbare, unvermeidliche und nicht delegierbare Hausaufgaben. Um die richtige Person für den freiwerdenden Posten zu finden, brauchen die Entscheider zunächst eine eindeutige und klare Vorstellung davon, was genau sie für ihre Organisation erreichen wollen und was für eine Person sie infolgedessen suchen. Das klingt schrecklich banal, trivial, selbstverständlich, ist es aber mitnichten. In der Praxis ist die Definition dieser Erfolgskriterien oft grauenhaft schwammig und in der Folge ein oftmals aussichtsloses Unterfangen. Auf die Schnelle oder auch mit viel Mühe zusammengeschustert hören sich viele Kompetenzprofile gut an, starren vor Anglizismen und sind auch optisch ausgefeilt. Aber sie nähern sich der Sache inhaltlich nicht wirklich an! Sie wirken oft wie leere Worte, bloßes Gerede, wie eine eigenartige Wunschliste an Fähigkeiten, die der Neue irgendwie mitbringen soll, so als hätte jeder in der Führungsebene einen Schuss frei gehabt. Und, gelange ich zu früh auf die Ebene der Person und ihrer Fähigkeiten — dann ist der Prozess bereits an dieser Stelle dysfunktional. Und das hat gravierende, oft auch fatale Konsequenzen. Wozu definieren Entscheider Profile, wenn sie sich dabei nicht wenigstens kurz auf die angenehmen und die bitteren Lehren der Vergangenheit besinnen und auch daraus Anforderungen, zum Beispiel realistischere, ableiten? Warum soll der Neue kreativ sein, wenn die gesamte Unternehmenskultur durch und durch analytisch ist und das Team einen nüchternen Strukturalisten bräuchte? Wer hat das fehlleitende Wort in die Welt gesetzt, es gefaselt, gebrabbelt, irgendwie herausgebracht? Nicht gar zu selten sind einzelne der Anforderungen ein ausgesprochener Quatsch, der einfach einem Zeittrend geschuldet ist. Ein Anforderungsbild für den zukünftigen Stelleninhabers lässt sich nur mit Blick auf die Vision fürs ganze Unternehmen entwerfen. Und mit Blick auf die Frage: Was wird, was kann und darf von uns als den Verantwortlichen als Erfolg in der zu besetzenden Position gewertet werden? Ohne eine klare und eindeutige Bestandsaufnahme und eine sorgfältige Analyse der Herausforderungen, denen sich das Unternehmen oder die Organisation stellen muss, bleibt jedes Anforderungsprofil kontur- und substanzlos, oberflächlich und leer. Es hat ansonsten den Charakter eines Grundlagenirrtums, es ist ein Homunkulus.

Das ist ähnlich wie bei der Suche nach einem alltäglichen Gegenstand. Wer seinen Briefkastenschlüssel sucht, indem er durchs Haus läuft, in alle Schubladen schaut und dabei bloß „Briefkastenschlüssel, Briefkastenschlüssel" denkt, hat denkbar geringe Erfolgschancen. Ohne die zuvor bereits abgespeicherte eindeutige Vorstellung, wie das Gesuchte aussieht, findet er am Ende doch nur den Fahrradschlüssel, der ungefähr dasselbe Format hat, aber nicht ins Schloss des Briefkastens passt.

Andererseits darf die Zielvorstellung auch nicht zu eng gefasst, zu überfestgelegt sein, kein Kunstprodukt, kein Fabelwesen. Sonst geht es den Personalsuchenden wie dem Urlauber, der in einem amerikanischen Supermarkt die Butter nicht findet, obwohl er schon viermal daran vorbeigelaufen ist — einfach weil die Packungen eine andere Form, ein anderes Äußeres haben als zu Hause.

Es geht also bei der Personalsuche auch darum, zu definieren, was Verpackung und was Inhalt ist, welche Anforderungen Must-haves sind und welche nur Nice-to-haves. Sonst verbauen sich die Suchenden unkonventionelle Lösungswege und der Quereinsteiger, der für den Job der Richtige wäre, wird gar nicht erst in Betracht gezogen.

Was viele Entscheider weitgehend außer Acht lassen, ist, das Ziel nicht nur im „Innen", sondern auch im „Außen" zu verankern. Eine gute Führungskraft muss nicht nur gut sein, sie muss nicht nur im Vergleich mit ihrem Vorgänger bestehen — sie muss besser sein als ihr Gegenpart bei der Konkurrenz, sie muss den Vergleich mit der ersten Riege anderer erfolgreicher Unternehmen bestehen. Das ist das Geheimnis der Überlegenheit, das ist eine vorentscheidende Voraussetzung unternehmerischen Erfolgs. Das ist der matchentscheidende Vorsprung, der unerlässlich und unverzichtbar ist, um sich im Wettbewerb dauerhaft durchzusetzen und die Rivalen immer wieder übertreffen zu können. Es ist auch hier der Gedanke, der vorausgeht. Gegen die Fähigkeit des menschlichen Geistes, gegen das wirkliche Können, gegen echte Kompetenz und die erprobte Erfahrung hinsichtlich einer wirkungsvollen Umsetzung gibt es kein Gegenmittel. Dagegen ist schlichtweg kein Kraut gewachsen.

Diese Denkaufgabe, die zu besetzende Position und das avisierte Anforderungsprofil in seinen Grundlagen richtig und zugleich genau zu umschreiben und trotzdem noch Spielraum für Lösungen jenseits des Üblichen und Erwartbaren zu lassen, ist wahrhaftig kein Pappenstiel. Hier entscheidet sich bereits eine Welt und Zukunft. Erfahrungsgemäß wird diese Herausforderung nur zu gerne an niedere Ränge delegiert, aus was für Überlegungen auch immer, vielleicht im Glauben, damit Zeit zu sparen. Doch die Delegation dieser Chefsache zahlen die Verantwortlichen später in endlosen Besetzungsrunden mit nervtötenden Interviewpartnern und im schlimmsten Fall mit aktualisiertem Leiden mit dem falschen Mann am falschen Ort mit Zins und Zinseszins zurück. Das Anforderungsprofil ist die undelegierbarste aller undelegierbaren Aufgaben, sie ist der letztgültige Maßstab für die intentionale Führung von Mensch, Wirtschaft und Gesellschaft. Es ist — das mag schmalzig klingen, ist es aber nicht — eine Vorentscheidung hinsichtlich Geschichte, Wirtschaftsgeschichte, Weltgeschichte. Es beginnt in unserem Denken und wird unausweichliche Realität.

Nehmen wir es also nicht auf die leichte Schulter, wählen wir unsere Gedanken und Worte sorgfältig. Ist das Anforderungsprofil gut durchdacht, dann trägt es für den aktuellen Bedarf und die weitere Zukunft, es trägt wie der wohl geplante Grundriss eines Hauses.

Suchpfade

Mit einem klaren und eindeutigen Anforderungsprofil kann nun die Suche nach dem geeigneten Kandidaten losgehen. Das geschieht über eine Vielzahl von Kanälen.

Möglicherweise gibt es bereits im Unternehmen bzw. in der Organisation eine Führungskraft oder gar mehrere Kandidaten, die als Nachfolger für die frei werdende Spitzenposition infrage kommen. Diese Chance wird oft leichtfertig vergeben, man nimmt an, niemand sei da. Das kann aber auch nur zu wahr sein, wenn die bisherige Nr. 1 eine alles verdrängende Führungsfigur war. Die Vorteile, sich die Top-Leute intern zu suchen, sind beträchtlich: Die Kandidaten wurden eventuell über Jahre gezielt auf die nötigen Anforderungen hin vorbereitet, kennen die Gepflogenheiten und Abläufe im Unternehmen, haben den erforderlichen Stallgeruch und sind bereits teilweise bei anderen Top-Führungskräften eingeführt. Die Nachteile sind aber auch eingehend zu bedenken: Es entstehen möglicherweise Neid und Missgunst unter denjenigen, die bei der Beförderung übergangen wurden; vor allem aber kommt nicht zwingend frischer Wind in die Organisation, niemand mit unverfälschtem Blick und einer ganz anderen und zunächst weitestgehend unabhängigen Art, die Dinge anzugehen. Falls es in der Organisation eine gefährliche Tendenz zum Erstarren in alten Denkmustern und Verhaltensweisen gibt, wird diese durch eine interne Stellenbesetzung noch verstärkt. Die Self-Cloning-Gefahr ist bei der Berufung interner Kandidaten besonders hoch.

Ein Suchmechanismus, der auf dem Arbeitsmarkt für mittlere Positionen gang und gäbe ist, scheidet für Top-Positionen oft weitgehend aus: die Stellenanzeige. Die Neubesetzung einer Spitzenposition ist hochgradig politisch und kann in den seltensten Fällen bekannt gemacht werden, bevor der Nachfolger feststeht. Gelegentlich gibt es jedoch auch diese Situation. Wenn die Stelle aus unproblematischen Gründen in absehbarer Zeit frei wird, beispielsweise weil der bisherige Inhaber aus Altersgründen aufhört oder weil er sich im Einvernehmen aller bereits beruflich weiterentwickelt hat, dann kann die bevorstehende Neubesetzung in einschlägigen Branchenmedien offen kommuniziert werden. In diesem Fall werden sich interessierte Kandidaten auch direkt bewerben, indem sie unverlangt ihr Curriculum Vitae einsenden. Dann braucht das Unternehmen bzw. die Organisation „nur noch" zu sortieren.

Eine gern genutzte Möglichkeit ist die Suche innerhalb des eigenen beruflichen Netzwerkes. Der CEO, Vorstandsvorsitzende oder Präsident, der eine Stelle zu besetzen hat, kann Kollegen in branchenverwandten Unternehmen und Behörden fragen, ob sie nicht einen passenden Kandidaten kennen.

Es ist eine große Gefahr, bei der Kandidatensuche allzu unkritisch über das eigene Netzwerk zu arbeiten. Der Tendenz der aktuellen Nr. 1, sich dabei selber zu verewigen, sollte mit Voraussicht, Vernunft und Einfühlungsvermögen begegnet werden. Denn es bedeutet, zu sehr auf Loyalität, auf die eigene Hausmacht zu setzen und zu sehr auf andere zu hören. Vor allem bedeutet es, die Suche auf Leute zu beschränken, die einen ähnlichen Background haben wie man selbst: ähnliche soziale Herkunft, ähnlicher Stallgeruch, ähnliche Ausbildung, ähnliche Karrierewege, ähnliche Grundeinstellung. Anstatt zu schauen, was es noch so für gute Leute gibt, wandelt man auf ausgetrampelten Pfaden.

Dieses Risiko wird vermindert, wenn ein Search Consultant oder Headhunter eingeschaltet wird. Er hat oft ein größeres, zumindest aber ein anderes Netzwerk als der suchende CEO und außerdem das legitime Recht und die Pflicht, auch Personen außerhalb seines bestehenden Netzwerks anzusprechen. Der CEO des suchenden Unternehmens kann dies aus politischen Rücksichten nicht tun. Wenn ein Unternehmen bei der Konkurrenz namhafte Leistungsträger systematisch herausreißt, kann eine schwere Verstimmung auftreten. Man kann dann den fehlbaren Mitbewerber unlauterer Methoden bezichtigen, seine Glaubwürdigkeit und Bonität wird herabgesetzt, sein Image leidet. Deshalb erfolgt die Kandidatenansprache auf indirektem Weg über den Search Consultant oder Headhunter.

Es ist anspruchsvoll, die richtige Person zum richtigen Zeitpunkt präsentieren zu können. Die Frage ist nicht nur, sie zu finden, sondern auch, ob sie zu haben ist. Oft geht es wie bei menschlichen Partnerschaften zu: Die Guten sind immer schon in einer festen Beziehung. Das heißt dann, dass man den Top-Kandidaten mit Hilfe des Kollegen Headhunter aus seiner festen Beziehung, also seinem aktuellen Job herausziehen und abwerben muss. Das ist manchmal aber auch leichter als gedacht, denn vielleicht ist er mit seiner jetzigen Position insgeheim unzufrieden, sein Aufstieg verbaut durch einen jungen Vorgesetzten oder einen älteren, der am Sessel klebt. Die Frage ist, wie ansprechbar die Zielperson ist.

Die Direktansprache erfolgt in der Regel über mehrere Stufen: Am Anfang ruft vielleicht eine nette junge Dame an, die herausfinden soll, ob der anvisierte Manager wechselwillig ist. Eine solche Information ist nicht leicht zu erlangen, da kommt deshalb auch der Charme ins Spiel. Bei der Erstansprache wird in der Regel nicht verraten, welches Unternehmen auf der Suche ist — zum Schutz des Unternehmens und auch des Headhunters, der natürlich nicht sein Geschäft verlieren will, indem der Kandidat sich direkt bewirbt. Wird mehr oder minder offen ein Wechselwille signalisiert, dann kommt der Headhunter selbst ins Spiel und führt weitergehende Gespräche. Er ordnet den Anwärter in eine Systematik ein. Viele Headhunter sammeln über Jahre die Lebensläufe guter Leute und haben sie bereits „in petto", in der Datenbank. Man kennt sich ein wenig, vertraut sich vielleicht auch einigermaßen und kann im Wechsel der Zeiten und dem Auf und Ab der Branche aufeinander zugehen, ohne gleich großen Ärger oder Aufsehen zu riskieren. Trotzdem ist damit zu rechnen, dass viele Abwerbeversuche misslingen. Nicht zuletzt dies schränkt die Anzahl der verfügbaren passenden Kandidaten häufig ein.

Sobald eine Handvoll passend erscheinender und wechselwilliger Kandidaten gefunden wurde, beginnt der anspruchsvolle Prozess der Entscheidungsfindung: Wer von ihnen passt am besten zum Anforderungskatalog und in die Organisation? Wem trauen die Personalentscheider am ehesten zu, die Aufgaben der Spitzenposition wirklich optimal zu erfüllen? Diesen Teilprozess kann man an keinen Headhunter delegieren, man muss selbst in die Hosen rein. Die letztendliche Verantwortung für die Berufung trägt einzig und allein das zuständige Gremium der jeweiligen Organisation. Es hat seinem Rang und seiner Verantwortung nun alle Ehre zu erweisen.

Herzblatt

Wie bei der früheren Fernsehshow „Herzblatt" müssen die Personalentscheider innerhalb vergleichsweise kurzer Zeit herausfinden, wer von den Kandidaten für den zukünftigen gemeinsamen Weg der Richtige ist.

Was lässt den einen Kandidaten für einen Job im Top-Management der jeweiligen Organisation passender erscheinen als den anderen?

Woran werden der Charakter eines Menschen, seine Werte und Ziele, seine Stärken und Schwächen festgemacht? Manche verlassen sich auf die Augen als Spiegel der Seele, das intelligente Gesicht, den Sinn für Humor, die unerschütterliche Ernsthaftigkeit, die Wertvorstellungen, die vertrauenswürdige Ausstrahlung, den bodenständigen Auftritt. Die anderen setzen auf den maßgeschneiderten Anzug, die gut geknotete Krawatte, den exzellenten Abschluss an einer der führenden Business-Schools, die Anzahl der verhandlungssicher beherrschten Sprachen, die guten Manieren, die mechanische Armbanduhr und den regelmäßig gelaufenen Halbmarathon. Auch wer schon mal als Micky Maus im Disneyland gearbeitet hat, kann vielleicht Punkte machen. Seien wir ehrlich — unsere „persönlichen Tests" sind teilweise eine höchst kuriose, teilweise auch geradezu skurrile oder groteske Mixtur von Kriterien. Ich kenne einen altgedienten Personalchef, dessen erster Test ist, ob der Kandidat bei der Kaffeekanne im Konferenzraum auf den richtigen Auslassknopf drückt.

Zwei Methoden werden praktisch immer angewandt, um Kandidaten einzuschätzen. Die erste ist nüchtern. Unter den infrage kommenden Kandidaten wird eine Vorabauswahl anhand überprüfbarer Fakten getroffen; in der Regel erledigt diese Arbeit der Headhunter, der Personalausschuss des Aufsichtsrates, in manchen Fällen auch die Vorstandsabteilung Personal. Sie prüfen das Curriculum Vitae der Kandidaten; Kriterien sind Universitätsabschlüsse, Auslandsstationen, erfolgreich versehene anspruchsvolle Positionen in renommierten Unternehmen oder Organisationen. Die Zeugnisse werden gelesen, bisherige Erfolge und Misserfolge zumindest grob abgeschätzt.

In manchen Positionen sind formale Qualifikationen wie zum Beispiel ein Doktortitel oder MBA notwendig, um den Respekt der Kooperationspartner zu gewinnen; in anderen sind sie nur eine hübsche Zutat. Außerdem sind Noten nicht immer zuverlässig. Bei ihnen muss man sich auf das Urteil anderer verlassen. Dasselbe gilt für den Branchentalk, für Aussagen früherer Arbeitgeber und Kollegen über den Kandidaten. Die Personalentscheider müssen sich bewusst sein, dass sie hier nur Daten zweiter Güte, eben indirekte Informationen über das Können der Kandidaten gewinnen, die durch persönliche Sympathien, Antipathien oder Rivalitäten verfälscht sein können. In Selbstauskunft berichtete Leistungsnachweise oder das übliche Zahlenwerk (zum Beispiel Umsatz +16 Prozent; EBITDA +4 Prozent im Jahr 2013) müssen kritisch überprüft werden. Der geschilderte Erfolg kann genauso gut das Verdienst anderer Beteiligter oder den glücklichen Umständen geschuldet sein. Formale Qualifikationen sind gut und schön, aber sie sagen nur bedingt etwas darüber aus, ob die Person auch in der neuen Situation in der Lage ist, ihr Wissen mit Erfolg praktisch anzuwenden. Selbst wenn der Kandidat praxiserprobt ist: Die Methode, die in einem Unternehmen sehr erfolgreich war, muss im nächsten noch lange nicht funktionieren. Alle diese Aspekte zusammen bewirken, dass formale Qualifikationen nur bedingt aussagekräftig sind. Um es mit einem Begriff aus der Logik auszudrücken: Frühere Erfolge aufweisen zu können ist eine notwendige, aber noch keine hinreichende Bedingung für die Eignung eines Kandidaten.

Die zweite Methode zur Einschätzung der Kandidaten ist intuitiv. Sobald die vorselektierten Bewerber zum ersten Gespräch erscheinen, meldet sich das Bauchgefühl. Die ersten zehn Sekunden der Begegnung entscheiden über Sympathie oder Antipathie. Körpersprache, Augenausdruck, Kleidung, Stimme und Diktion, ja selbst der nur unbewusst wahrgenommene Geruch des Gegenübers werden zu einem Gesamteindruck von der Persönlichkeit verarbeitet.

Auf die Persönlichkeit kommt es an. Ob jemand entschlusskräftig ist, diplomatisch, kommunikativ, ob er in großen Zusammenhängen denkt oder Wert auf Detailgenauigkeit legt, wie risikofreudig er ist, wie beharrlich oder flexibel, konsensorientiert oder durchsetzungsstark, mehr an Zahlen, Daten und Fakten oder mehr an menschlichen Beziehungen interessiert — all das und noch viel mehr entscheidet, ob er für eine bestimmte Position die optimale Besetzung ist. Dabei sind, wie auch bei der fachlichen Qualifikation, für jede Position andere Kenntnisse, Erfahrungen, charakterliche Eigenschaften und Wertvorstellungen notwendig.

Es ist gut und richtig, dass die Personalentscheider auf die Persönlichkeit der Kandidaten achten. Aber: Der intuitive Eindruck ist dafür nicht die einzig seligmachende Messlatte. Geschickte Selbstdarsteller können den Eindruck erwecken, mehr zu sein, als sie tatsächlich sind. Noch größer aber ist das Risiko, dass die Entscheider intuitiv diejenigen Kandidaten bevorzugen, die ihnen selbst am ähnlichsten sind. Das kann für die zu besetzende Position richtig sein, gilt aber bei Weitem nicht immer. Vor allem birgt es die Gefahr, dass im Unternehmen oder der Organisation eine mentale Monokultur entsteht. Monokulturen können vorübergehend effizient sein, aber nur unter bestimmten Umständen. Im Vergleich zur Artenvielfalt, zur Diversität, sind sie anfälliger gegen Schädlinge und Krankheiten in Form stereotypisierter Erwartungs-, Denk- und Handlungsmuster. Außerdem können sie auf Veränderungen der wirtschaftlichen und soziokulturellen Umwelt oft nicht angemessen, vor allem nicht rechtzeitig reagieren.

Daher halte ich es für zwingend notwendig, dass die Personalentscheider sich zur Beurteilung der Persönlichkeit eines Kandidaten nicht nur auf ihren eigenen intuitiven Eindruck verlassen. Es gibt andere, aussagekräftigere Quellen.

Manche Aspekte der Persönlichkeit lassen sich bereits aus der Biographie ablesen. Vor allem meine ich damit einen zentralen Indikator für Charakterstärke: gemeisterte Krisen, überwundene Probleme, bewältigte Herausforderungen. Jeder fällt hin. Doch immer wieder aufstehen zu können und zu wollen — das zeichnet wirkliche Top-Leute aus. Wenn der bisher erfolgreiche Lebensentwurf in Trümmern liegt, dann heißt es, die Einzelteile aufsammeln, sie neu zusammensetzen und weiterzumachen. Das heißt nicht, so zu tun, als sei nichts gewesen, sondern die Verwundungen zu verarbeiten und zu überwinden. Sir Winston Churchill schreibt in seinem politischen Memoirenwerk „Der zweite Weltkrieg", dass derjenige gewinnt, der zuletzt aufsteht. Deshalb sind die größten Krisen und Rückschläge oft die besten Lehrmeister. Man darf sich nicht entmutigen lassen, auch wenn das eigene unternehmerische Projekt vier-, fünf- oder sechsmal schiefgeht. Wer Rückschläge überwunden und aus ihnen gelernt hat, der kann durchaus als Top-Kandidat gelten.

Die umfassendste Methode, um die Persönlichkeit eines Kandidaten einzuschätzen, ist ein gründliches Top Executive Assessment. Für die Beurteilung des eventuellen nächsten Top-Managers eines Unternehmens werden Gesprächs-, Beobachtungs- und Testdaten erster Güte eigens zu diesem Zweck direkt von und an der Quelle: der Person des Kandidaten selbst, erhoben. Zudem steht dem Assessor deutlich mehr Zeit zur Verfügung als die sympathieentscheidenden ersten zehn Sekunden der Begegnung. Doch die Problemstellung ist dieselbe: Welche Merkmale, welche Indikatoren kann er in einer begrenzten Zeitspanne, etwa im Verlauf eines Tages, möglichst zutreffend und unverfälscht aufnehmen und analysieren, um dann eine Empfehlung zu treffen, von der sehr viel Geld und der Werdegang so vieler Menschen abhängen? Dem Kandidaten ist die Prüfungssituation eines Assessments vollkommen bewusst. Er hat sich auf das Zusammentreffen vorbereitet und sich eine Strategie zurechtgelegt, um sich vorteilhaft zu präsentieren. Er wird sich zum Beispiel zielgerichteter verhalten als bei einer harmlosen Plauderei. Diese nur zu menschlichen und absolut legitimen Positionierungsversuche versucht der Assessor wie einen Vorhang beiseitezuschieben, um dahinter die eigentliche Persönlichkeit offenzulegen.

Dafür gibt es Methoden, die in der psychologischen Wissenschaft fundiert und im Praxistest vielfach erprobt worden sind. Im Gespräch, anhand zahlreicher Übungen und Tests werden hier die Fähigkeiten, das Wertesystem, die charakterliche Grundeinstellung einer Person von allen Seiten erkundet. Selbsteinschätzung und Fremdeinschätzung werden miteinander abgeglichen, es ist eine umfassende Konsistenzprüfung, in der auch Vorboten des Künftigen bis zu einem gewissen Grad antizipiert werden sollen.

Die Erstellung einer solchen ergänzenden, zusätzlichen Entscheidungsgrundlage können und sollen die Entscheider unmöglich selbst leisten. Ihre berufliche Qualifikation liegt in der Regel auf einem anderen Gebiet. Außerdem fehlt jemandem, der vielleicht einmal im Jahr eine Spitzenstelle besetzen muss, die breit abgestützte Erfahrungsbasis, um die Eigenschaften und Fähigkeiten eines Kandidaten mit denen der anderen auf dem Arbeitsmarkt verfügbaren Spitzenkräfte Tag für Tag, Jahr für Jahr zu vergleichen.

Daher bin ich überzeugt: Für die Besetzung einer Spitzenposition ist es unerlässlich, dass sich das Personalgremium bei Suche und Einschätzung der Kandidaten von Profis unterstützen lässt. Von Headhuntern und Top Executive Assessoren, die sich darauf spezialisiert haben, aus Tonnen von Flußkieseln die Goldnuggets herauszuwaschen. Sie sind dafür ausgebildet und machen das seit Jahren mehrmals pro Woche. Natürlich gibt es innerhalb dieser Berufsgruppen große Unterschiede, nicht nur in der Quantität der Erfahrung, sondern auch in der Qualität der Erbringung. Ein Headhunter oder Assessor, der es gewohnt ist, Positionen des mittleren Managements besetzen zu helfen, kann nur teilweise beurteilen, ob ein Kandidat als CEO eines internationalen Konzerns geeignet ist. Ihm fehlt eine hinreichende große Zahl von vergleichbaren Fällen.

Leider wird hier oft am falschen Ende gespart, wodurch ohne Frage die Qualität und Treffsicherheit der Beratung leidet. Wenn nicht einmal die Berater gründlich arbeiten können, also „husch husch" zum nächsten Mandat eilen müssen, da die Erfolgsrechnung sonst nicht stimmt, was kann man da erwarten?

Megalophobie

Das schwerwiegendste Hindernis für die Einsetzung von Top-Leuten auf Top-Positionen ist allerdings nicht die Schwierigkeit, jemand Geeigneten zu finden und zu gewinnen. Das schwerwiegendste Hindernis ist psychologischer Art: Angst vor Größe. Megalophobie.

Damit meine ich weniger das mehr oder weniger ausgesprochene Misstrauen, das in unserer Gesellschaft gegenüber Eliten jeglicher Art herrscht: Wer auch nur den Anschein eines mehr oder weniger deutlichen Willens zur Macht zeigt, wird sofort verdächtigt, es gehe ihm nur um das Gefühl der Macht und nicht darum, etwas zu bewirken. Wer Wohlstand zeigt, wird verdächtigt, ihn auf unehrliche Weise, zumindest aber auf Kosten der Armen erworben zu haben. Wer Bildung allzu deutlich zeigt, gilt als arrogant oder weltfremd.

Dieses Misstrauen ist auch hinderlich bei der Findung von Top-Leuten, weil ein Teil der wirklich Guten ihr Licht unter den Scheffel stellen wird. Bei genauem Hinsehen werden aber auch diese Leute zu identifizieren sein: An ihren bisherigen Werken wird man sie erkennen.

Nein, was ich mit Megalophobie vor allem meine und für besonders folgenreich und gefährlich halte, ist die Angst der mittelmäßigen Stelleninhaber in Unternehmen und Behörden vor überdurchschnittlich guten Kandidaten. Das ist nicht mehr und nicht weniger als eine tief sitzende Scheu vor echtem Wettbewerb. Niemand stellt gerne jemanden ein, der anschließend an seinen Hosenbeinen sägen wird.

Ich habe zum Beispiel einen Fall erlebt, in dem der Aufsichtsratsvorsitzende dem Vorstandsvorsitzenden gefährlich wurde, der ihn ursprünglich einmal für die Stelle geholt hatte. Viele Jahre lang lief die Zusammenarbeit gut. Aber der Vorstandsvorsitzende, der das Unternehmen seit mehr als 15 Jahren mit großem Erfolg geführt hatte, wurde älter und ließ allmählich nach. Er war immer öfter auf dem Segelboot statt im Büro zu finden. Außerdem erreichten den Aufsichtsratsvorsitzenden anonyme Briefe aus dem Unternehmen mit dem Inhalt, dass der Vorstandsvorsitzende sich und seine Entourage da und dort begünstigen würde. Er stellte fest, dass der alte Herr untragbar geworden war. Daraufhin begann er eine komplexe Pendeldiplomatie, um die anderen Mitglieder des Aufsichtsrats davon zu überzeugen, den Vorstandsvorsitzenden abzusetzen. Parallel dazu suchte er einen Ersatzkandidaten und fand ihn schließlich innerhalb des Unternehmens. Der Vorstandsvorsitzende wusste, was vorging; aber da sich mittlerweile auch der restliche Aufsichtsrat weitgehend einig war, konnte er gegen seine Absetzung nicht viel tun.

Wer am Stuhl eines Top-Managers rüttelt, muss nicht für sich selbst dessen Position anstreben. Unter Umständen versucht er ihn auch einfach aus dem Grund abzusetzen, weil er erkannt hat, dass er über seinen Leistungszenit bereits hinaus ist und der Organisation nicht mehr guttut. Jemanden mit klarem Blick und klaren Prioritäten einzustellen, ist also für mittelmäßige Inhaber von Machtpositionen doppelt gefährlich. Konkurrenz und Kontrolle.

Wenn dagegen der Leiter einer Organisation einen Durchschnittstypen – womöglich seinen Golf-Spezi oder sonst jemanden aus seinem persönlichen Umfeld – auf einen wichtigen Posten beruft, kann er sich dessen Dankbarkeit und Loyalität meistens sicher sein. Denn der Begünstigte weiß, dass er ohne das Eingreifen seines Gönners nicht so leicht eine so gute Position bekommen hätte.

Eine Spitzenkraft, deren Prioritäten alles in allem mehr auf der Wahrung der eigenen Position als auf dem wirklichen Fortkommen ihres Unternehmens oder ihrer Organisation liegen, wird daher bevorzugt mittelmäßige Kandidaten einstellen und Spitzenleute draußen halten. Das System setzt sich fest und verstärkt sich. Wenn die meisten Entscheiderposten einer Organisation mit Mittelmäßigen und Verwaltern besetzt sind, ist es schwierig, die Abwärtsspirale zu durchbrechen.

Mein Appell an alle, die über die Besetzung von Spitzenpositionen zu entscheiden haben: Keine Angst vor Spitzenleuten! Von ihrer Anwesenheit kann das Unternehmen bzw. die Organisation nur profitieren. Man entwickelt sich gegenseitig. Sie setzen einen Aufschwung in Gang, der letztendlich auch demjenigen, der sie ins Boot geholt hat, hoch angerechnet wird. Das gibt unter Umständen auch der eigenen Karriere Aufschwung. Bis der gerade eingestellte Marketingvorstand in drei bis fünf Jahren anfängt, nach einem Aufsichtsratsposten zu äugen, sind die Aufsichtsräte, die ihn geholt haben, vielleicht bereits zu einem anderen renommierteren Unternehmen weitergezogen oder pensioniert worden. Konkurrenz braucht nur der zu fürchten, der seine eigene Karriere als statisch sieht.

Keine Gipfelpausen

Hurra, gefunden! Juppi, er kommt tatsächlich! Wenn ein Personalausschuss die richtige Person für eine anspruchsvolle Position gefunden hat, ist die Versuchung groß, einander die Hände zu schütteln und sich zufrieden zurückzulehnen. Mal abwarten, wie er sich macht.

Ich bin überzeugt: Eine kompetente und geeignete Persönlichkeit gefunden zu haben ist erst ein Anfang. Wenn ein Personalgremium sicherstellen will, dass die Top-Führungskraft dem Unternehmen oder der Organisation dauerhaft nützt, unterstützt sie sie in ihrer Weiterentwicklung. Wer nicht ständig an sich arbeitet, dazulernt und sich entwickelt, der stagniert. Stagnation aber ist, entgegen der Wortbedeutung, kein Dauerzustand. Denn weder Wirtschaft noch Gesellschaft sind statisch; sie entwickeln sich ständig weiter. Sich in ihnen zu bewegen ist, wie in einem Fluss zu schwimmen. Die Strömung mag kaum merklich sein — aber wer sich nicht aktiv bewegt, wird flussabwärts getrieben.

Natürlich liegt es in der Verantwortung der eingestellten Führungskraft, sich weiterzuentwickeln. Aber die Entscheider, die sie eingestellt haben, können ihr die Entwicklung erleichtern — oder erschweren. Das Erschweren passiert in der Regel unbewusst und automatisch: Indem man einen Top-Manager sich selbst überlässt, kein Feedback gibt und die Erwartungen an ihn derartig hochschraubt, dass er jede Minute seiner wachen Zeit damit beschäftigt ist, seine Aufgaben zu erfüllen.

Derartige Bremsklötze lassen sich nur durch eine bewusste Anstrengung lösen. Diese Anstrengung kann zum Beispiel umfassen: einen Monitoring-Plan, nach dem die Leistungen der Top-Leute regelmäßig überprüft werden und ihnen detailliertes Feedback gegeben wird. Eine Verankerung der Überzeugung in der Corporate Identity, dass für Fortbildung und Coaching aufgewendete Zeit keine Verschwendung von Arbeitszeit ist, sondern sinnvoll investiert. Und Entwicklungsraum für die frisch eingestellte Führungskraft: Perspektiven für weitere Karrierefortschritte und berufliche Herausforderungen, an denen sie wachsen kann.

Das Monitoring von Spitzenkräften klingt utopisch. In der Regel ist es die Aufgabe der Spitzenkräfte, die zweite Reihe im Unternehmen oder der Organisation zu beobachten und fördern. Sie selbst haben oft keinen Vorgesetzten mehr, der das für sie tun könnte.

Das Dilemma ließe sich zumindest teilweise lösen. Kaum ein Unternehmen, kaum eine Organisation hat nur eine Spitzenkraft, in der Regel ist es ein Gremium. Diese Leute können sich gegenseitig bei der Entwicklung unterstützen. Das gibt es wirklich, nicht immer lautet die Devise „jeder gegen alle". Oder ein Mentoring von innen bzw. ein Coaching von außerhalb wird organisatorisch festgelegt. Dass das funktioniert, zeigt die Supervision von Führungspositionen im öffentlichen Dienst auf Bundesebene in der Schweiz. Bereits das Berufungsverfahren wird nach einem sehr korrekten, formal berechenbaren Prozess mit Assessment durchgeführt. Dann wird einige Jahre nach der Stellenbesetzung von einer unabhängigen Forschergruppe an einer Universität evaluiert, wie gut der Selektionserfolg tatsächlich war und wie sich der Stelleninhaber entwickelt hat. Das finde ich vorbildlich.

Dem gegenüber erscheint mir das Monitoring von Spitzenkräften im öffentlichen Dienst Deutschlands und Österreichs nicht ausreichend konsequent zu sein. So müsste es beispielsweise nach der regelmäßig stattfindenden Vorlage von Kriminalitäts- und Aufklärungsstatistiken doch viel öfter zu Konsequenzen für die Karriere von leitenden Polizeibeamten kommen, oder?

Zwar gibt es Vorschriften, die die Neutralität des Einstellungsverfahrens garantieren sollen. Allerdings beinhalten sie auch die Vorschrift, dass Frauen und Körperbehinderte bei gleicher Eignung bevorzugt werden — eine Regelung, die meiner Überzeugung nach nicht unbedingt dafür sorgt, dass immer der oder die Kompetenteste auf eine Position gelangt. Auch tut sie weder Frauen noch Rollstuhlfahrern einen Gefallen. Wer will schon aufgrund einer Quotenregelung eingestellt werden? Abgesehen davon ist das Einstellungsverfahren einigermaßen sachlich. Wenn der Posten aber erst einmal besetzt ist, wird nicht mehr überprüft, ob der Inhaber sich als entwicklungsfähig erweist. Fortbildungen sind zwar vorgeschrieben, aber ob sie auch effektiv genutzt und ihre Ergebnisse angewendet werden, überprüft niemand.

Dabei wäre das so wichtig. Ohne ein konsequentes Monitoring fällt erst, wenn die Umsatzzahlen Alarm blinken oder die Skandale um sich greifen, auf, dass die so zuversichtlich eingestellte Top-Führungskraft nicht oder nicht mehr in der Lage ist, ihre Aufgaben zu erfüllen. Dann ist es aber oft zu spät. Der Hoffnungsträger ist gescheitert, und fast immer reißt er das Unternehmen oder die Organisation zumindest partiell mit in den Niedergang.

Wenn dagegen die Mitglieder des Personalgremiums auch nach der Einstellung die Augen offenhalten, können sie die ersten Anzeichen für ein Nachlassen rasch erkennen. Sie können Hinweise geben, in welchen Bereichen Verbesserungsbedarf besteht. Sie können Unterstützung bei der persönlichen Weiterentwicklung anbieten. Sie können auf Verbesserung drängen. Wenn die Führungskraft die Kommunikation abbricht, keinerlei neue Ideen mehr aufnimmt und sich offenkundig nicht mehr weiterentwickelt, dann liegt es in der Verantwortung des Personalgremiums, diese gegebenenfalls abzusetzen. Und Platz zu schaffen für einen wahren Könner.

Epilog

Keine Wundertäter

Vor fünf Jahren suchte ein in seiner Branche weltweit führendes Unternehmen einen neuen CEO. Anspruchsvolle Aufgaben erwarteten den künftigen Stelleninhaber, die Zukunft war wieder einmal gänzlich offen: Das Unternehmen war von einem massiven Nachfrageeinbruch betroffen, musste sich gründlich restrukturieren, die Gewinnmarge dennoch zu erhalten suchen und zugleich ein tragfähiges Polster für künftige Investitionen erwirtschaften. Der bisherige CEO war bereits an den Beharrungskräften der verschiedenen Sparten gescheitert. Man hatte ihn nicht verstanden, man hatte seine Schwächen als unzureichenden Kommunikator treffend kritisiert, gewiss hatte man ihn auch nicht verstehen wollen. Er hatte Kopf, Herz und Hand der Menschen nicht gewonnen. Gefragt war also ein praxisorientierter Reformer mit Überzeugungskraft.

Das Unternehmen wandte sich mit seiner Vorauswahl der drei letzten Anwärter auf diese Spitzenposition an uns. Es gab zwei externe und einen internen Kandidaten. Wir empfahlen infolge unserer Begutachtung einen cleveren jungen Mann, der in unserem Top Executive Assessment regelrecht abgeräumt und in vielen Bereichen Bestnoten erzielt hatte. Er bekam die Stelle.

In der folgenden Zeit hatte ich nur sporadischen Kontakt mit ihm — wir waren beide sehr beschäftigt, ließen die Verbindung aber nie ganz abreißen. Vor Kurzem sah ich ihn dann wieder, als er einige aktuelle Assessment-Mandate hinsichtlich seiner künftigen Teamzusammensetzung mit mir besprechen wollte. Offenbar war er in seinem neuen Unternehmen erfolgreich genug, um neue Top-Leute engagieren zu können. Interessiert fragte ich nach, wie das zustande gekommen war.

Bei seinem neuen Arbeitgeber hatte er eine revolutionäre Frage in die praktische Umsetzung gebracht: Wie viel Cash brauchen wir eigentlich, um ein positives Ergebnis in unseren verschiedenen Sparten zu erzielen? Dadurch hatte er eine fundamentale Umstellung in Gang gesetzt: Die Produktion erfolgte nur noch auf Auftrag und nicht mehr auf Lager. Das klingt einfach und selbstverständlich, aber dafür musste das ganze Unternehmen grundlegend neu aufgestellt werden — gegen unglaubliche Widerstände der „alten Garde", gegen die Spartenegoismen, gegen geheiligte Überzeugungen und älteste Gewohnheiten. Das erforderte eine umfassende Überzeugungs- und Restrukturierungs-arbeit. Es war eine regelrechte Feuer- und Bewährungsprobe.

Aber durch diese Vorgehensweise hatte er seinem Unternehmen bei einem alles in allem stagnierenden Umsatz von rund 2 Milliarden Euro in einem Zeitraum von rund vier Jahren 180 Millionen Euro ein-gespart. Seine Eigentümer konnten sich an dieser Dividende freuen. Inmitten der Nachfragekrise der Jahre 2008 bis 2012 konnte man in den meisten Sparten gar noch die Preise senken. Man nutzte die gefüllten Kassen, um in besser positionierbare Produktinnovationen zu investieren. Als sich die ersten Erfolge zeigten, zeigten sich auch die verbliebenen Kritiker vom neuen Kurs des Jungmanagers über-zeugt und investierten mit Freude weiter. Für ihn war es ein Ritt auf der Rasierklinge. Aber so hat er das Unternehmen wieder zukunfts- und ergebnisfähig gemacht.

Es ist auch für mich immer wieder erstaunlich zu sehen, wie durch-schlagend sich gewisse überlegene menschliche Fähigkeiten auswirken können, wenn die damit ausgestatteten Persönlichkeiten den Raum erhalten, einmal einige Jahre in eine bestimmte Erfolg versprechende Richtung arbeiten zu dürfen. Aus Chance und zunächst bloßer guter Idee wird Ergebnis, wird nach und nach Realität: Die Erfolgsgeschichte eines Unternehmens inmitten einer Weltwirtschaftskrise, ein gelun-genes öffentliches Bauprojekt, die Überwindung einer Staatsschulden-krise usw.

Egal ob der nächste Bundespräsident gesucht wird, die neue geschäfts-führende Direktorin des Internationalen Währungsfonds oder der Oberbürgermeister für eine von Jugendarbeitslosigkeit und verfeinde-ten Gruppierungen gebeutelte Stadt: Irgendwo gibt es die Person mit den passenden Qualitäten. Wir sollten uns hüten, diesen Menschen übermenschliche Eigenschaften zuzuschreiben. Bleiben wir auf dem Teppich, ersparen wir uns und der Welt die Peinlichkeit überhöhter Projektionen oder den Personenkult. Der oder die Betreffende muss kein Wundertäter sein. Keiner, der mit einem einzigen Machtwort Wasser in Wein bzw. Verluste in Gewinne wandeln und erblindeten Stakeholdern die Augen öffnen kann. Es genügt, wenn die Person die Fähigkeiten, die Charakterstärke und die Überzeugungskraft hat, um die Organisation auf Erfolgskurs zu bringen und zu halten. Die Herausforderungen werden nicht kleiner. Mächtige neue Wirtschafts-nationen — Brasilien, Russland, Indien, China — sind auf den Plan getreten. Der Euro, die EU droht über der Staatsschuldenkrise zu zer-brechen. Brennende gesellschaftspolitische und soziale Probleme wie die hohe Jugendarbeitslosigkeit bedürfen wie nie zuvor einer umsichtigen und mutigen Führung, um die Bürger mitnehmen zu können und vom Abgleiten in totalitäre Heilslehren zurückzuhalten. Wir brauchen mehr Persönlichkeiten, die einen solch anspruchsvollen Job gutmachen können, die vor der Geschichte bestehen. Das ist nicht zu viel verlangt. Es sollte für jede Führungsposition selbstverständlich sein.

Und es ist von den Entscheidern nicht zu viel verlangt, dass sie sich die Mühe machen, gründlich zu suchen und sorgfältig zu beurteilen, wen sie an die entscheidenden Stellen setzen möchten. Und dass sie dabei zuerst das Wohl der Gemeinschaft im Auge haben, nicht die Sicherung ihrer Position — also nicht als kalte Fische handeln. Auch hier ist kein Wunder nötig, sondern es steht eine Frage des Gewissens auf der Tagesordnung. Ich muss angesichts der Herausforderung Stellung beziehen und Farbe bekennen. Keine Fee, die einen glitzernden Zauberstab schwenkt und Wünsche erfüllt. Der oder die Beste für die Aufgabe lässt sich mit professionellen Mitteln und Methoden finden: Mit einer klaren Definition des Anforderungsprofils und einem strukturierten Such-, Beurteilungs- und Entscheidungsprozess. Die zeitliche und finanzielle Investition zahlt sich aus. Die Dividende ist nicht allein das verdiente Geld, es ist ebenso die Freude und der Stolz darüber, an einer neuen Erfolgsgeschichte für uns alle zu schreiben. Wenn es uns gelingt, beinahe jede Aufgabe derjenigen Person anzuvertrauen, die dafür aufgrund ihrer Begabung und Fähigkeiten und ihres Charakters am besten passt, dann haben wir eine blühende Gesellschaft. Und werden Weltklasse.

Was wir am dringlichsten brauchen, sind Entscheider, die die richtige Person an den richtigen Ort setzen. Ich hoffe und glaube, dass sie mehr werden.

Der Autor

Leopold Hüffer, Dr. phil. Dipl.-Psych., zählt zu den weltweit führenden Experten im individuellen Top Executive Assessment. Zu seinen Kunden gehören u.a. Adidas, Allianz, EADS, ZF, SPAR, SwissRe und Unilever. Von 1999 bis 2009 war er Lehrbeauftragter an der Universität Zürich und unterhält gegenwärtig eine Forschungszusammenarbeit mit der Militärakademie an der Eidgenössischen Technischen Hochschule (ETH) Zürich.

Er ist unter anderem als Mitglied des Arbeitskreises Assessment Center Schweiz und der Handelskammer Deutschland-Schweiz gut vernetzt und gefragt als Redner bei Kongressen und anderen Veranstaltungen sowie als Interviewpartner im Fernsehen.